岩 波 文 庫

33-626-5

人 倫 の 形 而 上 学

第二部　徳論の形而上学的原理

カ ン ト 著

宮 村 悠 介 訳

岩 波 書 店

Immanuel Kant

DIE METAPHYSIK DER SITTEN

1797

凡　例

一、本書『人倫の形而上学』は、I. Kant, *Die Metaphysik der Sitten*, 1797 の全訳である。第一部には Erster Teil. Metaphysische Anfangsgründe der Rechtslehre の全訳を、この第二部には Zweiter Teil. Metaphysische Anfangsgründe der Tugendlehre の全訳を、それぞれ収録する。この凡例は、第一部と第二部に共通のものである。

一、底本には、アカデミー版カント全集第六巻に収録されたテクストを使用したが、哲学叢書版の旧版（一九五九年）および新版（二〇一八年／二〇一七年）を適宜参照した。

一、原文の（　）は（　）、„　“は《　》、[　]は【　】で示し、強調（ゲシュペルト、隔字体）の箇所は傍点によって、強調（太字）の箇所は**太字**によってあらわす。ただし底本原文にある人名・書名へのゲシュペルトによる強調は再現しない。〔　〕は訳者による補足である。

一、原注は（＊）によって示し、各段落の直後に訳出した。訳注は（1）（2）のように示して、巻末にまとめて置いた。

一、原文中のラテン語はイタリックで表記した。

目次

倫理学の原理論の第二部

第一部　法論の形而上学的原理　目次

人倫の形而上学　第二部　徳論の形而上学的原理

序　文

なにかある対象について哲学（概念にもとづく理性認識の体系）が存在するならば、この哲学のためには、純粋で、いかなる直観の条件にも依存しない理性概念の体系が存在することもまた必要である。つまりひとつの形而上学が存在しなければならないのだ。――ただ問題となるのは、義務論としての実践哲学のそれぞれに対して、ということは徳論（倫理学）に対してもまた、形而上学的原理が必要であって、この形而上学的原理によって徳論を、たんに個別に探し出された教説の寄せ集めとして（断片的に）ではなく、真の学問として（体系的に）確立しうるようにしなければならないのか、ということだ。――純粋な法論については、だれもこの〔形而上学的原理の〕必要を疑いはしないだろう。というのも法論は、自由の法則にしたがって外的な関係のなかで制限されるべき選択意思の形式的なものにだけかかわり、目的のすべて（選択意思の実質としての）は度外視するからだ。義務論はそれゆえここでは、たんなる知識論（*doctrina scientiae*）である。(*)

（*）実践哲学の専門家は、まさにそのこと〔専門家である〕のために、実践哲学者であるわけではない。実践哲学者とは、理性の究極目的(1)を自分の行為の原則として、そのさい同時に究極目的のために必要な知識を究極目的に結びつけている者のことである。この知識は、行いを目指しているものであるから、法の義務にかかわるのではない場合には、形而上学というきわめて繊細な糸までを紡ぎだす必要はない。――法の義務においては、正義の秤にかけて、「私のもの」と「君のもの」は作用と反作用のひとしさの原理にしたがって正確に規定されなければならず、そのゆえに数学的な精密さに比すべきものでなければならない(2)。――そうではなく、たんなる徳の義務にかかわるのであれば、形而上学という糸は必要ない。というのもここで問題となるのは、なにをなすのが義務であるか(このことは、すべての人間が自然に備えている目的のゆえに、容易に示されうる)を、たんに知ることではないからである。そうではなく、とりわけ意志の内的原理が問題なのであり、つまりこの義務の意識が同時に行為の動機であることが問題なのである。そういうわけで、この知恵の原理を自分の知識と結びつけている者について、「このひとは実践哲学者である」と言うことができるのである。

さてこの哲学(徳論)において、次のことがこの哲学の理念とまさに背反するように見える。それはつまり、形而上学的な原理まで遡り、義務概念を、すべての経験的なもの(それぞれの感情)から純化しながら、それでもなお動機とすることである。というのも、悪徳がその武器を形而上学という兵器庫から借りてこなくてはならないのであれば、悪徳を生み出す傾向性に打ち克つための力とヘラクレスのような強さについて、どのように考えればよいというのだろうか。形而上学は、思弁のことがらであって、ほんのわずかな人間たちだけが扱いかたを知っているのである。だからまたすべての徳論は、講堂においても、説教壇においても、通俗書においても、それが形而上学の断片で飾りたてられてでもいようものなら、笑いものとなる。——とはいえそれだからといって、徳論の第一の根拠をなんらかの形而上学のうちに探索することは、無益ではないし、ましてや笑うべきことではない。というのも、やはりだれかがそれでも哲学者として、この義務という概念の第一の根拠を目指さなければならないからだ。なぜならそうでないと、およそ徳論には確実さも純粋さも期待することができなくなるであろう。そこから期待される結果のゆえに、道徳的と名づけられる一種の感情がある。この〔徳論に期待が持てない〕場合、この感情を頼りとすることで、通俗の教師は満足することもできる。その一方でこの教師は、「あることが徳の義務であるか否か」について、その試金石として、以下の課題に留意するよう求める。それはつまり、《あらゆるひとがあらゆる場合に君の準則を普遍的法則にするならば、そうした準則はその準則それ自身とどのように一致しうるであろうか》という課題である。(3) ところが、この命題を試金石として手にすることを私たちの義務とするものが、たんなる感情であるとしよう。その場合にはこの義務は、理性によって命じられたものではなく、ただ本能のままに、したがって方向をもたずに義務とされていることになろう。

しかしながら、道徳の原理は実際には、そう思いなされているように、なんらかの感情にもとづいているのではない。むしろ道徳の原理は現実には、曖昧に考えられた形而上学にほかならないのであって、この形而上学はそれぞれの人間の理性の素質のうちに内在しているのである。このことは、自分の生徒に対して、義務の命法やそれを自分の行為の道徳的な判定に適用することにかんして、ソクラテス的に問答することをこころみる教師であれば、容易に気づくことである。――教師が生徒を哲学者にでも育てようとしているのでなければ、義務の命法の講じかた（技術）は必ずしもつねに形而上学的である必要はないし、その語りかたもスコラ的である必要はない。とはいえ思想は形而上学の基礎要素にまで遡らなければならない。そうした基礎要素を欠くならば、徳論においては確実さも純粋さも、いやそれどころか〔こころを〕動かす力さえをも期待することができないのである。

ひとがこの原則を離れて、受動的な(4)、あるいは純粋に＝直感的な(5)、あるいはまた道徳的な感情（客観的ではなく、主観的に＝実践的な感情）から出発するとしよう。つまり意志の形式である法則ではなく、意志の実質である目的から出発して、そこから義務を規定するとしよう。そのときにはもちろん、徳論の形而上学的原理は成立しない。――というのも感情は、それがまたなにによって引き起こされたものであろうとも、つねに自然的だからである。[6]——しかし徳論はそのときにはまたその源泉からして、学校においてであろうと講堂においてであろうとその他どこにおいてであろうと、腐敗してしまう。というのも、どのような動機を手段として、ひとが善い意図（すべての義務の順守）へと導かれるかは、どうでもよいことではないからである。——神託めかして、あるいはまた天才をきどって義務論について非難をする、自称知恵の教師〔哲学者〕という者どもがいる。こうした者どもにとって形而上学は、どれほど吐き気を催させるものだろうか。それでもそのように知恵の教師をきどる者たちにとっては、次のことが避けることのできない義務である。つまりみずから徳論においてその原則にまで遡り、なによりもまず形而上学の〔講義の〕座席に腰掛けみずから授業を受けなければならない、ということだ。

＊　＊　＊

ここで驚くほかはない、というのも当然である。これまでは純粋理性から導き出されるかぎりでの義務の原理を明らかにしてきた。その義務の原理を、いったいどうやって、ふたたび幸福論へ還元することが、可能であったのであろうか。その還元は、経験的原因にもとづかない一種の道徳的な幸福を目的としてひねり出すことによってなされたのだが、そんなことをすれば、自己矛盾をふくんだ不合理なものを生みだすことになる。――すなわち考え深い人間は、悪徳への誘惑に打ち克って、自分のたいていはつらい義務を果たしたことを意識しているなら、たましいの安らぎと満足の状態にある。この状態を幸福と名づけることもできるだろうが、この状態においては徳がそれ自身の報いである。――ここで幸福論者は「この歓喜、この幸福こそが「なぜその人間が有徳なしかたで行為するか」という本来の動因なのである。義務の概念が直接にその者の意志を規定するのではなく、ただ見込まれた幸福を介して、その者は自分の義務をなすよう動かされるのだ」と語る。――さてところで、次のことは明らかだ。その者はこの徳という報いを、自分の義務をなしたという意識によってだけ、期待することができるのであるから、義務をなしたという意識がどうしても先行しなければならない。つまりその者は〔まずもって〕自分の義務をなすように拘束されていると感じなければならず、その者が「義務を遵守した結果、幸福が帰結するであろう」と考える以前においても、またそのように考えることなしにも、そう感じなければならないのである。幸福論者の原因論は循環に陥る。すなわち彼が幸福で(あるいは内的に浄福で)(7)あることを希望しうるのは、その者が自分の義務を遵守したことを意識している場合のことであるが、他方では彼が自分の義務を遵守するよう動かされうるのは、自分がそのことによって幸福になれるだろうと予見している場合のことだというのだからである。――ところでこうした詭弁のうちにはまた、ひとつの矛盾がある。というのも一方では彼は「義務の遵守がどのような結果を自分の幸福にもたらすだろうか」と先立って問うことなく、自分の義務を遵守すべきである。つまり道徳的な根拠にもとづいて義務を遵守すべきなのだ。他方ではとはいえ彼は、義務の遵守により得られる幸福を見込みうる場合にだけ、或るものを自分の義務として認めることができる。つまり受動的な原理にしたがっているのであって、これは先ほどのもの〔道徳的な根拠〕とは正反対のものである。

私は別の場所（『ベルリン月報』）で、[8]受動的である快と道徳的な快のちがいを、私が思うに、もっとも簡潔な表現へと還元した。すなわち、法則にかなって行為がなされるために、法則の順守に先行しなければならない快は、受動的であって、ふるまいは自然秩序にしたがう。他方で、快が感じられるために、法則がその快よりも先行しなければならない場合、快は人倫的秩序のうちにある。――こうした区別が守られず、幸福主義（幸福の原理）が自由法則主義[9]（内的立法の自由の原理）のかわりに原則として立てられるならば、その結果はすべての道徳の安楽死[10]（安らかな死）である。

これらの誤りの原因は以下の次第にほかならない。つまり、定言命法からこれらの法則は命令として出てくるのであるが、その定言命法は、自然学的な説明にだけ馴染んでいるひとびとには、理解ができないのだ。それはそのひとびとが定言命法によって避けがたく迫られているのを感じている場合であっても、変わりはない。ところでかの〔自然学の〕領域を完全に越え出ているもの（選択意思の自由）を、説明するのは不可能であるという不満がある。(11) とはいえそうした理念に与りうるという人間のこうした優位こそが、たましいを高揚させるものなのだ。先の不満は、通常は自分の能力をそれ以外の分野ではきわめて強く感じている、思弁的理性の尊大な要求を通して、理論理性の全能に賛同して同盟を組む者たちをいわば総動員するにいたるまで高められる。動員された者たちはかの〔自由という〕理念に反抗し、そうして道徳的な自由の概念を現在において、そしておそらくはこれから先も攻撃し、できることなら疑わしいものにしようとする。もっともこんな反抗は結局のところ無駄なことにすぎない。

徳論への序論

倫理学は古代においては人倫論（*philosophia moralis*）〔道徳の哲学〕一般を意味していたが、これは義務についての教えとも名づけられていた。その後、この〔倫理学という〕名称を、人倫論のある部分にだけ使うのが得策であることが、気づかれるようになった。その部分とは、外的な法則のもとにあるのではない、義務についての教えである（ドイツ語では徳論という名称がこの部分に適当であると考えられた）。そうしたわけで現在においては、一般的な義務論の体系は、外的な法則を扱いうる法論（*ius*）の体系と、それを扱うことのできない徳論（*ethica*）〔倫理学〕の体系に区分されている。この区分はそのままにしておいてよいであろう。

I　徳論の概念の究明

義務の概念はそれ自体がすでに、自由な選択意思を法則によって強要（強制）することについての概念である。この強制はところで、外からの強制であっても自己強制であってもよい。道徳的な命法は、その定言的な言い渡し（無条件の当為）によって、この強制を告示する。この強制はしたがって、理性的存在者一般（このなかには神聖な存在者もふくまれうるであろう）にかかわるのではなく、理性的ではあるが自然的な存在者である人間にかかわるのである。人間はまったく神聖ではない存在であるから、快楽にそそのかされることもありうるし、道徳法則の威信をみずから承認しつつも、それでも道徳法則に違反することがある。そして、たとえ人間が道徳法則を順守する場合であっても、それをなお意に反して（自分の傾向性が抵抗しつつ）順守するのであって、ここに本来、強制が成り立つのだ。(*)――とはいえ人間はそれでも自由な（道徳的な）存在者であるから、内的な意志の規定（動機）にかかわる場合には、義務概念は自己強制（法則を表象することのみによる）だけをふくむことができる。というのもそのことによってだけ、かの強要（たとえそれが外からの強要であっても）は選択意思の自由と合致しうるからである。ところでこの場合には、義務概念は倫理学的な概念であるだろう。

（＊）人間は他方ではそれでも同時に道徳的な存在者として存在している（人間がそうした存在者であるのは、人間が自分の純粋な実践理性によって規定されているように、人間が自分を客観的に（自分自身の人格における人間性にしたがって）考察する場合のことである）。そうした道徳的な存在者としての人間は、十分に神聖なのであって、内的な法則に違反するのも意に反してのことであるというほどなのだ。というのも、以下に挙げるほど邪悪な人間というものは、まったく存在しないからである。つまり、こうした（内的な法則の）違反にさいして、自分のうちで抵抗を感じることなく、また自分自身に強制を加えざるをえないほどの自分自身への嫌悪を感じないような、邪悪な人間というものはいないのだ。――さて、人間がこのような岐れ道に立って（美しい寓話のなかで、ヘラクレスが徳と情欲のあいだに立っているような）[1]、法則よりも傾向性に聞きしたがうという性癖をより多く示すという現象を、説明することは不可能である。なぜなら私たちが起こったことを説明しうるのはただ、私たちがそれを自然の法則にしたがって原因から導き出すかぎりでのことであるからである。そのさい私たちは他方で、選択意思を自由なものとしては考えてはいないであろう。――このように自己強制が相互に対立しており、しかもそのことが避けがたい。こうした事態はそれでも、自由そのものが把捉しがたい性質を備えていることを説明してくれる。

自然の衝動はそれゆえ、人間のこころのうちで義務の遂行を妨げるものを、また（一部は強力に）反抗する力をふくんでいる。したがってこの力と戦い、理性をつうじて、将来になってようやくというわけではなく、まさに今（考えるのと同時に）打ち克つことができると、人間は自分のことを判断するのでなければならない。すなわち、法則が無条件的になすべしと命じているものをなすことができると、(2) 人間は判断しなければならないのである。

さて、強力であるが不正な敵に抵抗する能力と、熟考のうえでの企図が、勇敢さ（*fortitudo*）である。そしてこれが、私たちのうちなる人倫的な心根(3)の敵にかんするかぎりでは、**徳**（*virtus, fortitudo moralis*）〔徳、道徳的な勇気〕である。したがって、一般的な義務論のうち、外的な自由ではなく、内的な自由を法則のもとにもたらす部門が、徳論である。

法論はたんに、外的な自由の形式的な条件を（その自由の準則が普遍的法則とされる場合に、自分自身と一致するかどうかによって）扱わなければならなかった。つまり**法**を扱うのであった。倫理学はこれに対して実質（自由な選択意思の対象）をも手渡す。その実質とは純粋理性の**目的**であって、これは同時に客観的に＝必然的な目的として、つまり人間にとっては義務として、表象される。——というのも感性的な傾向性が、義務に反しうるような目的（選択意思の実質としての）へと誘惑するとしよう。そのさい立法する理性は、〔傾向性に〕対立する道徳的な目的によってだけ、傾向性の影響を阻止することができるのである。この道徳的な目的はそれゆえ、傾向性から独立に、ア・プリオリに与えられているのでなければならない。

目的とは（理性的存在者の）選択意思の対象であり、この対象を表象することによって選択意思は、この対象をもたらす行為へと規定される。——さて私はたしかに、ある目的に対して手段として向けられている行為へと、他者によって強制されることはありうるが、決してある目的を持つように他者によって強制されることはありえない。そうではなく、私自身だけが、或るものを自分の目的とすることができるのである。——ところでまた、実践理性の概念のうちにあるなにか或るものを、私が自分の目的にするよう拘束されているとしよう。したがって選択意思を形式的に規定する根拠（法がふくんでいるような）のほかに、なおある目的を持つという実質的な規定根拠を持つよう拘束されているとしよう。この場合の目的は、感性的な衝動に由来する目的と対立しうるものである。こうした〔拘束されている〕ことが、それ自身において義務である目的の概念であることになろう。こうした概念についての教説は法の教説〔法論〕には属さず、倫理学に属するであろう。そしてこの倫理学だけが、（道徳的な）法則にしたがう自己強制を自分の概念のうちに備えているのである。

こうした根拠からして、倫理学を純粋で実践的な理性の目的の体系と定義することができる。――目的と義務は、一般的な人倫論のふたつの部門を区別している。さて倫理学は、それを遵守するように他者から（物理的に）強制されることがありえない、義務をふくんでいる。このことはたんに、倫理学が目的の教説であることからの帰結である。なぜなら（目的を持つという）そのために強制することは、(4) 自分自身に矛盾しているからである。

ところで倫理学が徳論（*doctrina officiorum virtutis*）〔徳の義務の教説〕であることは、その特性をまさに今示した義務づけとの比較において、先述の徳の説明から帰結する。――すなわち、選択意思の規定のうち、その概念からしてすでに、他者の選択意思そのものによって物理的に強制されえないものは、ある目的への規定だけである。他者はたしかに、私の目的ではない（そうではなく他者の目的のための手段にすぎない）或ることをなすように、私を強制することならできる。とはいえ、私がそのことを自分の目的とするように、強制することはできないのである。そもそも私は、それを自分の目的とすることなしには、どのような目的も持つことができない。目的とすることなしに目的を持つことは、自分自身と矛盾しており、自由の作用であるのに、同時に自由ではないというようなものなのだ。――とはいえ、同時に義務でもある目的を自分自身に立てることは、なんら矛盾ではない。なぜならそのさい私は自分自身を強制していて、このことは自由とも十分に両立するからである。(*)――ところで、そのような目的はいかにして可能であろうか。このことが今や問題である。というのもあることがらの概念が可能であるということ(この概念が自分に矛盾しないこと)は、そのことがらそのものが可能であること(概念の客観的実在性)を受け入れるためには、いまだ十分ではないからである。

(*) 人間が物理的に強制されうることがすくないほど、これに対し道徳的に(義務をたんに表象することによって)強制されうることが多いほど、それだけ人間はいっそう自由である。――たとえばある男が、自分のはじめた愉しみごとをやめないという、十分に固い決意と強いたましいを備えているとしよう。その者がその愉しみごとから、どれだけ多くの損害を被るか、ひとから示されてもやめようとはしないのだ。ところが、その愉しみごとによって職務をおざなりにするだとか、病身の父を放置するだとかに思い及んで、その者が自分の企図を断固として、もちろん強く意に反してではあるが、放棄するとしよう。まさにそのことによって、彼が義務の声には逆らえないということで、自分の自由を最高度に示しているのである。

II　同時に義務である目的の概念の究明

目的の義務への関係はふたつのしかたで考えることができる。目的からはじめて、義務にかなう行為の準則を見いだすか、もしくは逆に、準則からはじめて、同時に義務である目的を見いだすか、である。——法論は前者の道をゆき、どのような目的を自分の行為に対して立てようとするかは、各人の自由な選択意思に任せておく。とはいえ、行為の準則はア・プリオリに規定されている。すなわち行為者の自由はあらゆる他者の自由と、普遍的法則にしたがって両立しうるのである。

倫理学はその一方で正反対の道をとる。倫理学は、人間が自分のために立てうる目的から出発して、そのあとでその人間が採用すべき準則、つまり人間の義務を指定するということはできない。というのもそのような準則の根拠は経験的であって、どのような義務概念も与えないからである。義務概念(定言的な当為(べし))は純粋理性のうちにだけその根を有するのである。だからまた、準則がそのような目的(すべて利己的である)にしたがって採用されるというのであれば、義務概念については本来まったく語ることもできないであろう。——それゆえに倫理学においては義務概念が目的へと導くのであり、私たちが自分に対して立てるべき目的にかんして準則を、道徳的な原則にしたがって根拠づけなくてはならないであろう。

次のことはひとまず置いておこう。それはつまり、いったいそれ自身において義務である目的とはどのようなものであるのか、またいかにしてそうした目的は可能であるのか、ということである。ここでなお示しておくのが必要なのは以下のことだ。すなわち、この種の義務が徳の義務という名称を備えているということ、およびそのような名称を備えているのはなぜなのかということにほかならない。

すべての義務には、権能（*facultas moralis generatim*）〔道徳的権能一般〕と見られるひとつの権利が対応している。とはいえすべての義務に、だれかを強制するある他者の権利（*facultas iuridica*）〔法的権能〕が対応しているわけではない。こうした義務はとりわけて法の義務と呼ばれる。——同じようにすべての倫理的な拘束性〔責務〕には徳の概念が対応するが、とはいえすべての倫理的な義務が、倫理的義務であるがゆえに徳の義務なのではない。すなわち徳の義務ではないのは次のような義務である。つまりある種の目的（実質、選択意思の客体）にかかわるというよりは、たんに人倫的に〔倫理的に〕意志を規定するさいの形式的なもの（たとえば義務にかなった行為はまた義務にもとづいても、なされなければならないということ)にかかわる義務である。同時に義務でもある目的だけが、**徳の義務**と名づけられうる。それゆえに、徳の義務は(またさまざまな徳も)いくつも存在するが、これに対して形式的なものにかかわる義務はただひとつだけ存在し、しかもこれはすべての行為に妥当するもの(有徳な心根)として考えられる。

徳の義務は法の義務から本質的に次の点で区別される。法の義務には外的な強制も道徳的に＝可能であるが、これに対して徳の義務は自由な自己強制だけにもとづく。——有限ではあるが神聖な存在者(義務の毀損へとまったく一度たりとも誘惑されることがありえない存在者)にとっては、徳論は存在せず、たんに人倫論だけがある。後者の人倫論は実践理性の自律であるが、それに対して前者の徳論は同時に実践理性の自己支配(3)をもふくんでいる。つまりその自己支配とは、たしかに直接には知覚されないが、それでも人倫的な定言命法から正しく推論された意識であって、その意識は、法則に反抗する自分の傾向性を支配する能力についての意識なのである。だから人間の道徳性はその最高の段階においてさえも、徳より以上のものではありえない。たとえ人間の道徳性がまったく純粋である(義務の動機とは異種的なすべての動機による影響から完全に自由である)場合があったとしても、それは普通にはひとつの理想(それにひとはつねに近づかねばならない)として、賢者(4)の名のもとで詩的に人格化されるのである。

ところでまた徳とはたんに熟練であり、また(宮廷牧師コヒウス[5]の懸賞論文が述べているように)、「徳とは訓練によって獲得された、道徳的に=善い行為の長きにわたる習慣である」と説明することはできないし、評価することもできない。というのもこの習慣が、熟考されて強固な、つねにより純化されていく原則の結果ではないとしよう。その場合にはそうした習慣は、技術的に=実践的な理性[6]にもとづくすべてのその他のメカニズムのそれぞれと同様に、あらゆる場合について準備ができているわけではないし、新たな誘惑が引き起こしうる変化に対しても十分に守られていないからである。

注解

徳=+aには、消極的な不徳(道徳的な弱さ)=0が論理的な矛盾対当(*contradictorie oppositum*)として対立するが、その一方で悪徳=−(マイナス)aは反対対当(*contrarie s. realiter oppositum*)として対立する。[7] そして次のように問うのは、たんに不必要なばかりでなく、不愉快なことですらある。つまり、「重大な犯罪には、偉大な徳によりも、あるいはより以上のたましいの強さが属しているのではないだろうか」などと問うことである。というのも、私たちがたましいの強さということで理解しているのは、自由を賦与された存在者としての人間の企図の強さのことであり、したがって人間が自分自身を支配している（正気である）かぎりでの、それゆえ人間としての健康な状態においてであるかぎりでの、強さを理解しているからである。大それた犯罪はこれに対して発作なのであって、それを見ることだけでも、たましいが健全な人間はぞっとする。それゆえ問いは、およそ次のようなものになるであろう。つまり「狂気に襲われている人間のほうが、その人間が正気である場合よりも、より多くの身体的な力を持ちうるのではないだろうか」と。そのことを許容しえても、この人間により以上のたましいの力を授けることにならないのは、たましいということで、自分の力を自由に使用するさいの人間の生の原理を理解する場合のことである。というのもかの狂気はたんに、理性を衰弱させる傾向性の威力のうちにその根拠を持ち、こうしたことはなんらたましいの強さを証明するものではなく、それゆえ目下の問いは次の問いとほとんど同じものとなるであろうからである。すなわち「病気に襲われている人間は、健康な状態におけるより以上の、強さを示しうるか」という問いだ。こうした問いにはただちに「否」と答えることができる。なぜなら健康とは、人間のすべての肉体的な力のつり合いが取れていることであるが、その健康の欠如とはこれらの力の体系が衰弱していることだからである。この諸力の体系によってだけ、絶対的な健康は判定しうるのだ。

Ⅲ　同時に義務である目的を考える根拠について

目的とは自由な選択意思の対象であって、この対象を表象することが選択意思をある行為へと規定する（そのことによって目的が実現されるのである）。したがってそれぞれの行為はその目的を持ち、また自分の選択意思の対象を自分で目的とすることなしには、だれも目的を持つことはできないのだから、行為のなんらかの目的を持つことは、自然の働きではなく、行為する主体の自由の作用である[1]。ところでこの、目的を規定する作用はひとつの実践的原理であって、この原理は手段を（したがって条件づきで）命じるのではなく、目的そのものを（それゆえ無条件的に）命じる。そういうわけであるから、この原理は純粋実践理性の定言命法であり、したがって義務の概念を目的一般の概念と結合する命法なのである。

さてそうした目的と、これに対応する定言命法が存在しなければならない。というのも自由な行為があるのだから、その行為がそれを客体としてみずからを方向づける、当の目的もまた存在しなければならないからである。ところでこれらの目的のうちには、同時に(つまりその概念からして)義務でもある、いくつかの目的が存在しなければならない。――というのも、そうした目的が存在しないとしよう。その場合には、いかなる行為も目的を欠くものではありえないのであるから、すべての目的は実践理性にとっては、つねに別の目的のための手段としてだけ妥当することになってしまうだろうし、定言命法は不可能になってしまうだろう。こうなればすべての人倫論は終わりである。

ここで問題なのはそれゆえ、人間が自分の本性の感性的な衝動によって自分で立てる目的ではない。むしろ人間が自分で目的とするべき、自由な選択意思のその法則にしたがった対象が、問題なのである。前者の(自分で立てる)目的の問題は、技術的(主観的)な、本来的には実用的な、自分の目的の選択において賢明さの規則(2)をふくむ目的論と名づけることができるだろう。他方で後者の(目的とするべき)目的の問題を、道徳的(客観的)な目的論と名づけなければならない。とはいえ、ここではそうした区別は余計である。なぜなら人倫論はすでにその概念からして、自然論(ここでは人間学)からはっきり区別されているからである。自然論は経験的な原理にもとづくが、これに対して義務を扱う道徳的な目的論は、ア・プリオリに純粋な実践理性において与えられる原理にもとづいているのである。

Ⅳ　同時に義務である目的とはなにか

それは、自分の完全性――他人の幸福である。

これらをたがいに入れ替えて、一方では自分の幸福を、他方では他人の完全性を、その者の人格にとってそれ自体において義務であるような目的とすることはできない。というのも自分の幸福は、たしかにすべての人間が（その本性の衝動のゆえに）持つ目的ではあるが、自分自身に矛盾することなしには、こうした目的は決して義務と見なされることはできないからである。それぞれのひとが避けがたく、すでにおのずと欲するものは、義務の概念のもとには属さない。というのも義務とは、意に反して採用された目的へと強要するものだからである。だから次のように言うことは、自分に矛盾している。つまり「自分自身の幸福を全力で促進するよう、ひとは義務づけられている」などと言うことは、自己矛盾なのである。

これと同じく矛盾であるのは、ある他者の完全性を私の目的とすること、および私がそれを促進するように義務づけられていると見なすことである。というのも、ある他の人間が人格として有する完全性は、その者が自分で、義務についての自分自身の概念にしたがって、自分に自分の目的を立てることができる、という点に存するからだ。そしてその者自身以外のだれもなすことができない或ることを、私がなすべきであると要求すること（私の義務とすること）は、自己矛盾している。

V　これらふたつの概念の解明

A　自分の完全性

完全性ということばは、多くの誤解にさらされている。このことばはときには、超越論的哲学に属する、合わせてひとつの事物を構成する多様なものの総体性という概念として理解される[1]こともあるし——またその一方でときには、目的論に属する概念として、ある事物の性状がある目的に一致していることを意味すると理解される[2]こともある。前者の意味での完全性を量的な（実質的な）完全性、後者の意味での完全性を質的な（形式的な）完全性と名づけることができるであろう。前者の完全性はただひとつしかありえない〔というのも、ある事物に属するものの総体は、ひとつしかないからだ〕。その一方で後者の完全性については、ひとつの事物において複数存在しうる。そしてそうした完全性こそが、ここでまた本来論じられるものなのだ。

人間一般〔本来的には人間性〕に属する完全性について、「この完全性を自分の目的とすることは、それ自体として義務である」と語られるとしよう。この場合その完全性は、自分の所為[3]の結果でありうるもののうちに置かれなければならず、人間が自然に負っているはずの、たんなる賜物に置かれてはならない。そうでないと、完全性は義務ではなくなってしまうであろうからである。完全性はそれゆえ、自分の能力の〔もしくは自然素質の〕開化以外のものではありえない。その能力のなかで悟性は、概念の能力として、したがってまた、義務にかかわる概念の能力として、最上位のものである。とはいえ同時にまた〔完全性は〕、すべての義務一般を十分に果たすという自分の意志の〔人倫的な思考様式の〕開化でもある。1　次のことは人間にとって義務である。つまり、自分の本性の粗野なありかた、すなわち動物性(*quoad actum*)〔行為にかんしての〕から抜け出し、人間性へとつねにさらに自分を高めるよう努めることは、義務である。この人間性によってだけ人間は、自分に目的を定立することができるのだ。〔また〕自分の無知を〔ひとの〕教えによって補い、自分の誤りを改善することも義務である。こうしたことを人間に対して、技術的に＝実践的な理性が人間の別の意図（技巧）のために、たんに勧めているのではない。そうではなく道徳的に＝実践的な理性がそれを人間に端的に命じているのであり、人間のうちに内在する人間性に値するように、この目的を人間に対して義務とするのである。2 人間の意志の開化を進めて、そこではすなわち法則が同時に自分の義務にかなった行為の動機となるような、もっとも純粋な徳の心根にまで高めて、また義務にもとづいて法則にしたがうこと、こうしたことは内的な道徳的＝実践的な完全性である。この完全性は、人間自身のうちの立法する意志が、法則にしたがって行為するよう能力に働きかける結果の感情であるから、道徳感情[5]と呼ばれる。これはいわばひとつの特殊な感官（*sensus moralis*）〔道徳の感覚〕である。この感官はたしかに狂信的に、あたかもこの感官が（ソクラテスの精霊[6]のように）理性に先行するかのように、もしくは理性の判断をもまったく必要としないかのように、誤用されることが多い。そうではあっても他方では、〔道徳感情を開化することは〕ひとつの人倫的な完全性[7]であって、それによって同時に義務である特殊な目的のそれぞれが、自分の対象となるのである。

B 他人の幸福

幸福とはつまり、自分の状態に、その状態が続くことを確信しているかぎりで、満足していることである。この幸福を望み、また求めることは、人間の本性にとって避けがたい。しかしまさにそのゆえに幸福は、同時に義務である目的ではない。――ところでまた、道徳的幸福と自然的幸福を区別さえするひとびともいる（前者の幸福は、自分の人格とその人格自身の人倫的なふるまいに対する満足、したがってひとがなすことに対する満足であって、後者の幸福は、自然が授けるものに対する満足、つまりひとが自分以外の者からの贈り物として享受するものに対する満足である）。ここで次のことを注意しなければならない。つまり、ことばの誤用（これはすでに自分のうちに矛盾をふくんでいる）をここではとがめることなく、前者の感じかただけが、先ほどの表題、つまり完全性という表題に属する、ということである。――というのも、自分が正しいことをたんに意識しているだけで、自分が幸福であると感じるような者こそが、先ほどの表題のもとで同時に義務である目的として説明された完全性を、すでに所有しているからである。

したがって、私の目的として目指すことが義務であるような幸福が問題であるとすれば、それは他の人間たちの幸福でなければならない。そうしたひとびとの（許容された）目的を、私はこうしてまた自分の目的ともするのである。他の人間たちが自分の幸福になにを数え入れようとも、それはその人間たち自身の判断に委ねられている。ただしその人間たちは幸福に算入するが、私としてはそうは考えない多くのことについては、その人間たちが「自分たちのもの」として私に要求する権利がない場合には、私にも拒む権限がある。ところで先の〔他人の幸福という〕目的に、私自身の（自然的な）幸福も配慮しなければならないという、その者たちのいわゆる拘束性を対立させ、そのことでこうした私の自然的でたんに主観的な目的を義務（客観的目的）とする、議論が存在する。こうした議論は見かけのうえだけのものにすぎないとはいえ何度も用いられてきた、先の義務の区分（Ⅳ番）に対する異論であって、正しておく必要がある。

災難、苦痛、それに欠乏は、自分の義務に違反するよう大いに誘惑するものである。こうした影響に対抗するのが、豊かであること、強壮、健康、それに一般に幸いであることであって、これらのものはそれゆえまた、同時に義務である目的と見なされうるようにも思える。つまり自分自身の幸福を促進し、幸福をたんに他人にだけ向けないことが、同時に義務である目的であるように思えるのである。——とはいえその場合には、幸福が目的なのではなく、主体の人倫性〔倫理性〕が目的となる。幸福は、主体から妨げるものを除去するための、たんに許容された手段なのである。というのもどのような他者も、私の道徳に反するものではない目的を犠牲にすることを私に要求する権利を、持ってはいないからだ。豊かであることを自分自身のために求めることは、直接的には義務ではない。とはいえ間接的にならば、それは十分に義務でありうる。つまり、悪徳へと大いに誘惑するものである貧困を、防ぐことなのである。とはいえその場合には私の幸福がではなく、私の倫理性〔人倫性〕こそが、その総体を保つことが私の目的であり、同時に私の義務であるものなのだ。

VI　倫理学は行為に対して法則を与えるのではなく（というのもこれをなすのは法論であるから）、ただ行為の準則に対して法則を与える

義務概念は直接的に法則へと関係している（たとえ私が、法則の実質である目的のすべてを捨象する場合であっても）。このことは、義務の形式的な原理が、《君の行為の準則が普遍的法則となりうるように行為せよ》という定言命法において、すでに示しているとおりである。ただし倫理学においてはこの法則は君自身の意志の法則として考えられるのであって、他者の意志でもありうるような意志一般の法則として考えられるので

はない。そうした法則として考えられるのなら法の義務を与えるであろうが、この義務は倫理学の領野には属さない。――準則はここでは、たんに普遍的立法の資格を有するだけの主観的な原則と見なされている。こうしたことは、たんに消極的な原理（法則一般に違反はしないという）である。――ところでいったいいかにして、行為の準則に対してもなお、法則が存在しうるのであろうか。

同時に義務である目的の概念は、そもそもは倫理学に属する概念である。この概念だけが、行為の準則に対する法則を基礎づけるのであって、そのさい主観的な目的（だれでも持っている）が客観的な目的（だれでも自分の目的とすべき）のもとに従属させられる。《君はこのことをもしくはあのこと（たとえば他者の幸福）を君の目的とするべきだ》という命法は、選択意思の実質（客体）にかかわる。さてどのような自由な行為も、行為者が行為にさいして同時に目的（選択意思の実質としての）を目指すのでなければ、可能ではない。それゆえに、同時に義務である目的があるならば、目的のための手段である行為の準則は、普遍的立法をなしうるという資格を有する条件だけをふくんでいるのでなければならない。これに対して、同時に義務である目的は、そのような準則を持つことを法則とすることができるが、その一方で準則そのものにとっては、普遍的立法に一致することができるというだけですでに十分なのである。

というのも行為の準則は恣意的なものでありうるし、(3) また行為の形式的な原理である、普遍的立法の資格があるという条件によってだけ制限されるからである。ところで法則は行為における恣意的なものを廃棄し、この点であらゆる勧め(この場合たんに、ある目的のためにもっともふさわしい手段を知ることが要求される)から区別されるのだ。

Ⅶ　倫理学の義務は広い拘束性にかかわり、これに対し法の義務は狭い拘束性にかかわる

この命題は直前の〔節のタイトルの〕命題からの帰結である。というのも法則が行為そのものをではなく、行為の準則だけを命じることができるのであれば、このことは、法則が、順守(したがうこと)にかんしては、余地(*latitudo*)を自由な選択意思に対して残していることを示しているからだ。つまり、同時に義務である目的のために、行為によっていかにして、またどれほどのことがなされるべきかを、はっきり述べることはできないのである。——とはいえ広い義務ということで、行為の準則の例外を許すことが理解されてはならない。そうではなくて、ある義務の準則を他の義務の準則で(たとえば

普遍的な隣人愛を両親への愛で)制限するのを許すことだけが理解されるのである。このことによって実際、徳の実践のために領野が拡張されるのだ。(1)——義務が広ければ広いほど、したがって人間の行為への拘束性が不完全であればあるほど、にもかかわらず、人間が(自分の心根における)義務にしたがうという準則を、(法の)狭い義務に近づければ近づけるほど、それだけその人間の有徳な行為はより完全なのである。

不完全義務はそれゆえ、徳の義務だけだ。徳の義務を果たすことは功績(*meritum*)＝＋aである。徳の義務に違反することは、だからといってただちに罪過(*demeritum*)＝－aではなくして、たんに道徳的な無価値＝0である。ただし、この義務にしたがわないことが、この主体にとって原則であるような場合は別である。第一の場合における企図の強さだけが本来的に、徳(*virtus*)と呼ばれ、第二の場合には道徳的な強さが欠けている(*defectus moralis*)のである。(徳〔Tugend〕ということばが taugen〔役に立つ〕に由来しているように、不徳〔Untugend〕は zu nichts taugen〔なんの役にも立たない〕に由来する)。義務に反する行為のそれぞれは、違反(*peccatum*)と呼ばれる。そして原則となった意図的な違反が、本来的には、悪徳(*vitium*)と名づけられるものである。悪徳(*vitium*)というよりは、むしろたんに不徳と呼ばれ、

行為が法に適合していること(正しい人間であること)はなんら功績のあることではな

いが、それでも義務としてのそのような行為の準則が法に適合していることは、つまり法への**尊敬**は、功績のあるものである。というのも人間はそのことによって人間性の権利を、もしくはまた人間の権利を、自分の目的とし、またこのことによって自分の義務概念を、負い目(*officium debiti*)〔負い目の義務〕の概念を越えて拡張するからだ。なぜならある他者は、その者の権利にもとづいて、法則にしたがった行為なら私に要求することができるが、法則がまた同時に行為のための動機をふくむことを私に要求することはできないからである。次の普遍的で倫理的な命令についても事情はまったく同じである。つまり、《義務にかなったしかたで、義務にもとづいて行為せよ》(2)という命令のことである。こうした心根を自分のうちに根づかせ、生気を与えることは、先ほどの場合と同様に功績のあることだ。なぜならこの心根は、行為の義務の法則を越え出て、法則そのものを同時に動機とするからである。

他方でまさにこのことのゆえに、これらの義務もまた広い拘束性に数え入れられなければならない。これらの義務にかんしては、その倫理的な報酬という(それもこれらの広い義務を狭い拘束性の概念に可能なかぎり近づけるために)主観的な原理が成立する。つまり徳の法則にしたがうことで報酬を感受するという主観的な原理が、つまり道徳的な快という主観的な原理が成立するのだ。この快はたんなる自分自身に対する満足(これはたんに消極的でありうるだけである）を越え出ており、またこの快については、「徳はこの意識において徳それ自身の報いである」と称賛されるのである。

この功績が人間のある他の人間のための功績、つまり他者の自然的で、すべての人間によってそのように認められている目的を促進する（他者の幸福を自分の幸福にする）という功績であるとしよう。その場合にはひとはこれを甘美な功績と名づけることができるだろう。この功績の意識は道徳的な享受を与えるが、人間は、（他者と）共に歓びつつ、この享受に耽りがちである。その一方で、他の人間の真の幸いを、その者が幸いだと認識していない場合においても、（感謝知らず、恩知らずの者に対しても）それでも促進する苦い功績は、そうした反作用を通常は持たない。そうではなくその功績は、ただ自分自身に対する満足を引き起こすのである。とはいえ後者の場合のほうが、功績はよりずっと大きいであろう。

Ⅷ　広い義務としての徳の義務の究明(1)

1　同時に義務である目的としての自分の完全性

a　自然的な完全性、つまり理性により提示された目的を促進するため、すべての能力一般を開化すること。このことが義務であり、したがってそれ自体において目的であること、またそれが私たちに与える利益を考慮することもなく、そうした開化に努めることの根底には、条件づきの（実用的な）命法ではなく、無条件的な（道徳的な）命法があることは、以下のことから見てとれる。およそ自分でなんらかの目的を定立する能力は、人間性に特徴的なことである（この点で動物性から区別される）。したがって私たち自身の人格のうちなる人間性という目的には理性意志も結びついており、それゆえ次の義務が結びついている。つまり自分を一般に開化によって人間性に値するものとし、あらゆる可能な目的を実行する能力を、その能力が人間自身のうちに見いだされるかぎりで、獲得し、またその能力を促進するという義務である。すなわち自分の本性の粗野な素質を開化することへの義務であり、このことによって動物は自分をはじめて人間に高めるのだ。それゆえに、〔開化は〕義務それ自体そのものである。

ただしこの義務はたんに倫理的であり、すなわち広い拘束性にかかわる。開化に努めるさいに（自分の悟性の能力を拡張するもしくは匡正するさいに、つまり知識や技能の点で）どこまで進むべきかについて、いかなる理性原理もはっきりと指令しない。人間が置かれうる状況もさまざまであるから、人間が自分の才能をそのために培うべき仕事の種類の選択も、きわめて恣意的なものとなる。——したがってここには行為に対する理性の法則は存在せず、次のような行為の準則に対する法則だけが存在する。《君のこころと身体の力を、君が出会いうるすべての目的に役立つように培え》。そのうちのどの目的が、いずれ君の目的となりうるかは不確定であるから、ということである[2]。

b　私たちのうちなる道徳性の開化。人間の最大の道徳的な完全性とは、自分の義務を果たし、それも義務にもとづいて果たすこと（法則がたんに行為の規則であるだけでなく、行為の動機でもあること）である。——さてこのことはたしかに一見したところ、狭い拘束性であるように思えるし、それぞれの行為に対する義務の原理は、たんに適法性だけでなく、道徳性[3]、つまり心根[4]をも、法則の具える厳格さと拘束力によって、命じているように思える。とはいえ実際に法則がここで命じているのも、たんに行為の準則なのであって、すなわち義務づけの根拠を、感性的な衝動（利益もしくは損害）にではなく、ひたすら法則のうちに求めることを命じているのであって——つまりは行為そのものを命じているわけではない。——というのも自分自身の心情を奥深く見通して、自分の道徳的意図の純粋さと自分の心根の清さを、たったひとつの行為においてであれ、完全に確信することができる、などということは、人間にはありえないからである。その人間が行為の適法性についてはまったく疑いがない場合でも、事情に変わりはない。

犯罪という無謀なくわだてを思いとどまらせる弱さが、多くの場合その当事者によって徳（強さの概念を与える）と見なされている。また多くの誘惑を免れたのがたんに幸運にすぎなかった、とはいえ罪のない長き人生を、どれほど多くのひとびとが送ってきたことであろう。どれほど多くの純粋で道徳的な内容が、それぞれの所為にさいして心根のうちにあったのかは、その〔罪のない人生を送った〕ひとびと自身には隠されたままである。

それゆえにこの義務、つまり自分の行為の価値をたんに適法性にしたがってではなく、道徳性（心根）にしたがっても評価するという義務も、広い拘束性に属するだけである。法則はこうした人間のこころそのものにおける内的な行為を命じるのではなく、たんに次のような行為の準則を命じる。それはつまり、「すべての義務にかなった行為にとって、それが義務であると考えることがそれだけで十分な動機となるように、全力をあげて目指せ」という準則である。

2　同時に義務である目的としての他人の幸福

a　自然的な幸せ。好意はかぎりないものでありうる。というのもそのさいには、なにもしなくてもよいからである。他方で親切にすること[5]は、とりわけ他者に対する愛着

(愛)から生じるのではなく、義務にもとづいて、多くの情欲を犠牲にしたり退けたりしてなされるような場合には、ずっと困難である。——このように親切にすることが義務であることは、以下のことから明らかとなる。私たちの自己愛は、他者によっても愛されたい(困ったときには助けてほしい)という欲求と切り離すことができないから、私たちはそれゆえ自分を他者にとっての目的としているのである。そしてこの準則はひたすら普遍的法則としての資格があることによってだけ、したがって他者をも私たちにとっての目的とする意志によってだけ、ひとを拘束しうるのであるから、他人の幸福は、同時に義務である目的なのである。

とはいえ、私は自分の幸せの一部を他者のために、それが義務であるがゆえに、お返しを望むことなく犠牲にするべきであるとして、さてはたしてどこまで犠牲をなしうるかについて、一定の限界を定めることは不可能である。各人にとってその感じかたに応じて真の欲求はなんであるかが、まさに問題なのであるが、これを規定することは各人自身に委ねざるをえない。というのも自分自身の幸福(自分の真の欲求)を犠牲にして、他者の幸福を促進することは、もしそれが普遍的法則とされたならば、自分自身において矛盾した準則となるであろうからである。それゆえこの義務は広い義務であるにすぎない。この義務は、その義務を果たす度合いの大小について余地を残しており、しかもその余地の限界をはっきりと定めることはできない。——法則はたんに準則に対して妥当するのであって、一定の行為に対して妥当するのではない。

b　他者が道徳的に幸いであること(*salubritas moralis*)もまた、他者の幸福に属する。これを促進することは私たちにとって義務ではあるが、たんに消極的な義務である。ある人間が良心の呵責から感じる苦痛は、その源泉は道徳的であるとはいえ、それでもその結果からすれば自然的であって、その点では心痛や恐怖や、その他のあらゆる病的な状態と同じである。各人がこうした内的な非難を受けるのが当然となることがないように防ぐのは、たしかにまさに私の義務ではなく、当人のことがらである。とはいえ、当人の良心がそれをめぐって当人を後から悩ませうるような、醜聞と名づけられるものへと人間の本性からして誘いうるようなことはなにもしないことは、私の義務である。——ただし、他者の道徳的な満足のためのこうした気づかいがどこまで及ぶかについての、一定の限界というものは存在しない。それゆえにここには広い拘束性があるだけである。

IX 徳の義務とはなにか

徳とは、自分の義務を順守するさいの人間の準則の強さである。――すべての強さは、それが克服することができる妨げによってだけ認識される。ところで徳の場合にこの妨げは、人倫的〔倫理的〕な企図と衝突しうる、自然の傾向性である。そして人間とは、自分の準則のまえに立ちはだかって妨害する当の者であるから、徳はたんに自己強制であるばかりではなく(というのもその場合、ある自然の傾向性が別の自然の傾向性を抑制しようとすることができるであろうから)、内的な自由という原理による強制でもある。つまり、自由の形式的な法則にしたがって自分の義務をたんに表象することによる強制でもあるのだ。

すべての義務は、法則による強要の概念をふくんでいる。倫理的な義務は、内的な立法だけが可能であるような強要をふくみ、法の義務はこれに対し、外的な立法も可能な強要をふくむ。したがって両者ともに、それが自己強制であれもしくはある他者による強制であれ、強制の概念をふくんでいるのである。そしてそのさい、前者の道徳的な

〔自己強制の〕能力は徳と名づけられうるし、そうした心根（法則に対する尊敬）から生じる行為は（倫理的な）徳の行為と名づけられうる。それはたとえ法則が法の義務を言明している場合でも変わりはない。というのも、人間の権利を神聖なまま保つように命じるのが、徳論だからである。

ところで、それをなすことが徳であるからといって、それがそのゆえにただちに本来的な徳の義務であるわけではない。徳をなすことはたんに準則の形式的なものにかかわりうるが、徳の義務は準則の実質に、すなわち同時に義務と考えられる目的にかかわるからだ。――さて多数ありうる諸目的への倫理的な拘束性は、ただ広い拘束性である。なぜなら拘束性はここではたんに、行為の準則に対する法則だけをふくむからだ。また目的は選択意思の実質（客体）である。こうしたことのゆえに、法則的な目的のちがいに応じたそれだけ多くのさまざまな義務が存在するのであり、これらの義務は徳の義務（*officia honestatis*）〔善行の義務〕と名づけられる。そのように名づけられる理由は、これらの義務がたんに自由な自己強制のもとにだけあり、他の人間による強制のもとにはないからであり、また同時に義務である目的を規定するからである。

徳は、確乎たる心根に基礎づけられた、意志のそれぞれの義務との合致である。徳がそうしたものであるかぎり、すべての形式的なものと同じく、たんにひとつの同じものがあるだけである。とはいえ同時に義務である行為の目的、つまりひとがそれを自分の目的とすべきもの（実質的なもの）にかんしては、多くの徳がありうる。そしてそうした目的の準則に対する拘束性は徳の義務と呼ばれ、それらもまた多数存在する。

徳論の最上の原理は以下の通りである。「それを持つことが各人にとって普遍的な法則でありうる、目的の準則にしたがって行為せよ」。――この原理によれば、人間は自分自身にとっても他者にとっても目的である。そして、人間は自分自身も他者もたんに手段として使用する権限がない（この場合、人間はそれでも他者に対して無関心でもありうる）、というだけでは十分ではない。そうではなく、人間一般を自分の目的とすることが、それ自体そのものとして人間の義務なのである[1]。

この徳論の原則は、定言命法である。それゆえにこの原則は、いかなる証明も許さないが、しかし純粋実践理性による演繹なら許すのである[2]。――人間の自分自身および他者に対する関係において目的でありうるものは、純粋実践理性にとって目的である。というのも純粋実践理性は目的一般の能力だからだ。この理性が目的にかんして無関心であること、つまり目的に対してなんの関心も抱かないということは、それゆえひとつの矛盾なのである。なぜならこの理性はそのさい、行為に対して準則（これはいつでも目的をふくんでいる）を規定することもないであろうし、したがって実践理性ではないであろうからだ。とはいえ純粋理性がア・プリオリに目的を命じうるのは、ただ純粋理性が目的を同時に義務として告げ知らせるかぎりにおいてのことである。その場合にそうした義務は、徳の義務と呼ばれる。

X 法論の最上の原理は分析的であったが、徳論のそれは総合的である(1)

外的な強制は、それが普遍的な法則に合致する外的な自由を妨げるものに対立する抵抗(外的自由を妨げるものの妨げ)であるかぎりで、目的一般と両立しうる。このことは矛盾律からして明らかであって、私はなにも自由の概念の外に出て、自由の概念を洞察するまでもない。それぞれの者が持つ目的がどのようなものであれ、そのことに変わりはない。——それゆえ、最上の法の原理(2)は分析的な命題である。

これに対して徳論の原理は外的な自由の概念を越え出る。そして普遍的法則にしたがって、自由の概念にさらに、その原理が義務とする目的を結びつけるのである。この原理はそれゆえ総合的である。——この原理の可能性は演繹(IX節)のうちにふくまれている。

義務の概念を外的な自由の概念を越えて拡張し、また外的な自由を汎通的な合致というたんに形式的なものによって制限することを越えて拡張するさいには、外部からの強制ではなく内的な自由が、また自己強制の能力が、それも他者の傾向性を媒介とするのではなく、純粋な実践理性(これはすべてのこうした媒介を拒絶する)による自己強制の能力が定立される。こうした義務概念の拡張は、次のことにもとづき、またそのことによって法の義務を越えて高められる。つまり、一般に法が度外視するような目的が純粋実践理性によって定立されるということである。――道徳的な命法と、道徳的な命法のために必要な自由という必然的な前提においては、法則と、(法則を実行する)能力と、準則を規定する意志とが、法の義務の概念を形づくる要素のすべてをなす。その一方で徳の義務を命じる命法においては、自己強制の概念のほかになお、目的の概念が加わる。この目的は私たちが持っているのではなく、私たちが持つべきものなのである。したがって純粋な実践理性が自分のうちにこの目的を持っているのであって、純粋な実践理性の最高の、無条件的な目的(それでもこれとてつねになお義務ではあるが)は、次の点に置かれる。つまり徳が徳自身の目的であって、徳が人間について持っている功績においても、やはり徳は徳自体の報いである、という点にである【このさい徳は理想として輝き、人間の目測によれば、違反へと誘惑されることのない神聖性すらも、霞んで見えるほどである。(*) そうはいってもこれはひとつの錯覚である。というのも、私たちはある強さの度合いを測る尺度としては、そこで克服することのできた妨げ(これは私たちにおいては傾向性である)の大きさしか持っていない。そのために私たちは、ある大きさを評価するための主観的な条件を、大きさそれ自体そのものの客観的な条件と見なすように誘われるのである】。ところで総じて戦わなければならない妨げを持っている人間の目的と比較するならば、次のことはまったく正しい。つまり徳そのものの価値は、それが徳それ自身の目的であるかぎり、徳がその結果としてつねに備えうる、すべての効用やすべての経験的な目的および利益の価値を、はるかに凌駕するということである。

(*) 欠陥を備えた人間は、
意志のない天使たちの群れよりはよい。
ハラー(3)

次のように言うことすらできよう、「人間は(道徳的強さとしての)徳へと拘束されている」と。というのも、たしかにすべての感性的に抵抗する衝動を克服する能力(*facultas*)は、人間の自由のゆえに端的に前提されうるし、またされなければならないのではあるが、それでもやはりこの能力は強さ(*robur*)としては、獲得されなければならない或るものであるからである。その獲得は、私たちのうちなる純粋な理性法則の尊厳の観察（*contemplatio*）と、同時に他方ではまた訓練（*exercitio*）とによって、道徳的な動機（法則を表象すること）を高めるというしかたでなされる。

XI　徳の義務の図式は、先の原則にしたがって、次のしかたで表示されうる

徳の義務の実質的なもの

	内的な徳の義務	外的な徳の義務
	1　私にとって同時に義務である自分の目的（私自身の完全性）	2　それを促進することが私にとって同時に義務である他者の目的（他者の幸福）
	3　同時に動機である法則	4　同時に動機である目的

すべての自由な意志規定の

道徳性がこれにもとづく——適法性がこれにもとづく

徳の義務の形式的なもの

XII　義務概念一般に対するこころの感受性についての直感的な予備概念

道徳的な性状のうちには、ひとがそれを所持していない場合に、それを所持するという義務もありえないようなものもある。——それは道徳感情、良心、隣人への愛、および自分自身に対する尊敬(自己尊重)である。これらを持たねばならないという拘束性は存在しない。なぜならこれらのものは義務概念に対する感受性という主観的な条件として道徳性の根底にあるのであって、客観的な条件として道徳性の根底にあるのではないからである。これらのものは総じて直感的[1]であって、また義務概念によって触発されるさい、義務概念に先行するものでありながら、それでも自然的なこころの素質(*prae-dispositio*)なのである。こうした素質を持つことは義務と見なされることはできず、むしろそれぞれの人間がこの素質を持つことで、その素質によってそれぞれの人間が義務づけられうるのだ。——こうした素質の意識は経験的な起源によるものではなく、道徳法則がこころへ働きかけた結果として、道徳法則の意識に続いて起こりうるのである。

a　道徳感情

これは快もしくは不快に対する感受性であって、ひたすら私たちの行為が義務の法則に合致しているか背反しているかという意識にだけもとづく。ところですべての選択意思の規定は、可能な行為を表象することからはじまり、当の行為やその行為の結果に関心を寄せる快もしくは不快の感情を通して、所為へと至る。そのさい直感的状態(内的感官の触発という)は受動的感情であるか、道徳感情であるか、のどちらかである。——前者は、法則を表象することに先行する感情であり、後者は、ただ法則を表象することの後にだけ生じうる感情である。

さて道徳感情を持つという、もしくはそうしたものを獲得するという義務は存在しえない。というのもすべての拘束性の意識の根底にはこの感情があって、そのことによって、義務概念のうちにある強要が意識されるようになるのだからである。むしろそれぞれの人間は（道徳的な存在者として）この感情を根源的に自分のうちに持っているのだ。ところで拘束性がかかわりうるのはせいぜい、この感情を開化すること、またこの感情の究めがたい根源に驚嘆することによって、この感情を強化することだけである。この開化と強化は、次のことが示されることによってなされる。それはつまり道徳感情が、すべての受動的な刺激から切り離されたその純粋なありかたにおいても、たんに理性が表象することによって、まさにもっとも強く引きおこされることが示されることによってである。

この感情を道徳的な感官と名づけるのはふさわしくない。というのも「感官」ということばのもとで通常理解されるのは、理論的な、ある対象へと関係づけられた知覚の能力だからである。これに対して道徳感情は（快と不快一般と同様に）たんに主観的な或るものであって、どのような認識も与えない。——すべての道徳感情を欠くような人間は存在しない。というのもこうした感覚をまったく感受しないならば、その者は人倫的（倫理的）に死んでいるであろうからである。また（医者の語りかたで言えば）人倫的な生の力がもはやこの感情にいかなる刺激も及ぼしえないのならば、人間性は（いわば化学の法則にしたがって)たんなる動物性へと溶解し、他の自然的な存在者の塊と取り返しがつかないほど混合してしまうであろう。——ところで、そうした感官があるかのようにしばしば語られるとはいえ、私たちが(人倫的な)善と悪に対する特殊な感官を持っていないのは、真理に対してそうした感官を持っていないのと同様である。むしろ私たちが持っているのは、実践的な純粋理性(とその法則)によって選択意思が動かされることに対する、自由な選択意思の感受性なのであって、この感受性こそが、私たちが道徳感情と名づけるものである。

b　良心について

同じくまた良心も獲得されうる或るものではなく、そうしたものを備えるという義務はない。むしろそれぞれの人間は、人倫的な存在者として、それを根源的に自分のうちに持っている。良心を持つよう拘束されているというのは、義務を承認すべき義務があるというのと同じことを言うことになろう。というのも良心とは、法則が適用されるそれぞれの事例において、人間に自分の義務を提示して、無罪放免したり有罪の判決を下したりする実践理性のことだからである。したがって良心がかかわるのは客体にではなく、たんに主体にである（道徳感情を実践理性の作用によって触発する）。それゆえ良心のかかわりは避けがたい事実なのであって、責務であったり義務であったりするのではない。それゆえに「この人間は良心を持たない」と語られる場合に、その発言で意味されているのは、「この者は良心の判決を気にかけていない」ということなのである。というのもその人間が実際に良心をまったく持っていないのならば、その人間はなにかを義務にかなっているとして功績とみとめたり、あるいは義務に反しているとして非難したりすることは、まったくないだろうからだ。したがってまたその人間は、良心を持つという義務すらもまったく考えることができないであろう。

良心のさまざまな区分は、まだここでは脇に置いて[2]、ただまさに今述べたことから帰結することだけを注意しておこう。それはつまり「誤れる良心というものは不合理なものだ」ということだ。というのも、「或ることが義務であるかそうでないか」の客観的な判断においては、たしかにひとはしばしば誤ることがありうる。とはいえ主観的な判断においては、つまり「私が問題の客観的判断を下すために、その或ることを私の実践（ここでは裁く）理性と比較したかどうか」という判断においては、私が誤ることはありえないからだ。なぜなら、誤ることがありうるならば、私は実践的にはまったく判断していなかったことになるであろうからである。そのような場合には、誤りも真理もない。

良心的でないということは、良心が欠けているのではなく、良心の判断を気にかけないという性癖である。ところで或る者が良心にしたがって行為したことを意識している場合には、負い目のあるなしにかんしては、その者からこれ以上なにも要求することはできない。その者にとって責務であるのはただ、自分の悟性を、なにが義務でありなにがそうでないかについて、啓蒙することだけである。ところで所為がなされる、あるいはすでになされた場合には、良心が語ることに選択の余地はなく、またそれは避けがたい。それゆえ良心にしたがって行為すること自体は義務ではありえない。なぜならそうでないと、さらに第二の良心が必要となって、この良心が第一の良心の作用を意識するといったことにならざるをえないであろうからである。

義務であるのはここでは、ただ自分の良心を開化し、内的な裁き手の声への注意を鋭くすること、そしてこの裁き手に聴きしたがうためにすべての手段を用いること（したがってたんに間接的な義務）である。

c　人間愛について

愛は感覚のことがらであって、意欲のことがらではない。また私は愛することを意欲するがゆえに、愛することはできないし、ましてや私は愛するべきである（愛へと強要される）がゆえに、愛することなどはできない。したがって愛するという義務は不合理なものだ。その一方で好意（*amor benevolentiae*）なら、ひとつの行いとして、義務の法則に服することがありうる。ところでしばしば、人間に対する利己的ではない好意も、（きわめて非本来的な用法ではあるのだが）愛と名づけられている。それどころか、他者の幸福が問題となるのではなく、自分のすべての目的をある他の存在者（人間以上の存在者の場合であっても）の目的に、完全にかつ自由に捧げることが問題となる場面でも、同時に私たちにとって義務である愛が語られる。とはいえすべての義務は強要、強制であり、それが法則にしたがう自己強制であるような場合でも事情は変わらない。そして強制により行われることは、愛から生じるのではない。

　他の人間に私たちの能力に応じて親切にすることは義務である。その人間を愛していようといまいと、そのことに変わりはない。そしてこの義務は、たとえ悲しむべきことに次のことが認められなければならないとしても、なんらその重みを失うものではない。それはつまり、私たちの種族〔人類〕が、残念ながら！　詳しく知れば知るほどに、とりわけて愛するに値するとは思えない、ということである。――その一方で人間嫌いはいつでも憎むべきである。たとえそれが所為によって敵対することなく、たんに完全に人間に背を向ける(隔離的な人間嫌い)だけである場合でも、同じである。というのも好意はつねに義務であり、人間を嫌うひとに対してですらも義務であるからだ。人間を嫌うひとを愛することができないことはもちろんであるが、それでもその者に善意を示すことならできるのである。

その一方で人間の悪徳を憎むことは、義務でもないし、義務に反してもいない。それは悪徳を前にしてのたんなる嫌悪の感情なのであって、意志がこの感情に対して、もしくは逆にこの感情が意志に対して、なんらかの影響を及ぼすということはない。親切にすることは義務である。この義務をしばしば実行し、親切にするという意図が上手く行く者は、最終的には、自分が親切にした者を、実際に愛するところにすら行き着く。それゆえ「君の隣人を君自身のように愛すべし」という場合、これは「君は直接的に(さしあたりは)愛し、この愛を介して(後から)親切にするべし」ということを意味しているのではない。むしろ「君の隣人に親切にせよ、そしてこの親切は人間愛(親切にすること一般へと傾向性が整えられていることとしての)を君のうちに引き起こすであろう!」ということを意味しているのである。

それゆえ適意の愛(*amor complacentiae*)だけが直接的であろう。とはいえこの愛(ある対象の現実存在を表象することと直接に結びついた快としての)に対して義務を持つことは、つまり対象について快を覚えるよう強要されなければならないということであって、それはひとつの矛盾である。

d　尊敬について

尊敬(*reverentia*)もまた同様に、或るたんに主観的なものである。つまり尊敬は独特な種類の感情であって、それを引き起こしたり促進したりすることが義務であるような対象についての判断ではない。というのも尊敬は、義務として考察される場合には、私たちが義務を前にして持つ尊敬によってだけ、表象されうるだろうからである。それゆえ「尊敬に対して義務を持つ」ということは、「義務へと義務づけられている」というのと同じことになるであろう。――したがって「人間は自己尊重の義務を持つ」というのは、正しくない語りかたであって、むしろこう言わなければならないであろう。「人間のうちなる法則が、自分自身の存在に対する尊敬を、人間に避けがたいしかたで強制する」。そしてこの感情(独特な種類のものなのだが)は、ある種の義務の、つまり自分自身に対する義務と両立しうるある種の行為の根拠である。「人間は自分に対する尊敬の義務を持つ」というわけではない。というのも人間は自分自身のうちなる法則を前にしての尊敬を持っていなければならず、そのことによってだけ義務一般を自分で考えることができるからである。

XIII 純粋な徳論を扱うにあたっての人倫の形而上学の一般的な原則

第一に、ひとつの義務に対しては、またただ唯一の義務づけの根拠が見いだされうる。これに対してふたつもしくはより多くの証明がひとつの義務のためになされるとしよう。その場合そのことが確実に示しているのは、いまだまったく妥当する証明を持ちあわせていないか、あるいはまた多くのことなった義務が存在するのに、それをひとつの義務と見なしていたか、そのどちらかである。

というのも、すべての道徳的な証明は、哲学的な証明として、概念からの理性認識を介してのみ行われうるのであって、数学が与えているように、概念の構成によって行われることはできないからだ[1]。後者は、ひとつの同じ命題に複数の証明を許す。なぜならア・プリオリな直観においてはひとつの客体の性質について、すべてがまさに同じ根拠に帰着する多くの規定がありうるからである。――たとえば誠実である義務を、第一に、虚言が他の人間に及ぼす損害から証明するとしてみよう。そのあとでさらに、嘘をつく者が尊厳を欠いていることと、自分自身に対する尊敬を毀損することが、証明として持ちだされるとしてみよう。この場合、第一の証明においては誠実であることの義務ではなく、好意の義務が証明されたのであって、したがって、その証明が要求された義務ではなく、それとは別の義務が証明されたのである。――ところでひとつの同じ命題に証明が複数あることについては、それによって、根拠がたくさんあることで、それぞれひとつひとつの根拠の重みが欠けていることを補ってくれるであろうと、自分を慰めるとすれば、これはきわめて非哲学的な当座しのぎである。なぜならこの当座しのぎは虚偽と不忠実を暴露しているからである。――というのもさまざまな不充分な諸根拠は、それらがずらりと並べ置かれたとしても、そのうちのひとつの根拠が他の根拠の欠如を補って確実にすることはなく、それどころか真実らしくすることさえできないからである。それらの諸根拠は、根拠と帰結として一系列をなして十分な根拠にまで進行しなければならず、またそのようにしてだけ証明するものでありうる。――にもかかわらず、先の〔諸根拠をずらりと並べる〕やりかたが、説得術の通常のやり口なのである。

第二に、徳と悪徳のちがいを、ある種の準則を順守する程度に求めることは決してできない。むしろひたすら準則の特殊な質（法則への関係）のうちに求められなければならない。言い換えれば、「徳をふたつの悪徳の中間に置く」という（アリストテレスの）原則[2]が称賛されているけれども、それは誤りというものである[*]。たとえば倹約は、浪費と吝嗇というふたつの悪徳の中間として与えられる、とされる。とはいえ徳としての倹約は、先のふたつの悪徳のうちの前者〔浪費〕を徐々に減らすこと（節約）によって生じるとも、さらに後者の悪徳〔吝嗇〕にふける者が支出を増やすことによって生じるとも、考えることはできない。これでは両者の悪徳はいわば反対の方向を取れば倹約において一致するかのようである。むしろ両者のそれぞれがその独自の準則を持っており、それは他方の準則とは必然的に矛盾するのである。

（＊）お馴染みの、ことばのうえでは倫理学にとって＝古典的な定式、つまり「中道を行くのがもっとも安全であろう *medio tutissimus ibis*」、「すべての過ぎたるものは悪徳となる *omne nimium vertitur in vitium*」、「ものごとには程度がある、云々 *est modus in rebus, etc.*」、「中庸を保つ者が幸いである *medium tenuere beati*」、「賢人と言えど……節度なき者の名を持つだろう云々 *insani sapiens nomen habeat etc.*」といったもの[3]は、まったく一定の原理を持たない浅薄な知恵をふくんでいる。というのも、両極端のあいだにあるこうした中間を、だれが私に示そうとするのか。吝嗇（悪徳としての）が節約（徳としての）から区別されるのは、節約があまりにもなされすぎる、という点においてではない。むしろ吝嗇は、まったく別の原理(準則)を持っているのである。その原理とはすなわち、家計の目的を、自分の資産を享受することにではなく、享受することを断念してたんに資産を所有することに置くことだ。それは浪費という悪徳が、自分の資産の享受が度を越していることにではなく、悪しき準則に求められなければならないのと同じである。その準則とは、資産の保存を度外視して、その使用を唯一の目的とするというものである。

同様に、また同じ根拠からして、いかなる悪徳も一般に、ある種の意図の実行が合目的性を越えていること(たとえば、浪費は資産の消費における過剰である *prodigalitas est* ***excessus*** *in consumendis opibus*)によって説明することはできないし、もしくはその意図の実現が適切なありかたに及ばないこと(たとえば、吝嗇は〔資産の消費における〕不足である *avaritia est* ***defectus*** *etc.*)によって説明することもできない。というのも、これでは度合いがまったく規定されていないが、ところがこの度合いにこそ、「ふるまいが義務にかなっているかそうではないか」について、そのすべてがかかっているのだからである。それゆえこれでは説明の役に立たない。

第三に、倫理学の義務は、法則をまっとうする、人間に授けられた能力にしたがって評価されてはならず、むしろ逆に、人倫的〔倫理的〕な能力は、定言的に命令する法則にしたがって評価されなければならない。それゆえに「人間がいかにあるか」という、私たちが人間について持っている経験的な知識にしたがってではなく、「人間が人間性の理念にかなっていかにあるべきか」という、合理的な知識にしたがって評価されなければならない。徳論を学問として扱うさいのこれら三つの準則は、以下の古来の格言に対立している。

1　ただひとつの徳とただひとつの悪徳とがある。
2　徳は対立する悪徳[4]のあいだの中道を遵守することである。
3　徳は(賢明さと同様に)経験から習得されなければならない。

徳一般について[5]

徳とは、意志の道徳的な強さを意味する。とはいえこれでは、まだこの概念を汲みつくしてはいない。というのもそうした強さは、神聖な(超人間的な)存在者にも帰属しうるであろうが、そうした存在者においてはいかなる妨げとなる衝動も、その意志の法則に対立して働くことはないからだ。それゆえそうした存在者はすべてを、法則にかなったしかたで進んで行うのである。徳とはそれゆえ、自分の義務を順守するさいの、人間の意志の道徳的な強さのことだ。そしてその義務は、理性が法則を執行する権力そのものとして自分を構成するかぎりでの、人間自身の立法する理性による道徳的な強要である。――徳それ自体は義務ではなく、徳を所有することも義務ではない（というのもそうでなければ、義務への義務づけがあることになってしまうだろう）。むしろ徳は命じるのであり、しかもその命令には人倫的な（内的な自由の法則にしたがって可能となる）強制がともなう。ところでこのためには、この強制は逆らいがたいものであるはずであるから、強さが必要となる。その強さの度合いを私たちはただ、人間が自分の傾向性によって自分自身に生み出す妨げの大きさによってだけ、評価することができるのである。悪徳は、法則に反抗する心根の徒党となるかぎり、まさに怪物であって、人間はこれと今や戦わなければならない。こうした理由でこの人倫的な強さも、勇敢さ（*fortitudo moralis*）〔道徳的な勇気〕として、人間の最大にして唯一の真なる武勲をなすのである。またこの強さは本来的な、すなわち実践的な知恵とも名づけられる。なぜならこの強さは人間が地上において現存することの究極目的を、[6]自分の究極目的とするからである。――このような強さを所有することによってだけ、人間は自由であり、健全であり、豊かであり、王である等々なのであって、しかも偶然によっても運命によっても、損なわれることはありえない。なぜならその人間は自分自身を所有しており、有徳な者が自分の徳を失うことはありえないからである。

道徳的完全性における人間性の理想にかかわるすべての称賛は、「人間が現にどのようにあり、また〔過去に〕どのようにあったか、もしくはおそらく将来にどのようにあることになるのか」についての正反対の実例によって、なんら実践的な実在性を失うことはありえない。またたんなる経験による認識から生じる人間学が、無条件的に立法する理性によって打ち立てられる人間規範学[7]を毀損することはありえない。そしていかに徳が（法則への関係ではなく、人間への関係において）しばしば功績あるものと呼ばれ、報酬に値しうるものでありえても、それでも徳はそれ自身だけで、徳が徳自身の目的であるように、徳自身の報いとしても見なされるのでなければならない。

それゆえ徳は、そのまったき完全性において考察されるなら、人間が徳を所有するようにではなく、あたかも徳が人間を所有しているかのように、表象される。なぜなら前者の場合には、あたかも人間がなお選択をする余地があった（その選択のためには人間はこの場合にさらになお、別の徳を必要とし、そのことで徳をそれぞれの別の提供された商品より優先して選ぶことになるであろう）かのように見えるだろうからである。——徳が数多くあると考えることは（これは避けがたいところであるが）、意志が唯一の徳という原理にもとづいて導かれる、さまざまな道徳的な諸対象を考えることにほかならない。このことは対立する悪徳についても同じである。〔徳と悪徳の〕両者を擬人化する表現は、直感に訴えるひとつの仕掛けであるが、とはいえそれでも道徳的な感官を指示している。——それゆえ人倫の感性論は、たしかに人倫の形而上学の部門ではないが、とはいえそれでも人倫の形而上学を主観的に呈示するものなのである。そこでは道徳法則の強要する力に伴う感情が、かのみずからの効力を感じさせ（たとえば、吐き気や戦慄などが道徳的な嫌悪を感性化する）、そのことでたんに感性的な刺激に対する優越を勝ち取るのである。

XIV　徳論を法論から区別する原理について

この区分に、人倫論一般の上位区分もまたもとづいているのであるが、その区分は次のことに根拠づけられている。つまりこれら〔徳論と法論〕双方に共通である**自由**の概念が、外的自由の義務と内的自由への義務の区分を必然的なものとするということである。これらのうち後者だけが、倫理学的なものである。——それゆえに内的自由が、それもすべての徳の義務の条件としての内的自由が（先に良心の教説がすべての義務一般の条件であったように）予備的な部門（*discursus praeliminaris*）〔予備論〕として先に置かれなければならない。

注解　内的自由の原理による徳論について

熟練（*habitus*）とは、行為することの容易さであり、選択意思の主観的な完全性である。――とはいえそのような容易さのどれもがみな、自由な熟練（*habitus libertatis*）であるわけではない。というのも、その容易さが慣れ（*assuetudo*）である、つまりしばしばくりかえされた行為によって必然性となった行為の一様性であるとしよう。その場合その容易さは自由から生じた熟練ではなく、つまりはまた道徳的な熟練ではないからである。それゆえに「徳は、法則にかなった自由な行為における熟練である」と定義することはできない。とはいえ他方で、《行為において法則を表象することによって自分を規定する》と付け加えられるなら、そう定義できるであろう。その場合この熟練は選択意思の性状ではなく、意志の性状である。この意志は自分が採用する規則でもって同時に普遍的に＝立法する欲求能力であり、そうした熟練だけが徳に数え入れられうる。

ところで内的な自由にはふたつのことが必要である。ある与えられた場面で、自分自身の主人であること（*animus sui compos*）〔こころが自分の主人である〕と、自分自身の支配者であること(*imperium in semetipsum*)〔克己〕、つまり自分の激情を穏やかにし、自分の僻情を支配することだ。[1]――これらのふたつの状態にある性情(*indoles*)は高貴である(*erecta*)が、反対の場合には卑賤である(*indoles abiecta, serva*)〔卑しい、奴隷的な性情〕。

XV　徳にはなによりもまず自分自身に対する支配が必要とされる

激情と僻情は、本質からしてたがいに区別される。前者は感情に属するが、それはこれが熟考に先立ち、熟考そのものを不可能にするか、もしくはきわめて困難にするかぎりでのことである。それゆえに激情は急激にとか不意にとか呼ばれる(*animus praeceps*)〔急激な感情〕のであって、理性が徳の概念を通じて語るのは、「落ちつくべきだ」ということである。それでも自分の悟性を使用するさいのこの弱さは、こころの動きの強さと結びつくと、たんに不徳にすぎないものとなり、いわば或る子どもじみたものとなり弱さとなる。この弱さは最善の意志とさえも問題なく両立しうるのであって、しかもこうした嵐はじきに止むという、それなりの美点さえそれ自身具えている。それゆえに激情(たとえば怒り)への性癖は、僻情ほどには悪徳と密接に結びついてはいない。僻情はこれに対して、持続する傾向性となった感性的な欲望(たとえば怒りと対比された憎しみ)である。安んじて僻情に身をゆだねていると、熟考が生じ、こころに僻情のために原則を立てることを許容する。そして、傾向性が法則に反するものに向かっている場合には、この原則についてたくらみ、それを深く根づかせ、そのことによって悪を(意図的に)自分の準則に採用するのである。この場合、これは本格的な悪、つまり真の悪徳である。

徳はそれゆえ、それが内的な自由にもとづくものであるかぎり、人間に対して肯定的な命令をもふくんでいるのであって、それはつまりすべての自分の能力と傾向性を、自分の(理性の)支配のもとにもたらし、要するに「自分自身を支配せよ」という命令である。この命令は禁止命令、すなわち「自分の感情や傾向性に自分を支配させてはならない」という禁止命令(無情念の義務)(1)につけ加わる。なぜなら、理性が統御の手綱を手中に収めていなければ、感情や傾向性が人間に対して主人としてふるまうからである。

XVI　徳には無情念（強さと見られたそれ）が必然的に前提される

無情念ということばは、あたかもそれが無感覚を、したがって選択意思の対象にかんする主観的な無関心を意味するかのように、悪評を被ってきた。ひとはそれを弱さと受け取ったのである。この誤解は以下のことによって予防することができる。それは、無関心とは区別されなければならない激情のないことを、道徳的な無情念と名づけることによってである。というのも、感性的印象にもとづく感情が、道徳的な感情への影響を失うのは、法則に対する尊敬がそうした感情を総じて凌駕することによってだけだからである。——善への生き生きとした関与をも激情へと高めたり、もしくはむしろ激情へと堕落させたりするのは、熱病患者の見かけのうえだけの強さにすぎない。こうした類の激情は熱狂と名づけられ、徳の実行にとっても推奨される慣わしの節度も、熱狂との関係において理解されるべきである（賢人と言えど、適度を越えて徳そのものを求めれば、節度なき者の名を持つだろう。*insani sapiens nomen habeat aequus iniqui — ultra quam satis est virtutem si petat ipsam.* ホラティウス)[1]。というのも、そうでなければ、ひとがあまりにも賢すぎたり、あまりにも有徳でありすぎたりすることもありうるなどと、不合理なことを妄想することになってしまうからである。激情はつねに感性に属するのであって、激情がどのような対象から引き起こされようと、そのことに変わりはない。徳という真の強さは、静けさのなかにあるこころであって、徳の法則を実行しようとする熟考された固い決意を備えている。これが道徳的な生における健康の状態である。これに対して激情は、それが善を表象することによって生じたものであろうとも、瞬間的にだけ輝く現象にすぎず、あとには無気力を残すだけだ。――その一方で次のような者なら、空想的に＝有徳な者と名づけることもできるであろう。つまり、道徳性にかんしてどちらでもよいもの(*adiaphora*)〔善悪無記〕をまったく許容せず、一歩一歩歩くごとに鉄の足枷のように義務をまき散らし、さらには、どちらでも私の口には合うのに、私が肉を食べるのか魚を食べるのか、ビールを飲むのかワインを飲むのかを、どちらでもよいと考えないような者のことである。これは細かなことへのこだわりすぎというものであって、そうしたものを徳の教説に採り入れるならば、徳の支配を専制政治としてしまうであろう。

注　解

徳はつねに進歩しており、それでもまたつねに新たにはじまる。——前者のことは以下の次第から帰結する。つまり徳は、客観的に考察されるなら、ひとつの理想であって、到達できないものであるが、にもかかわらずこの理想に絶えず近づいていくことは、それでも義務であるからである。第二のこと(徳が新たにはじまること)は、主観的には、傾向性によって触発される人間の本性にもとづく。その傾向性の影響のもとでは、徳はいったん採用された準則とともに静かに休止していることは決してできず、徳は向上しているのでなければ、堕落するのが避けがたいのである。なぜなら、人倫的な準則は技術的な準則のように習慣にもとづくことはできず(というのも習慣にもとづくことは、自分の意志の規定の自然的な性状に属するから)、それどころか、準則の実行が習慣となってしまったならば、主体はそのことで、自分の準則を採用する自由を失ってしまうであろうからである。ところでこの自由こそが、義務にもとづく行為の性格なのである。

XVII　徳論を区分するための予備概念

この区分の原理は第一に、形式的なものにかんしては、次のような条件をすべてふくむものでなければならない。その条件とは、法論から一般的な人倫論の一部門を、それも特種な形式にしたがって区別するのに役立つ条件である。この区別は以下のことによって生じる。1 徳の義務とは、それに対していかなる外的な立法もなされない義務であること。2 とはいえ、すべての義務の根底には法則がなくてはならないから、この法則は倫理学においては義務法則でありえ、しかもこの義務法則は行為に対してではなく、たんに行為の準則に対して与えられるということ。3（また今述べたことから帰結するのだが）倫理学の義務は狭い義務としてではなく、広い義務と考えられなければならないこと。

第二に、実質的なものについては、徳論はたんに義務論一般としてだけではなく、目的論としても打ち立てられなければならない。その結果として、人間は自分自身も、あらゆる他の人間をも、自分の目的として考えるよう拘束されている（このことが、自己愛と隣人愛の義務と名づけられるのが慣わしであるものである)。こうした表現はここでは非本来的な意味で考えられている。なぜなら愛に対しては直接にはいかなる義務も存在しえないからである。とはいえもっとも、それを通じて人間が自分と他者を目的とする行為に対する義務は存在する。

第三に、義務の原理において実質的なものを形式的なものから(合法則性を合目的性から)区別することにかんしては、次のことが注意されるべきである。つまり、徳の義務づけ(*obligatio ethica*)〔倫理学的責務〕のそれぞれが、必ずしも徳の義務(*officium ethicum s. virtutis*)〔倫理学的義務すなわち徳の義務〕ではないということだ。別の言いかたをすれば、法則一般を前にしての尊敬は、なおまだ義務としての目的を基礎づけるものではない。というのも義務である目的だけが徳の義務だからである。――それゆえにただひとつの徳の義務づけがあるのに対し、多くの徳の義務が存在する。なぜなら、それを持つことが同時に義務である、私たちにとっての目的となる客体は、たしかに多くあるが、それに対し自分の義務を果たすための主体的な規定根拠としての有徳な心根は、ただひとつあるだけだからである。こうした心根は法の義務にまでもおよぶものであるが、だからといって法の義務が徳の義務という名を備えうるわけではない。――それゆえ倫理学のすべての区分は、たんに徳の義務にだけかかわるであろう。外的立法が可能であることを考慮せずとも、拘束的でありうる類の学問こそが、その形式的な原理にしたがって考察された倫理学そのものなのである。

注解

次のように問われるであろう。それにしても私はどうして、倫理学を原理論と方法論に区別するにいたったのであろうか、と。というのも私は法論においては、こうした区別をなしですますことができたのであるから。——その理由は以下の通りである。つまり、倫理学は広い義務を取り扱うが、その一方で法論はひたすら狭い義務を取り扱うからである。それゆえに後者は、その本性からして厳格に（精密に）規定するものであらねばならないのであるが、純粋数学と同様に、「判断においてどのような手続きをとるべきか」という、一般的な指令（方法）を必要としない。そうではなくこうした指令を、所為（現になすところ）を通じて真なるものとするのである。——倫理学はこれに対して、倫理学がその不完全義務に許容する活動の余地のゆえに、次のような問いにいたることが避けがたい。それは「ある準則が特殊な事例においてどのように適用されるべきか」を決めるのに、判断力を必要とするような問いである。しかも、この準則がまた、さらに（従属する）準則を手渡すのである（そこでは絶えずふたたび、この準則を目の前の事例に適用する原理が問われうる）。このようにして倫理学は決疑論に陥るのであって、そうしたものについて法論はなにも知るところがない。

決疑論はそれゆえ、ひとつの学問ではないし、学問の一部でもない。というのも学問であるとすれば、それは教義学となるであろうからである。また決疑論は、「或るものがいかにして見いだされるか」という教説であるよりは、むしろ「真理がいかにして求められるべきか」の訓練である。決疑論はそれゆえ、体系的に（学問ならこうでなければならない）ではなく、断片的に、倫理学のうちに織り入れられるのであって、それはたんに注釈が体系に付けくわえられるようなものなのである。

これに対して、判断力というよりはむしろ理性を、それも自分の義務の理論においても、実践においても訓練することは、道徳的に＝実践的な理性の方法論として、とりわけ倫理学に属している。そのうちの第一の訓練（義務の理論における訓練）は次のことに存する。つまり義務概念にかんして生徒がすでに知っていることを、生徒から問い糺すというもので、これは質問的方法と名づけられうる。さらにこれは次のいずれかである。[1]つまり一方では、ひとがそれを生徒にすでに語ったという理由で、たんに生徒の記憶から引き出すというやりかたで、これは本来的な**問答的**方法である。もう一方は、それがすでに生徒の理性のうちに自然的にふくまれていることが前提されているという理由で、それをただ生徒の理性から展開していけばよいというやりかたで、これは**対話的**(ソクラテス的な)方法という。

理論的な訓練としての問答法に[2]、実践において対をなすものは、**修行法**である。修行法とは方法論の一部であって、そこではたんに徳の概念が教えられるだけではなく、さらにまた、**徳の能力**および徳への意志がいかにして鍛えられ、開化されうるかも教えられるのである。

こうした原則にしたがい、私たちはそれゆえ体系をふたつの部門に分けて配列するであろう。それは**倫理学の原理論**と**倫理学の方法論**[3]である。両者の部門はそれぞれの篇に分かれる。その篇は第一の部門においては、人間がそれに対して拘束性を負わされる**主体**のちがいによって、第二の部門においては、それを持つことを人間に理性が課す**目的**のちがいによって、そしてその目的に対する感受性のちがいによって、ことなる節へと分けられる。

XVIII　倫理学の区分[1]

さて、実践理性がその概念の体系を根拠づけるために倫理学において企てる区分（建築術的な区分）[2]は、二種類の原理によってなされうる。個々の原理によってなされることも、両者が結合されてなされることもありうる。一方の原理は、義務づけられた者の義務づける者への主観的な関係を、実質にしたがって表象し、他方の原理は、倫理的な法則の義務一般への客観的な関係を、ひとつの体系のなかで形式にしたがって表象する。――第一の区分は、それとの関連で倫理的な拘束性が考えられうる存在者の区分であり、第二の区分は、純粋な、倫理的に＝実践的な理性の概念の区分であろう。これらの概念は純粋実践理性の義務に属するのであり、それゆえ、それが学問であるべきかぎりにおいて、倫理学に必要なのである。したがってまたそれらの概念は、第一の区分によって発見されたすべての命題を方法的に組み合わせるためにも必要となる。

主体とその法則のちがいによる倫理学の第一の区分

これは次のものをふくむ

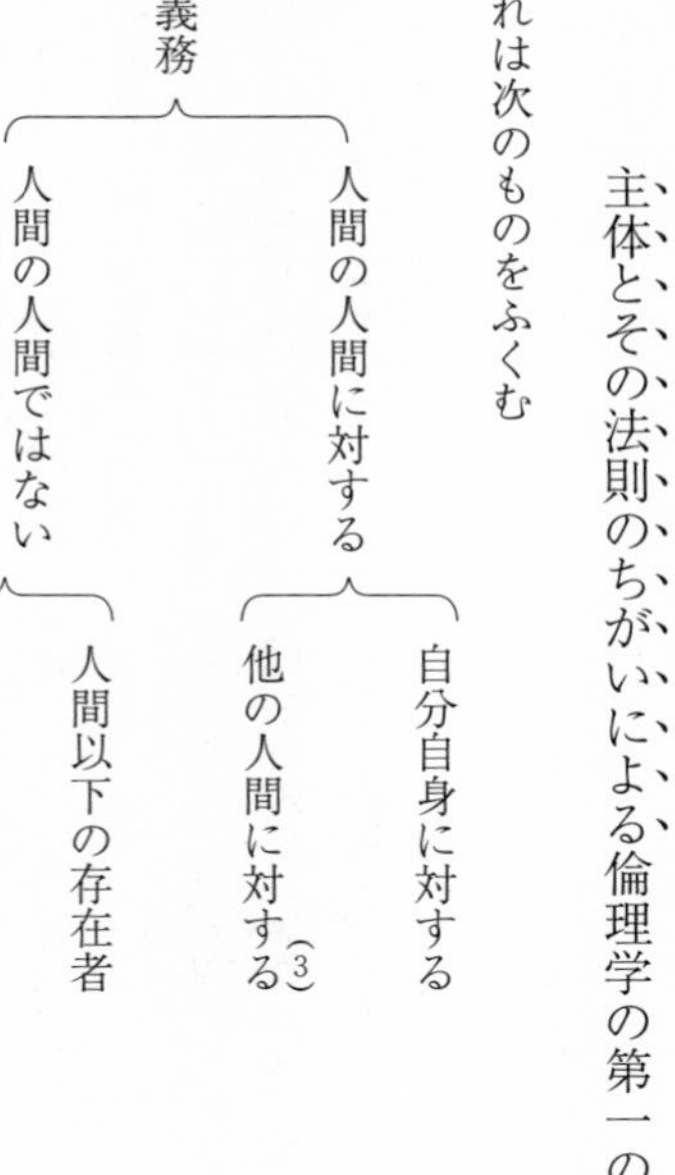

純粋実践理性の体系の原理による倫理学の第二の区分

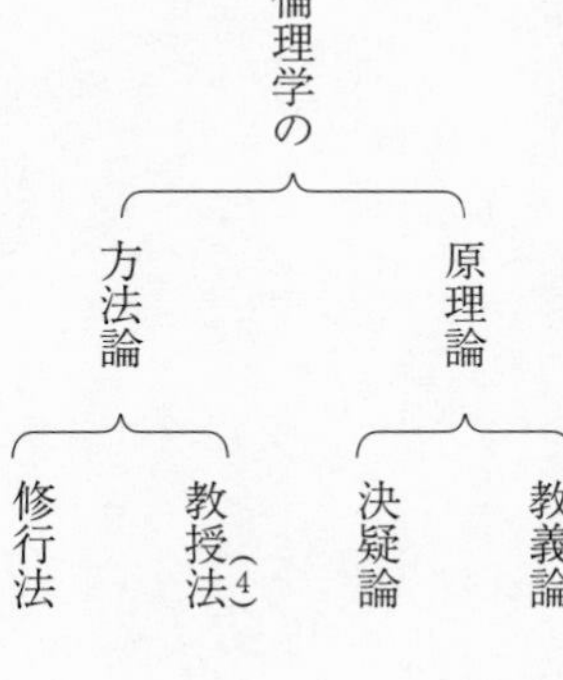

それゆえ後者の区分が、学問の形式にかかわるものであるから、前者の区分より前に、全体の見取り図として先行しなければならない。

I　倫理学の原理論

倫理学の原理論の第一部
自分自身に対する義務一般について

序論

第一節　自分自身に対する義務の概念は（一見したところ）矛盾をふくんでいる

*義務づける*私が*義務づけられる*私と、同じ意味で受け取られるとしよう。そうすると自分自身に対する義務は、一箇の自己矛盾する概念である。というのも義務の概念においては、受動的に強要されるという概念（私が*拘束される*）がふくまれているからである。とはいえ、私自身に対する義務があるという事態においては、私は自分を*拘束する*もの

として、すなわち能動的に強要するものとして表象する（まさに同じ主体である私が、拘束する者なのである）。そして、自分自身に対する義務を表明する命題（私は私自身を拘束すべきである）は、拘束されるという拘束性（受動的な責務が、それでも同時にその関係の同じ意味において能動的であるような責務）をふくむであろうし、したがって矛盾をふくむであろう。――こうした矛盾は、次のことによっても明らかにすることができる。それはつまり、拘束する者（*auctor obligationis*）は、拘束されている者（*subiectum obligationis*）をいつでも、拘束性（*terminus obligationis*）から解放することができるということを、示すことである。したがって（もし両者がひとつの同じ主体であるなら）その者は、自分に課した義務に、まったく拘束されないことになろう。これはひとつの矛盾をふくんでいる。

第二節　それでも自分自身に対する人間の義務はある

なぜなら、そうした義務がないのだとしてみよう。そうであればおよそ義務というものはまったくなく、外的な義務さえもないことになるであろうからである。――というのも私が他者に対して拘束されていると認識することができるのは、もっぱら私が同時に自分自身を拘束するかぎりでのことだからだ。なぜなら、その力によって私が自分を拘束しているとみなす法則は、すべての場合に私自身の実践理性から発するものだからである。その実践理性によって私は強要されるのであるが、その一方で私は同時に自分自身にかんしては強要する者でもあるのである。(＊)

(＊) それゆえに、たとえば私の名誉を救うことや自己保存という点にかんして、《私はそのこと自体に、私の責任がある》と言われるのである。それほど重要ではない義務にかんしてすらも、つまりその私の義務を順守することが必然的なことではなく、むしろたんに功績的であることにかんしてすらも、私はたとえば、《私は人間たちとの交際のための私の技能等々を拡張すること(私を開化すること)に、私自身の責任がある》と語るのである。

第三節 こうした見かけだけのアンチノミー(1)の解決

人間は自分自身に対する義務の意識において、自分をこの義務の主体として、二重の性質において考察する。第一には感性存在者として、つまりは人間(動物の一種に属するもの)として考察し、その一方でさらになお、理性存在者(たんなる理性的存在者(2)ではない。なぜなら理性はその理論的な能力からしても十分に、ある生きている物体的な存在者の性質でもありうるであろうからである)としても考察する。この理性存在者には、いかなる感官も到達しないし、この存在者は道徳的に＝実践的な関係においてだけ認識される。そうした関係においては、自由という把握しがたい性質が、内的に立法する意志への理性の影響を通じて、明らかにされるのである。

ところで人間は、理性的な自然存在者(*homo phaenomenon*)〔フェノメノン(現象)的人間〕としては、原因である自分の理性によって、感性界における行為へと規定されうる。この場合は拘束性の概念はまだ考慮されていない。ところがそのまさに同じ人間が、その人格性からすれば、つまり内的な自由を賦与された存在者(*homo noumenon*)〔ヌーメノン(本体)的人間〕[3]として考えられると、義務づける能力を備えた存在者であり、しかも自分自身(自分の人格における人間性)に対して義務づけることができる存在者であると見なされるのである。それゆえ人間(二重の意味で考察された)は、自分との矛盾に陥ることなしに(なぜなら人間の概念はひとつの同じ意味で考えられているのではないからである)、自分自身に対する義務を承認することができるのである。

第四節　自分自身に対する義務を区分する原理について

区分は義務の客体にかんしてだけなされえて、自分を義務づける主体にかんしてはなされえない。義務づけられる主体も義務づける主体も、つねに人間にすぎない。また理論的な観点において、人間のうちでたましいと肉体とを、人間の自然的性質としてたがいに区別することが、私たちに許されているとしよう。とはいえそれでも、たましいと肉体とを人間に対して義務づけることとなる実体と考えて、義務を肉体に対する義務とたましいに対する義務とに区分することを正当化することは、許されてはいない。——私たちは経験によっても、理性の推論によってもなお、次のことについて十分に教えられてはいない。それは、人間はたましい（人間のうちに宿り、肉体から区別され、肉体から独立に思考する能力がある、つまり精神的な実体[1]としての）をふくむのか、もしくはむしろ、生は物質の性質なのではなかろうか、といったことである。そしてまた前者のようである〔人間はたましいをふくむ〕としても、それでも肉体（義務づける主体としての）に対する人間の義務といったものは、それがたとえ人間の肉体であっても、考えられないであろう。

1　それゆえ現に行われるのは、自分自身に対する義務を、義務のふくむ**形式的なもの**と**実質的なもの**へと客観的に区分することだけである。このうち前者は制限するもの（消極的な義務）であり、もう一方は拡張するもの（自分自身に対する積極的な義務）である。前者は、人間の本性の**目的**にかんして、それに逆らって行為することを人間に禁止するものであって、それゆえたんに道徳的な自己保存のみにかかわる。後者は、選択意思のある種の対象を自分の目的とすることを命令するものであって、自分自身を完成することにかかわる。これら両者のいずれも、不作為の義務（*sustine et abstine*）〔（苦痛に）耐えよ、（快楽を）捨てよ〕[2]としてか、作為の義務（*viribus concessis utere*）〔許された力を使用せよ〕として、ともあれ両者ともに徳の義務として、徳に属するのである。前者は、自分の外的感官および内的感官の対象としての人間の道徳的な**健康**（*ad esse*）〔ありかたについて〕に属し、自分の本性をその完全なありかたにおいて保存する（受容性として）ものである。後者は道徳的な豊かさ（*ad melius esse; opulentia moralis*）〔よりよいありかたについて、道徳的な豊かさ〕に属し、それはすべての目的のために十分な能力を、それが獲得されうるものであるかぎり、所有することにおいて成りたつのであり、自分自身を開化すること（能動的な完全性としての）に属するのである。——自分自身に対する義務の第一の原則は、「自然にしたがって生きよ」[3]（*naturae convenienter vive*）という格言のうちにある。つまり「君の本性の完全なありかたにおいて君を保て」ということだ。第二の原則は、「たんなる自然が君を創造したありかたを越えて、君をより完全にせよ」（*perfice te ut finem; perfice te ut medium*）〔君を目的として完成せよ、君を手段として完成せよ〕という命題のうちにある。

2　自分自身に対する人間の義務は主観的にも区分される[4]。それはつまり、それにしたがって義務の主体（人間）が自分自身を、**動物的**（自然的）であると同時に道徳的な存在者と見るか、あるいは**たんに道徳的**な存在者と見るか、という区分である。

さて自然の衝動は、人間の**動物性**にかんしては、以下のものである。a それによって自然が自分自身の保存を意図する衝動、b 種の保存を意図する衝動、c 快適ではあるが、他方ではそれでもたんに動物的な生の享受のための自分の能力の保存を意図する衝動である。――また、ここで自分自身に対する人間の義務に対抗する悪徳は、以下のものである。つまり自己謀殺、性の傾向性についてある者がなす非自然的な使用、また自分の力を合目的的に使用するための能力を弱めるような、栄養物の過度の享受である。

ところでたんに道徳的な存在者(その動物性に目を向けずに)としての自分自身に対する人間の義務については、この義務は自分の意志の準則が自分の人格における人間性の尊厳と一致するという、形式的なことがらに存している。それゆえ以下のような禁止に存するのであって、それはつまり、人間は道徳的存在者であるという優位、すなわち原理にしたがって行為するという優位、つまり内的自由という優位を自分自身から奪ってはならず、またそのことによって(自分を)たんなる傾向性の戯れに、つまり物件にしてはならない、という禁止である。――こうした義務に対立する悪徳は、以下のものである。つまり、**虚言**、**吝嗇**、**偽りの謙抑**(卑屈)。これらのものが採用している原則は、道徳的存在者としての人間の性格、つまり人間の内的自由、人間の生得の尊厳に、まさに

（すでに形式からして）反するものである。すなわち、「これらの悪徳が自分の原則としているのは、いかなる原則も、それゆえまたいかなる性格も持たないこと、つまり品位を落とし、自分を軽蔑の対象とすることである」と言うにひとしい。[5]——すべてのこれらの悪徳に対立する徳は、名誉愛（*honestas interna, iustum sui aestimium*）〔内的な品位、正当な自己評価〕と名づけることができよう。これは名誉欲（*ambitio*）（これはまたきわめて下劣なものでもありうる）からは、天と地ほどにことなる思考様式である。この名誉愛はところで、この表題のもとでのちにとりわけて論じられるであろう。[6]

徳論の第一部　倫理学の原理論

第一巻　自分自身に対する完全義務について

第一篇　動物的存在者としての自分自身に対する、人間の義務

第五節

もっとも重要というわけではないにしても、それでもここで第一の義務、つまりみずからの動物性という資格における自分自身に対する人間の義務は、自分の動物的な本性における自己保存である。

この義務に反するものは恣意的な身体の死であり、この死はさらにまた、全面的な死であるか、たんに部分的な死であるかのどちらかであると考えることができる。——身

体の死、殺害すること(*autochiria*)はまた、全面的(*suicidium*)〔自殺〕であるか、あるいは部分的、つまり身体の切断(損なうこと)であるか、そのいずれかでありうる。後者はまた、実質的な切断と形式的な切断でありえ、前者はある種の器官として統合された部分をみずから奪う、つまり損なうのであって、後者は、自分の力を身体的に(またこれによって、間接的にはまた道徳的に)使用する能力を(恒久的に、もしくは一時的に)自分から奪うのである。(1)

この篇で話題になるのはもっぱら、消極的な義務、したがって不作為であるから、義務の項目は、自分自身に対する義務に対立する、悪徳に対抗するかたちで整えられなければならない。

第一篇の 第一項　自己殺害について

第六節

自分自身を恣意的に殺害することは、次の場合にだけはじめて、自己謀殺(1)(*homicidi-*

um dolosum)〔狡猾な殺人〕と名づけることができる。それは、その殺害が一般に犯罪であると、証明されうる場合のことである。この犯罪は、私たち自身の人格において行われるか、またはこうした人格の自己殺害によって他者の人格においても行われるか(たとえば妊娠している人格が自分自身を殺す場合)の、いずれかである。

a 自己殺害は犯罪(謀殺)[2]である。さてこの犯罪はたしかに、他の人間に対する自分の義務への背反(夫婦や、両親の子どもに対する、臣民の政府や同国人に対する、さらにはまた神に対する義務。神が私たちに託されたこの世での職務を、そこから召還されたわけでもないのに、人間が放棄するのであるから)としても考察されうる。——とはいえここで問題なのはひたすら、自分自身に対する義務の毀損である。すなわち、私がたとえ先に挙げたすべての考慮を脇に置いても、人間はそれでも自分の生を保存することへと、たんに人格としてのその資格によって拘束されているのではないか、そしてこの点に、ひとつの(それも厳格な)自分自身に対する義務を承認しなければならないのではないか、ということだけが問題なのである。

人間が自分自身を侮辱できるということは、不合理であるように見える(*volenti non fit iniuria*)〔欲する者には不法はなされない〕[3]。それゆえにストア学徒は、次のことを自分の(賢者の)[4]人格性に属する優位と見なしたのである。それは気の向くまま生から(あたかも煙たい部屋から出ていくように）出ていくことであって、目下のもしくは気がかりな災いによって迫られることなく、たましいの静謐さを保ったまま出ていくのだ。生を出ていく理由は、その者が生においてもはやなんの役にも立つことができない、ということにある。――とはいえ、死を恐れずに、人間が自分の生よりもなお高く評価することができる或るものを知っているという、まさにその勇気、このたましいの強さは、その者にとって、それだけいっそう大きな動因となって、きわめて強い感性的動機をも支配するほどの偉大な権力を備えた存在者を破壊しないこと、すなわち自分から生を奪わないことへとつながったはずなのである。

義務が問題であるかぎり、それゆえ人間が生きているかぎり、人間は人格性を手放すことはできない。そしてすべての拘束性をのがれる権能を持つということは、つまりその行為にはまったくいかなる権能も必要としないかのように自由に行動する権能を持つということは、ひとつの矛盾である。自分自身の人格における人倫性の主体を滅ぼすことは、人倫性そのものをその現実存在からして、その主体におけるかぎりで、世界から根絶することとまさにひとしい。とはいえ人倫性は目的自体そのものなのだ。それゆえ自分にとって任意の目的のためのたんなる手段として自分を処理することは、自分の人格における人間性（*homo noumenon*）〔ヌーメノン（本体）的人間〕を貶めることである。この人間性を保存することは、人間(*homo phaenomenon*)〔フェノメノン(現象)的人間〕[5]に委ねられていたからだ。

器官として統合されたある部分を自分から奪うこと(損なうこと)としては、たとえばだれか他者の顎骨に植えるために、歯を贈ったり売ったりすることや、歌手としてより快適に生きていくことができるように、みずから去勢手術を受けるといったことが挙げられる。これらは部分的な自己謀殺に属する。とはいえ、壊死した、もしくは壊死しかかってそれゆえ生にとって有害な器官を切断手術によって取り去ること、もしくは、たしかに肉体の一部分ではあるが、肉体の器官ではないもの、たとえば毛髪を取り去ることは、自己自身の人格における犯罪に数え入れられることはできない[6]。とはいえ後者の場合でも、外的な利得を意図してのことならば、まったく罪がないとはいえない。

決疑論的問題

祖国を救うために、(クルティウス[7]のように)確実な死へと身を投じることは、自己謀殺であるのか。——もしくは、人類一般の救いのため自分を犠牲に差し出すことを企図しての殉教もまた、祖国のため死へと身を投じることと同じく、英雄の所為と見なすべきか。

自分の上役の下した不当な死刑判決の先を越して、自殺することは許されるか。[8]――上役がそうしたことを（ネロがセネカにしたように）許した場合であっても。[9]近頃逝去された偉大な君主は、すぐに効く毒を携行しておられたが、それを犯罪的な意図に数え入れることができるだろうか。[10]それはおそらく、王がみずから指揮される戦において、王が捕えられた場合に、王の国家にとって不利なものになりかねない解放の条件に、同意せざるをえなくなるようなことがないようになのである。というのもこうした意図を王が持っていたと見なすことができるが、だからといって、そのもとにたんなる尊大さを推測する必要はないからである。

あるひとが狂犬に嚙まれて、その結果としてすでに水が怖いと感じるようになっていた。そしてこのことにかんして次のように説明したうえで、自分自身の命を絶った。「狂犬病から助かったひとがいることを、自分はなおまったく知らない」。そのこと（自殺）によって、その者が遺書で言っているところによれば、その者は自分の狂犬病（その発作をその者はすでに感じていた）によって他の人間までをも不幸にしないようにしたのである。問題となるのは、この者はこうしたことによって不正をなしたのかどうか、である。

種痘を受けることを決心した者は、自分の命を不確実さにさらしている。もちろん自、分の生を保存するために、そんなことをするのではある。そしてそのかぎりでは、船乗りよりも、義務の法則をめぐってはるかに懸念される事例にあたる。船乗りはともあれすくなくとも、それに身を任せる嵐を、つくり出すわけではない。これに対して種痘を受ける者は、自分を死の危険にもたらす病気を、自分自身に引き寄せているのである。それゆえに、種痘は許されるのであろうか。

第二項　情欲的な自己冒瀆について

第七節

生への愛が人格を保存するように自然によって定められているように、性への愛は、種族を保存するように自然によって定められている。つまりこれらのどちらも自然目的(1)であって、自然目的のもとで、次のような原因と結果の結合が理解されている。つまりその結合においては原因が、結合のために悟性をそなえているわけではないにしても、それでも結果を悟性と類比したしかたで産みだす、したがっていわば意図的に人間を生みだす、と考えられる結合である。さて問題となるのは次のことである。種族保存の能力の使用は、これを行使する人格自身にかんして、制限を設ける義務の法則のもとにあるのか。もしくは、人格は、かの〔種族保存という〕目的を意図することなく、自分の性的な特性の使用をたんに動物的な快のために捧げる権能があり、そのことによって自分自身に対する義務に反して行動することにはならないのか、ということである。——法論が証明するのは次のことである。(2) つまり人間が、ある他の人格をこうした快を満足させるために使用することができるのは、法的な契約によって特別に制限する場合だけであるということだ。この場合にはふたつの人格は双方向的に相互に義務づけあう。ところでここで問題となるのは、こうした〔性的な〕享受にかんして、自分自身に対する人間の義務が存在するかどうか、そしてこの義務への違反が自分自身の人格における人間性の冒瀆（たんに品位を貶めるのではなく）であるだろうか、ということである。この享受への衝動は、肉欲と（また端的に情欲とも）名づけられる。この肉欲によって生み出される悪徳は、不貞といい、その一方でこうした感性的な衝動にかんする徳は、貞淑と名づけられる。さてこの貞淑がここでは、自分自身に対する人間の義務として表象されるべきなのだ。情欲が不自然だというのは、人間が情欲へと現実の対象によって駆り立てられるのではなく、対象を想像して、したがって目的に反して対象を自分自身で創り出して、駆り立てられる場合である。というのも情欲はそのさい自然の目的に反する欲望を、しかも生への愛という目的よりもなおずっと重要な目的に反する欲望を、引き起こすからである。なぜなら生への愛という目的は個人の保存を目指すにすぎないが、それよりなおずっと重要な目的は、種全体の保存を目指すからである。——

そうした自分の性的な特性の自然に反する使用(それゆえ濫用)は、自分自身に対する義務のひとつの毀損、それも人倫性〔倫理性〕に最高度に反する毀損である。そのことはそのような使用を考えると同時にだれでもただちに気づくのであり、そうしたことを考えることから身を背けさせるのである。それは、そのような悪徳を固有の名前で名づけることと自体が、人倫に反すると見なされるほどである。こうしたことは自己謀殺という名前の場合には起こらない。ひとはこの名前をきわめて強く嫌悪するのであるが、これを世間の目にさらすこと(*species facti*〔ある種の事実〕として)にはまったくためらわない。それ〔性的特性の濫用を名指すことすらためらわれること〕はあたかも人間が一般に、自分自身を家畜以下に貶める、自分自身の人格のそうした取りあつかいをなしうることを、恥じているかのようである。それゆえに許された(それ自体としてはもちろんたんに動物的な)結婚における両性の肉体的な結合さえも、洗練された社交の場においては、多くの微妙な気遣いを必要とし、そうしたことについて語られなければならないときには、そこに覆いをかけることが必要であるほどである。

とはいえ、自分の性の特性を以上述べたように不自然に、それもたんに非合目的的に使用することが、自分自身に対する義務の毀損（しかも、不自然に使用する場合は、最高度の毀損）であって、許しがたいことを理性的に証明するのは、それほど容易ではない。――証明の根拠はもちろん、人間が自分をたんに動物的な衝動を満足させる手段として使用することによって、人間が自分の人格性を（投げ捨てて）放棄していることにある。とはいえ、それ自体が不自然なものである悪徳をつうじて、自分自身の人格のうちなる人間性がはなはだしく毀損されることは、この証明ではまだ解明されていない。というのもその悪徳は形式（心根）からすれば、自己謀殺という悪徳をもはるかに凌駕するように見えるからである。なお論じられる必要があるのは以下のことである。それはつまり、後者（自己謀殺）の場合において自分自身を生の重荷とみなして投げ捨ててしまう不敵さは、すくなくとも動物的な刺激への柔弱な没頭ではなく、むしろ勇気を必要とするのであって、この場合にはつねになお、自分自身の人格における人間性に対する尊敬の余地がある。前者（性の特性の濫用）はこれに対して、完全に動物的な傾向性に身を委ねて、人間を享受されうるが、他方でこの点においてなお同時に自然に反した物件、つまり吐き気を催させる対象にするのであって、そうしてすべての自分自身に対する尊敬を奪うのである。

決疑論的問題(3)

両性の同居における自然の目的は生殖、つまり種の保存である。それゆえすくなくとも、この目的に反して行為してはならない。とはいえ、**この点を考慮することなく**、(それが婚姻関係においてなされるのであっても)かの使用をあえて行うことは、許されるのであろうか。

たとえば妊娠中に――妻が不妊の場合に(高齢もしくは病気のため)、もしくは妻がそうしたことへの刺激を自分の側ではまったく感じない場合に、自分の性的な特性を使用することは、非自然的な情欲の場合とまったく同様に、自然目的に反し、したがってまたなんらかの部分で自分自身に対する義務に反するのではないだろうか。それともこの場合には、道徳的に=実践的な理性の許容法則があるのか。この法則はこの理性を規定する根拠が衝突する場合に、それ自体としてはたしかに許されない或ることを、それでもより大きな違反を防ぐために(いわば寛大に)許容するのである。――どのあたりから、広い拘束性を制限することを**純粋主義**(義務の遵守にかんして、その範囲について細かく論じること)に数え入れることができ、また理性法則を放棄するという危険をともないながら、動物的な傾向性に活動の余地を許容することができるのだろうか。

性の傾向性は愛（ことばのもっとも狭い意味で）とも名づけられる。そしてそれは実際に、ある対象において可能な最大の感覚的な快である。——それについてたんに考えるだけで適意の対象となるものについての、たんなる感性的な快（こうした対象に対する感受性は趣味と呼ばれる）であるばかりではなく、ある他の人格を享受することによる快であり、この快はそれゆえ欲求能力に、それもその最高の段階に、つまり僻情[4]に属する。この快を、とはいえ適意の愛に数え入れたり、ましてや好意の愛に数え入れたりすることはできない（というのも両者はむしろ、肉欲的な享受から距離を取るからだ）。むしろこの快は独特な種類の（*sui generis*）快である。そして発情していることは、道徳的な愛とは本来まったくなにも共有していない。たとえこの快が、実践理性がそれを制限する条件とともに付け加わることによって、道徳的愛との緊密な結合へともたらされることがありうるとしてもである。

第三項　飲食物や栄養物を使用するさいの不節制による自己麻痺について

第八節

この種の不節制における悪徳は、ここでは人間がそこから引き寄せる損害や、肉体の苦痛（そうした病気）から判定されるのではない。というのもそのように判定されるのであれば、この悪徳に対抗するのは、安寧さと心地よさの（したがって幸福の）原理であることになろう。とはいえこうした原理は決して義務を根拠づけうるものではなく、賢明さの規則(1)を基礎づけうるにすぎないのだ。すくなくとも、それは直接的な義務の原理ではないであろう。

栄養を享受するさいに動物のように節度がないことは、飲食物の濫用であって、このことによって飲食物を知的に使用する能力が妨げられる、もしくは使い果たされる。暴飲と暴食が、目下の項目に属する悪徳である。酩酊の状態にあって人間は、たんに動物のようなものであり、人間としては扱われない。食事をしすぎることによって、またそうした状態にあって、人間は、そのために、自分の力を素早く、しかも熟考したうえで使用することが必要となる行為に対して、一定の時間麻痺した状態になってしまう。——自分をそうした状態に置きいれることが自分自身に対する義務の毀損であることは、おのずから明らかである。こうした品位を貶める行いのうちの前者〔暴飲〕は、動物の本性にすら劣るものであって、通常は発酵した飲料〔アルコール〕によって、他方ではまた、アヘンやそれ以外の植物界の産物といった、その他の麻痺させる手段によって引き起こされる。こうした品位を貶める行いは、次のことによって魅惑的なものになる。つまりこのことによってしばらくのあいだは、夢見心地の幸福と心配事からの解放が、いやそれどころか自分は強いという空想さえもがもたらされるのである。とはいえ意気消沈と無気力と、さらに最悪なことには、こうした麻痺の手段をくりかえし使用し、いやおそらくは増量して使用さえする必要が生じてくる。暴食は、以下のかぎりでは、かの〔暴飲という〕動物的な感官の愉悦にすら劣る。つまり暴食はたんに受動的な性状としての感官を働かせるだけであり、先述の享受の場合のように、さらになお表象の能動的な活動である構想力を働かせることは決してなく、したがって家畜の享受にさらになお近いのである。

決疑論的問題

讃美者ではないにしても、それでもすくなくとも弁護者として、ワインを使用しすぎて酔っぱらってしまうことを許すことはできるか。なぜならワインはやはり、社交を活気づけて、ひとびとをおしゃべりにさせ、そのことによってうちとけさせるからである。——もしくは、セネカがカトーを「この者の徳は酒で熱せられた *virtus eius incaluit mero*」と讃えていたが、(2)そうした促進に寄与するという功績を、ワインに認めることもあるいはできるのであろうか。——麻薬やブランデーの使用は、享受の手段としては、卑劣に近い。なぜならそれらを使用することで、ひとは夢見心地の安寧さに耽って、寡黙となり、打ち解けず、無口である状態に置かれてしまう。それらはそれゆえにまた、薬剤としてだけ許容されるからである。——とはいえいったいだれが、覚めた目で分量を測ることなどもはやできない状態になろうしている者に対して、適量を定めることができるのか。(3)ワインを完全に禁じているイスラームが、その代わりに麻薬を許しているのは、それゆえきわめてまずい選択である。

宴会は、これら両種の享受における不節制へと誘惑されるよう正式に招く機会であるが、それでもたんに身体的な悦楽のほかに、さらになお人倫的な目的を目指す或るものをそれ自体において備えている。それはつまり、多くの人間を、長い時間一緒にいさせて、たがいに話し合わせるということである。とはいえそれでも、まさに多くの人が(チェスターフィールドが言うように、芸術の女神たちの数を越えると)[(4)]、わずかの会話(隣に座る者との)が許されるだけで、したがって催しが先の目的に反するのであれば、それはつねに非人倫的なことへ誘惑するものにとどまる。つまり不節制への、自分自身に対する義務の違反への誘惑なのである。それはおそらく医者によって取り除かれうる、過食による身体への不都合を考慮せずとも、そうなのである。このような不節制への招きを受けてもよいとする人倫的な権能は、どこまで及ぶのであろうか。

第二篇　たんに道徳的な存在者としての自分自身に対する、人間の義務

それは虚言、吝嗇、そして偽りの謙抑(卑屈)という悪徳に対立している。

I　虚言について

第九節

たんに道徳的存在者として見られた自分自身（自分の人格のうちなる人間性）に対して有する人間の義務について、それを最大限に毀損するものは、誠実さの反対、つまり虚言である（*aliud lingua promtum, aliud pectore inclusum gerere*）〔舌が明かすことと胸に秘められたことがことなる〕[1]。自分の思考を表出するさい、意図的に不真実であることがことごとく、こうしたきびしい名前（この名前を不真実が備えるのは、法論においては不真実が他者の権利を毀損する場合だけのことである）[2]を、倫理学において拒むことはできないことは、それ自体そのものとして明らかである。倫理学は、無害であることにもとづいていかなる権能も取り出すことはないからだ。というのも不名誉（道徳的な軽蔑の対象である）が虚言にともない、さらにまた虚言を弄する者にもその影のようにともなうからである。虚言は外的なもの（*mendacium externum*）〔外的な虚言〕でも、内的なものでもありうる。――外的な虚言によって人間は自分を他者の眼に照らして、その一方で内的な虚言によっては、より重大なことだが、自分自身の眼に照らして、軽蔑の対象とする。そうして自分自身の人格における人間性の尊厳を毀損するのである。そのさい、他の人間に対して虚言から生じうる損害は、この悪徳に特有なことがらにかかわるのではない（というのもそうならたんに、この悪徳に特有なものは他者に対する義務の毀損に存することになるであろう）。それゆえにここでは、そのような損害は考慮に入れられず、またその者が自分に招く損害も同様である。というのもそうした損害が考慮に入れられるのなら、その悪徳はたんに賢明さにおける誤りとして実用的(3)な準則に反するだけで、道徳的な準則に反するわけではないだろうし、まったくもって義務の毀損とは見なされることができないからだ。——虚言は自分の人間の尊厳を投げ捨てることであり、いわばそれを無化することである。自分が他者に（たとえそれがたんに観念上の人格であろうとも）言うことをみずから信じていない人間は、その人間がたんなる物件である場合よりも、ずっとわずかな価値を持つにすぎない。というのも物件なら、或ることに役立つというその特性を、他者がともかく利用することができるからである。なぜなら物件は或る現実的なものであり、与えられているものだからだ。ところが、自分の思考をだれかにことばで伝えて、にもかかわらずそのことばが、話者がそのさい考えているのと反対のことを（意図的に）ふくんでいるならば、そうした伝達は、自分の思考を伝えるみずからの能力に属する自然的な合目的性に対して、まさに対立する目的を設定するものであり、したがって自分の人格性を放棄するものなのであって、〔そのような伝達をする者は〕たんに人間にかんする幻惑的な現象にすぎず、人間そのものではない。——言明するさいの誠実さは正直さとも、これが同時に約束である場合には実直さとも名づけられ、とはいえ一般には率直さと名づけられる。(4)

虚言(ことばの倫理的な意味における)は、意図的な不真実一般として、非難すべきものであることを説明するために、他者にとって有害であることもまた必要としない。そうでなければ虚言は他者の権利の毀損ということになるであろう。たんなる軽率さや、もしくは善良さすらもが虚言の原因であることもあるだろうし、それどころか実際に善き目的が、虚言によって意図されていることもありうる。それでもそうした目的の追求のしかたは、たんなる形式からして、自分自身の人格に対する人間の犯罪であって、人間を自分自身の眼に照らして軽蔑すべきものとせざるをえない尊厳を奪う行いなのである。

人間が自分に対して犯す**内的な**虚言が数多く実際にあることを証明するのは、容易なことである。他方でそうした虚言が可能であることを証明するのは、それでもかなり困難であるように見える。なぜなら内的虚言が成り立つためには、第二の人格が存在して、ひとがその者の裏をかこうと意図していることが必要であるが、その一方で自分自身を意図的に欺くことは、自己矛盾がふくまれているように見えるからである。

道徳的存在者（*homo noumenon*）〔ヌーメノン（本体）的人間〕としての人間は、自然的存在者（*homo phaenomenon*）〔フェノメノン（現象）的人間〕としての自分自身を、内的な目的（思考の伝達）と結びついていないような、たんなる手段（話す機械）として用いることはできない。むしろ前者〔ヌーメノン的人間〕の言明（*declaratio*）との合致という条件に結びつけられており、自分自身に対して誠実であるように義務づけられている。――たとえば人間が、来世の世界審判者への信仰を持っているかのように、嘘をつく場合。その者は実際にはそんな信仰を自分のうちに見いださないのだが、にもかかわらず次のように考えて自分を納得させるのだ。つまりそうした信仰を、心情を見とおすかたに思考のなかで告白することは、どうせ害をもたらすことはありえないし、それどころか有益でありえて、いずれにせよその御かたの恩寵をだまし取ることもできよう、と。もしくは人間が、たしかに今度は来世の世界審判者を疑いはしないが、その者の法則を内的に崇拝していると自負する場合。そうは言ってもその者は動機としては、罰への恐怖しか自分の側では感じてはいないのだ。

実直でないことは、良心的であることのたんなる欠如、つまり自分の内的な裁き手を前にしての告白に純粋さが欠けていることである。この裁き手は、もっとも厳密に考察されるならば、ひとつの他の人格と考えられる。そこでは願望(自己愛にもとづく)が、それ自体としては善い目的を目の前に持っているという理由で、所為と見なされるのである。そして内的な虚言は、それがたとえ自分自身に対する人間の義務に反しているにしても、ここでは弱さという名前をふくむ。それはちょうど、恋する者の、自分の恋の相手にひたすら善い性質だけを見いだしたいという願望が、その者に相手の目にも明らかな欠点を見えなくするのと同じである。——にもかかわらず、ひとが自分自身に対して行う言明におけるこうした不純さは、それでもきわめて深刻な非難に値する。なぜなら、いったん誠実さという最上の原則が毀損されたあとでは、そのような腐った場所(人間の本性に根ざしているように見える虚偽)から、不誠実という災いが他の人間への関連にまで拡大するからである。——

注解

注目すべきことに、聖書はそこから世界に悪がもたらされた最初の犯罪を記しづけるのに、(カインの)弟殺し[5]の日ではなく、最初の虚言[6]の日を挙げており(なぜなら殺人に対しては自然も憤慨するからである)、すべての悪の創始者と、最初の虚言を弄する者、虚言の父を名づけている。とはいえ理性は、先行していたにちがいない人間の欺瞞へのこうした性癖（*esprit fourbe*）〔狡猾な気質〕について、それ以上のいかなる根拠も与えることはできない。なぜなら自由の作用は、総体として現象をなす結果とその原因との連関の自然法則によって、（自然的な働きのように）演繹され説明されうるものではないからである。

決疑論的問題

たんなる丁重さにもとづく不真実（たとえば手紙のむすびの「きわめて従順なしもべ」）は、虚言と見なされうるのか。だれもそんなことで欺かれはしない。——ある著者が自分の読者に、「私の作品はあなたのお気に召しましたか」と問う。そのような問いが油断のならぬものであることをひとは軽く見るであろうから、答えをぼやかしておくこともできるであろう。とはいえだれがそのような機知をいつでも準備しているというのか。答えにちょっとでもためらえば、すでに著者への侮辱である。読者はそれゆえ著者と口裏をあわせて語ってよいのか。

「私のもの」と「君のもの」が問題となる実際の案件においては、もし私がそこで不真実を言うならば、私はそこから生じうるすべての帰結に責任を負わねばならないのか。

たとえば主人が、「ある人間が自分をたずねてきたら、自分は不在だと言え」と命じていた。召使いはそのようにした。しかしそのことがきっかけとなって、主人はすばやく逃れ、大きな犯罪を実行する。この犯罪は居留守を使っていなければ、主人に差し向けられた見張りによって防がれたはずのものである。ここでは責めは(倫理的な原則にしたがって)だれにあるのか。もちろん後者(召使い)にもある。この者はここでは自分自身に対する義務を、虚言によって毀損したのである。この虚言の帰結は、この者自身の良心によって、この者の責任に帰せられるのである。

Ⅱ　吝嗇について

第十節

私はここでこの名称のもとで、貪欲な吝嗇(幸いに生きるため手段を獲得することを、本当に必要な制限を越えて拡張すること)を理解しているのではない。というのもこの吝嗇は、他者に対する(親切であるという)自分の義務のたんなる毀損とも見なしうるからである。また物惜しみする吝嗇でもない。この吝嗇は、恥ずべきものである場合には、しみったれとかケチとかと名づけられる。とはいえそれでもこれは、たんに他者に対する自分の愛の義務をおざなりにすることでありうる。そうではなくここでの吝嗇は、幸いに生きるための手段を自分自身で享受するのを、本当に自分が必要とする程度以下に狭めることである。こうした吝嗇こそが本来、ここで考えられているものであって、この吝嗇は自分自身に対する義務に反するのである[1]。

この悪徳を非難することにさいして、ひとは徳と悪徳をたんなる程度によって説明することがまったく正しくないことについて、その実例をひとつはっきりとさせることができる。そして同時に、「徳はふたつの悪徳の中道にある」という、アリストテレスの原則[2]が役に立たないことも示すことができるのである。

すなわち、私が浪費と吝嗇のあいだに倹約を中間と見なし、これが程度の中間でなければならないとしよう。その場合にはひとつの悪徳が、正反対の(*contrarie*)悪徳に移行するには、徳を通るしかなくなるであろう。その場合徳とは、減少させられた悪徳、もしくはむしろ消失していく悪徳にほかならないことになるだろう。その結果は、目下の事例においては、幸いに生きるための手段をまったく使用しないことが、真の徳の義務だということになってしまうであろう。

悪徳が徳から区別されるべきならば、人倫的な準則の実行の程度ではなく、準則の客観的な原理が、ことなっていると認識され、またそう述べられなければならない。——貪欲な吝嗇の準則(浪費家の準則としての)は、「幸いに生きるためのすべての手段を、享受を意図して生み出し、保存する」というものである。(3)——これに対して物惜しみする吝嗇の準則は、幸いに生きるためのすべての手段を獲得し保存することであるが、それは享受を意図していない(つまり享受ではなく、所有だけが目的なのである)(4)。

それゆえ後者の悪徳に固有な特徴は、あらゆる目的のための手段を所有するという原則である。ところが、その手段のどれも、自分のために使うことを欲せず、そうして自分から快適な生活の享受を奪う、という留保がつくのである。これは目的にかんしては自分自身に対する義務とまさに対立するものである(*)。浪費と物惜しみはそれゆえ、程度によってではなく、正反対の準則によってたがいに種類がことなるのである。

(*)「ひとはいかなることがらも、あまりにも多くまたはあまりにもすくなく、なすべきではない」という命題は、なにも言っていないにひとしい。というのもこの命題は同語反復だからである。あまりにも多くなすとはどういうことか。答えは、善であるより多くなすことというものである。あまりにもすくなくなすとはどういうことか。答えは、善であるよりすくなくなすことというものである。私が(或ることをなす、もしくはなさない)べきとは、どういうことか。答えは、善であるよりもより多く、もしくはまたよりすくなくなすことは、善ではない（義務に反している）というものである。仮にこうしたことが知恵であって、この知恵を探究するために私たちは、源泉のより近くにいた者、つまり古代人（アリストテレス）に立ち戻るべきだとしよう。すなわち、「徳は中庸にあり *virtus consistit in medio*」、「中庸を保つ者が幸いである *medium tenuere beati*」、「ものごとには程度があり、一定の限界があって、それを越えても及ばなくても、正義は成り立たない *est modus in rebus, sunt certi denique fines, quos ultra citraque nequit consistere rectum*」といった命題に立ち戻るとしよう。その場合私たちは、古代人たちの神託に向きあうことで、選択を誤ったことになる。[5]——誠実であることと虚言（矛盾対当 *contradictorie oppositum* としての）のあいだには、いかなる中間もない。とはいえ正直さと遠慮（反対対当 *contrarie oppositum* としての）のあいだになら存在するだろう。というのも、自分の意見を表明する者において、その者が言うすべてが真実であっても、その者は真実の全部を言うわけではないからである。[6]さてところで、徳の教師に、その徳の教師が私にこの中間を指し示すことを要求することは、まったく自然なことである。ところがこの者はそれをなすことができない。というのも両者の徳の義務は適用のための余地（*latitudo*）を持ち、なにをなすべきかは、人倫性の規則（道徳的な）ではなく、賢明さの規則（実用的な）にしたがって、判断力によって決定されうるからである。つまり狭い義務（*officium strictum*）としてではなく、広い義務（*officium latum*）として判定されうるのだ。それゆえに徳の原則を順守する者は、賢明さが指示するよりも多くもしくはよりすくなく実行することにおいて、たしかに過誤（*peccatum*）を犯すのであるが、その者がこの原則に厳格に帰服している点では、悪徳(*vitium*)を実行することはない。そしてホラティウスの詩句[(7)]「賢人と言えど、適度を越えて徳そのものを求めれば、節度なき者の名を持つだろう *insani sapiens nomen habeat aequus iniqui,* ***ultra quam satis est*** *virtutem si petat ipsam*」は、文字どおりに受け取るなら、根本的に誤っている。賢人はここではたんに抜け目ないひと(*prudens*)を意味するにすぎない。この者は空想的に徳の完全性を考えることはないのだ。徳の完全性は理想として、たしかにこの目的に近づくことは要求するが、完成を要求することはない。後者の要求は人間の力を越えていて、徳の完全性の原理を無意味なもの(空想)にする。というのも、あまりに有徳でありすぎる、つまり自分の義務にあまりに帰服しすぎるというのは、「ある円をあまりに丸くしすぎる」、もしくは「ある直線をあまりにまっすぐにしすぎる」と言うのと、おおよそひとしいであろうからである。

決疑論的問題

ここでは自分自身に対する義務だけが問題である。そして浪費するための貪欲(飽きることなく獲得すること)も、ケチ(消費するさいの細かさ)も、その根底には我欲(*solipsismus*)(利己主義)があって、両者は、浪費も物惜しみも、たんに以下の理由によって非難に値するように見える。つまり両者は貧困に帰着するのであって、前者においては予期せぬ貧困に、後者は恣意的な貧困(貧しく生きることを欲する)に帰着するのである。――それゆえに問いはこうなる。この両者は、一方も他方も、一般に悪徳と名づけられるべきなのか、むしろ両者はたんに賢明ではないことと名づけられるべきではないのか。それゆえにこの両者は、完全にまったくもって、自分自身に対する義務の限界の外部にあるのではないか、という問いである。とはいえ物惜しみはたんに誤解された節約ではなく、自分自身を財産のもとに奴隷のように屈服させて、財産の主とならないことであるが、これは自分自身に対する義務の毀損である。物惜しみは、思考様式一般の寛容さ(*liberalitas moralis*)〔道徳的な寛容さ〕に対立している(気前のよさ(*liberalitas sumptuosa*)〔贅沢な寛容さ〕に対立しているのではない、これは寛容さをある特殊な事例に適用することのうちにある)。つまり物惜しみは「法則以外のすべてのものから独立している」という原理に対立しているのであって、主体が自分自身に行う詐欺である。とはいえ、その内的な立法者自身が、それをどこに適用したらよいかを知らない法則とは、いったいなんなのか。私は私の食事を節約すべきだろうか、それとも外的な出費だけを節約すべきか。年老いてからなのか、もしくはすでに若い頃からなのか。もしくは、そもそも節約は徳なのだろうか。

Ⅲ　卑屈について

第十一節

自然の体系における人間(*homo phaenomenon, animal rationale*)〔フェノメノン(現象)的人間、理性的動物〕は、意義が大きいとはいいがたい存在者であって、大地が生み出したものとしての他の動物たちと、共通の価値(*pretium vulgare*)〔卑俗な価値〕を持っている。人間が他の動物にまさって悟性を備えており、自分自身に目的を立てることができるということですらも、それでも人間に自分が有用であるという外的な価値(*pretium usus*)〔有用価値〕を与えるにすぎない。すなわち人間が他の動物よりも有用であるという価値、つまり物件であるこれらの動物と交換されるさいに、商品として具えている価格を与えるだけである。人間はそれでもなお、普遍的な交換手段である金[1]以下の、わずかな価値しか持たないのであって、金の価値はそれゆえに卓越している(*pretium eminens*)〔卓越した価値〕と名づけられるのである。

しかしながら人間は、人格として考察されるなら、つまり道徳的＝実践的な理性の主体としては、すべての価格を越えている。というのもそうしたもの(*homo noumenon*)

〔ヌーメノン（本体）的人間〕としては、人間は他者の目的に対して、それどころか自分自身の目的に対してさえもたんなる手段として評価することはできず、目的自体そのものとして尊重されなければならないからである。つまり人間は尊厳（絶対的な内的価値）を持っており、これによって人間は、すべての他の理性的な世界存在者に自分への尊敬を要求し、こうした類の他の存在者のそれぞれと自分を比較し、平等の立場で自分を評価することができるのである。

人間の人格のうちにある人間性は、尊敬の客体であって、この尊敬を人間は他のあらゆる人間に要求することができる。人間は他方ではまた、この尊敬を失ってはならない。人間はそれゆえ自分を、小さな尺度によっても大きな尺度によっても評価することができるし、評価しなければならないが、その尺度は人間が自分を感性的存在者として（自分の動物的な本性によって）考察するか、もしくは叡智的存在者として[(2)]（自分の道徳的素質によって）考察するか、による。ところで人間は自分を、たんに人格一般としてだけではなく、人間としても、つまり自分自身の理性が人間に課す義務を我が身に負う人格としても、考察しなければならない。それゆえに人間が動物的人間として取るに足らないことが[(3)]、自分の理性的人間としての尊厳の意識を破ることはありえない。そして人間は、この尊厳を考慮する道徳的な自己評価を否認すべきではない。つまり人間は、それ自体そのものが義務である自分の目的を、あたかも恩寵を得ようとするように、這いつくばって、奴隷のように（*animo servili*）〔奴隷のこころで〕得ようとするべきではないし、自分の尊厳を否認すべきでもない。むしろつねに自分の道徳的素質が崇高であることを意識しつつ（この意識は徳の概念のうちにすでにふくまれている）、それ（同時に義務である目的）を得ようとするべきであるし、この自己尊重は自分自身に対する人間の義務なのである。

法則との比較において、自分の道徳的価値が取るに足らないことを意識し、そう感じることは、謙抑（*humilitas moralis*）〔道徳的な謙抑〕である。自分のそうした価値の大きさを確信しているが、とはいえそれがたんに法則と比較しないことに発している場合には、徳の尊大（*arrogantia moralis*）〔道徳的な傲慢〕と名づけられうる。――自分自身のなんらかの道徳的価値への要求をすべて断念することを、まさにそのことによってある借りものの価値を獲得すると確信して行うことは、人倫的に＝誤った卑屈（*humilitas spuria*）〔不当な謙抑〕である。(4)

他の人間（それどころか一般に、なんらかの有限的な存在者、たとえそれが熾天使(5)であっても）との比較における**謙抑**は、まったくなんら義務ではない。むしろこの関係においてて(6)他者と等しくなろうとし、または他者に勝ろうと努めることは、そのことにより自分にまた内的なより大きな価値を与えるという確信がともなっているなら、それは高慢(*ambitio*)〔野心〕であって、他者に対する義務にまさに反している。(7) その一方で、自分自身の道徳的価値を貶めること(偽善と追従)(*)が、他者(それがだれであっても)の寵愛を獲得するためのたんなる手段として考え出された場合、誤った(虚偽の)謙抑であって、自分の人格性の尊厳を奪うこととして、自分自身に対する義務に反している。

(*) 偽善を行う〔Heucheln〕(本来的には häuchlen)は、うめいてことばが絶える Hauch〔気息〕(深いため息)から導出されたもののように見える。これに対して追従する〔Schmeicheln〕は、屈服する〔Schmiegen〕に由来するように見える。後者が習慣として Schmiegeln と名づけられ、最後に高地ドイツ人によって Schmeicheln と名づけられたのである。

道徳法則(その神聖さと厳格さ)と私たちを率直かつ厳密に比較することからは、真の謙抑が避けがたく生じてこざるをえない。その一方で、私たちがそのような内的な立法に与っていること、(自然的な)人間が自分自身の人格のうちなる(道徳的な)人間を尊敬すべく強制されているのを感じること、これらのことからは、同時に自分の内的価値(*valor*)の感情としての、高揚と最高の自己尊重が生じる。この内的価値からすれば、人間はいかなる価格(*pretium*)でも売り物にはならず、失うことのできない尊厳(*dignitas interna*)〔内的な尊厳〕を所有している。この尊厳が人間に自分自身に対する尊敬(*re-

erentia)を引き起こすのである。

第十二節

私たちのうちなる人間性の尊厳にかんするこの義務、したがってまた私たち自身に対するこの義務は、以下の実例によって多少なりとも明らかにすることができる。

人間の奴隷となるな。――君たちの権利を罰せられることなく他者たちによって蹂躙されたままに捨ておくな。――完全に確実に返すことができない借金をするな。――受けなくてもすむような親切を受けるな。そして居候や追従者や、ましてや（もちろんこれとはたんに程度がちがうだけであるが）物もらいにはなるな。それゆえに倹約して、物もらい同然に貧しくならないようにせよ。――肉体の苦痛にさいして、愚痴を言ったりしくしく泣いたり、たんに大声を出すことすらも、君たちにはすでにふさわしくない。とりわけ、君たちがこの苦痛をみずから招いたのだと意識している場合には、なおさらそうである。それゆえに犯罪者も、毅然として死ぬことによって、死を高貴なものとする（恥辱を回避する）のである。――地面にひざまずきひれ伏すことは、それが天上の対象への崇拝をそのことによって具象化するためであったとしても、人間の尊厳に反しており、それは眼前の図像に描かれた天上の対象への呼びかけであっても同じことである。

というのも君たちはそうした場合に、君たち自身の理性が表象する理想にではなく、君たち自身がこしらえた偶像(1)のもとに屈服することになるからである。

決疑論的問題

人間においては、自分の使命が崇高であることの感情、つまり自分自身の尊重としてのこころの高揚（*elatio animi*）が、真の謙抑（*humilitas moralis*）〔道徳的な謙抑〕とは正反対のうぬぼれ（*arrogantia*）(2)ときわめて似かよってくる。であるから、高揚へと駆り立てることは、得策ではないのではなかろうか。それが他の人間との比較においてであって、たんに法則との比較ではないにしても、同じことである。もしくはこうした類の自己否定はむしろ、他者の要求を増長させることで、私たちの人格を低く評価させ、私たち自身に対する（尊敬という）義務に反するのではないか。ある人間の前で身をかがめ屈することは、どのような場合でも、人間の尊厳に反するものであると思われる。

市民的な体制における統治者でもない者に対して、ことばや態度でとりわけて尊敬を示すこと——敬礼、お辞儀（挨拶）、しかも丁重なそれ——身分のちがいを入念な精確さで示す表現——これは丁重さ（こちらはたがいに同じく尊敬している者どうしにとっても必要である）とはまったくことなる——呼びかけにおける、君、あなた、君たち、あなたがた、あるいは殿下、貴殿、貴下、閣下[3](ああ、もう沢山だ![4] *ohe, iam satis est!*)——このような細事拘泥には、ドイツ人がこの地上のすべての民族のなかで(インドのカースト制度はおそらく例外にすれば)、もっとも進んでいる。こうしたことは、人間のもとにへりくだる卑屈への性癖が蔓延していることの証拠ではないか(このような些細なことが深刻な事態へ導く[5] *Hae nugae in seria ducunt.*)。とはいえ自分を蛆虫にする者は、足で踏まれても、あとから苦情を言うことはできない。

第二篇の
第一章　自分自身についての生得的な判定者である、みずから自身に対する人間の義務について

第十三節

あらゆる義務概念は、法則(道徳的な、私たちの自由を制限する命法としての)による客観的な強要をふくみ、規則を与える実践的悟性に属する。その一方で、法則のもとにある事例(*in meritum aut demeritum*)〔功績のある、もしくは過失のある〕としての所為

の内的な帰責は、判断力(*iudicium*)に属している。判断力は行為の帰責の主観的な原理として、行為が所為(法則のもとに立つ行為)として生起したのかどうかを、法的に有効に判断する。この判断のあとに、理性の結論(判決)が、つまり法的結果の行為との結合(有罪の判決もしくは赦免)が続くのである。こうしたことのすべては、法則に効果を生み出す道徳的な人格としての裁判所の前で(*coram iudicio*)行われるのであり、裁判所は法廷(*forum*)と名づけられる。——人間のうちなる内的な法廷の意識《それを前にして人間の思考がたがいに訴え、弁明する[1]》が、**良心**である。

人間はだれでも良心を持っている。そして自分が内的な裁判官によって観察され、脅されて、一般に畏敬(恐怖と結びついた尊敬[2])を持たされているのを見いだす。この人間のうちで法則を見張っている権威は、人間が自分自身に(恣意的に)つくる或るものではなく、それは人間の本質と一体になっている。良心は、人間が逃げ去ろうと考えると、人間にその影のようにつきまとう。人間はたしかに快楽や気晴らしによって感覚を鈍らせたり、もしくは眠り込んだりすることもできるが、とはいえ時おりは、自分自身に立ちかえり、もしくは目覚めることは避けられない。そのさい人間はただちに、良心の恐るべき声を聞きとるのである。人間がひどく堕落して、もはやまったく良心を気にとめないということはおそらくありうるだろうが、とはいえ良心の声が聞こえるのは、人間はどうしても避けることができない。

こうした根源的で知性的で、(義務の表象であるから)道徳的な素質は、良心と名づけられるが、さてこれは次のような特殊な点を自分のうちに持っている。それは、そうした良心の仕事は、人間の自分自身とかかわる仕事であるにもかかわらず、それでも人間が自分の理性によって強要されているように見えるということで、それはあたかもある他の人格の言いつけでなしているようだ、ということである。というのも、用件はここでは、裁判所での訴訟事案(*causa*)〔訴訟原因〕の処理だからである。ところで自分の良心によって告訴された者が裁判官とひとつの同じ人格として表象されることは、法廷についての不合理な表象のしかたである。というのもそれならば、告訴人がいつでも敗れるということになるだろうからだ。——それゆえに人間の良心は、それが自分自身と矛盾に陥ってはならないとすれば、すべての義務において、自分自身以外の他者(人間一般とは別の者)を、自分の行為の裁判官として考えなければならないであろう。さてこうした他者は現実の人格であってもよいし、もしくは理性が自分自身に造り出すたんに観念的な人格であってもよい(*)。

(*) 良心において自分を告訴し、裁く人間は、自分自身を二重の人格性において考えなければならない。この二重の自己は、一方では、自分自身に委ねられている法廷の被告席に、震えながら立たなければならない。とはいえ他方では、裁判官の職務を生得の権威によってみずから手にしているのであるから、二重の自己には解明が必要であって、そのことで理性が自分自身と矛盾に陥ることがまったくないようにしなければならない。――告訴人であり、とはいえまた被告人でもある私は、まさしく同じ人間（*numero idem*）〔数の点で同一〕である。とはいえ、自由の概念に由来し、そこでは人間が自分自身に与える法則に従属している道徳的立法の主体（*homo noumenon*）〔ヌーメノン（本体）的人間〕としては、人間は、理性を賦与された感性的人間とは別人である（*specie diversus*）〔種の点でことなる〕と、ただしもっぱら実践的な観点において考察されなければならない。――というのも叡智的なものの感覚的なものへの因果関係については、およそ理論というものは存在しないからである。――そしてこのように種がことなっていることは、人間を特徴づける人間の能力（上級の能力と下級の能力）のちがいなのである。前者が告訴人であり、この者に対して、被告人の法的な補助者（被告人の弁護人）が許可される。調書を閉じたあとで、内的な裁判官が、権威ある人格として、所為の道徳的な帰結としての幸福もしくは悲惨についての判決を下す。こうした性質においては、私たちはこうした（世界統治者としての）この人格の権力を、私たちの理性によってこれ以上追求することはできない。むしろ無条件的な命令〔*iubeo*〕もしくは拒否〔*veto*〕とみなして、これを崇拝することができるだけなのである。

そうした観念的な人格（権威ある良心の裁判官）は、心情を見とおすかたでなければならない。というのも法廷は、人間の内面において開かれているからである。――とはいえ同時に心情を見とおすかたはまた、すべてを義務づける者でなければならない。つまり、その者との関係においてすべての義務が一般にまたその命令と見なされるべき、そのような人格であるか、もしくはそうした人格として考えられなければならない。なぜなら良心は、すべての自由な行為に対して内的な裁判官であるからである。――さて、そうした道徳的な存在者は、同時にすべての威力(天上においても地上においても)を持っていなければならない。なぜならそうでないと、この存在者は(これは裁判官の職務に必然的に属するのであるが)自分の法則に、この法則にふさわしい効力を与えることができないであろうからである。そうしたすべてを越えて権力を持つ道徳的な存在者は、ところで**神**という。それゆえに良心とは、神を前にしてその所為のゆえに果たすべき責任にかんして、その主観的な原理であると考えられなければならないであろう。実際、こうした責任の概念は(たとえ曖昧なしかたにおいてにすぎないとしても)かの道徳的な自己意識のうちにいつでもふくまれているであろう。

さてこうしたことは、人間を自分の良心が避けがたく導いていく理念によって、そうした最高の存在者が自分の外に実在すると想定する権限が人間にあるということを言おうとしているわけではない。それどころか、良心によってそうした想定をするように拘束されていると言おうとしているわけでもない。というのもこの理念は人間に、理論理性によって客観的に与えられるのではなく、実践的な、自分自身を理念に適合して行為するよう義務づける理性によって、たんに主観的に与えられるからである。人間はこの実践理性を介して、すべての理性的世界存在者に対する立法者との類比にしたがってのみ、次のことについてたんに指導を受ける。それは良心的であること（これは宗教〔religio〕とも名づけられる）を、私たち自身とはことなってはいるが、とはいえ他方で私たちにとってもっとも内密に現前する聖なる存在者（道徳的に＝立法する理性）に対する責任と考え、正義の規則であるその存在者の意志にしたがうことである。宗教一般の概念は、ここでは人間にとって、ひたすら《自分のすべての義務を神の命令として判定する原理》である。(3)

1　良心の案件（*causa conscientiam tangens*）において、人間は決心するに先立って警告する良心（*praemonens*）〔前もって警告するもの〕に思い当たる。そのさいには、それに対しては良心が唯一の裁判官である（*casus conscientiae*）〔良心の与る場合〕、義務概念（或るそれ自体道徳的なもの）が問題である場合には、極度の逡巡（*scrupulositas*）〔細心〕も、細事拘泥（小理屈）とは判定されえない。また真の違反は些細なこと（*peccatillum*）と判定されえないし、また（「執政官は些細なことを気遣わない *minima non curat prae-*

tor」という原則にしたがって)[4]恣意的に語る良心の評定に委ねられることもできない。それゆえ広い良心をだれかに帰するということは、その者を無良心と名づけるにひとしい。——

2 所為がなされると、良心においてはまず告訴人が、他方で同時に告訴人とともに弁護人(弁護士)も登場する。そのさい争いは穏便に(*per amicabilem compositionem*)〔穏便な調停によって〕決着されてはならず、法の厳格さにしたがって結審されなければならない。そしてこれに続いて、

3 人間についての良心の法的に有効な判決、つまり人間を放免するか有罪とするかが、決定を下す。そのさい注意すべきことは、放免の判決は、報酬(*praemium*)を決定し、それ以前には自分のものではなかった或るものを獲得させることはできないことである。むしろただ、有罪と認められるという危険から逃れたという歓ばしさだけをふくむのである。それゆえに、自分の良心が多くの慰めをもって語りかけることのうちにある浄福は、積極的(歓びとして)ではなく、ただ消極的(先行した心配のあとでの安心)であるにすぎない。この浄福は、人間のうちなる悪しき原理の影響に対する闘争としての徳にだけ、賦与されうるのである。

第二章　自分自身に対するすべての義務の第一の命令について

第十四節

この命令は以下のものである。君自身を認識せよ（探究せよ、究めよ）、それも君の自然的な完全性（あらゆる類の、君にとって任意の、もしくはまた命じられた目的に対する有用さもしくは無能さ）によってではなく、君の義務との関連における道徳的な完全性によって認識せよ。――君の心情を認識せよ――それが善であるのか悪であるのかを認識せよ、君の行為の源泉が純粋であるか不純であるのかを認識せよ、そして人間自身の責任に帰せられうるものであり、道徳的状態に属しうるものが、人間の実体に根源的に属しているものなのか、あるいは派生的な（獲得された、もしくは招来された）ものであるのかを認識せよ。

心情の究めがたい深部（深淵）へと迫ろうとする道徳的な自己認識は、すべての人間的な知恵のはじまりである。というのもこの知恵は、ある存在者の意志が究極目的[1]に一致していることに存するものであるが、人間にあってはなによりもまず内的な妨げ（人間のうちに巣くう悪しき意志）を除去することを必要とし、そしてそのあとで、人間のうちなる善き意志[2]という、決して失われることのありえない根源的な素質を展開することを必要とするからである（自己認識の地獄めぐりだけが、神となる道を拓く[3]）。

第十五節

こうした道徳的な自己認識は第一に、人間（人類全体）一般としての自分自身を狂信的に軽蔑することを追放するであろう。というのもそうした軽蔑は自分自身に矛盾しているからである。――人間を尊敬に値するものにする、私たちのうちに見いだされる善への素晴らしい素質によってだけ、これに反して行動する人間を（自分自身を、とはいえ自分のうちなる人間性をではない）軽蔑に値するものであると認めうるのである。――他方で、次に道徳的自己認識はまた、たんなる願望を善き心情の証明と見なそうとする自己愛的な自己評価とも対立する（祈りもまた、たんに内的な、心情を見とおすかたを前にして述べられた願望にすぎない）。たとえ願望がどれほど大きな切望をともなうにしても、願望はそれ自体としてはそれでも所為を欠いており、所為を欠いたままにとどまるからである。私たち自身を法則と比較して判定するさいの公平さ、および自分の内的な道徳的価値および無価値をみずから告白するさいの率直さは、自分自身に対する義務であって、この義務は先の自己認識の第一の命令から直接に帰結する。

挿入章　道徳的な**反省概念**の**多義性**、つまり、自分自身に対する人間の義務であるものを、他の存在者に対する義務と見なすことについて

第十六節

たんなる理性によって判断するならば、人間は、たんに人間（自分自身もしくは他者）に対する義務のほかには、いかなる義務も持っていない。というのもなんらかの主体に対する人間の義務は、この主体の意志による道徳的な強要だからである。強要する（義務づける）主体はそれゆえ、第一にひとつの人格でなければならないし、第二にこの人格は経験の対象として与えられていなければならない。なぜなら人間は人格の意志の目的を目指して努めるべきであるが、こうしたことはただ、ふたつの実在する存在者相互の関係においてだけ生じうるからだ（というのもたんなる思考の産物は、目的にしたが

ったなんらかの結果の原因とはなりえないからである)。さてところで私たちは、私たちのすべての経験をもってしても、義務づけ(それが能動的であれ受動的であれ)をなしうる存在者としては、たんに人間しか知らない。それゆえ人間は、たんに人間に対する義務以外には、なんらかの存在者に対する義務を持つことはできない。にもかかわらず人間がそうしたものを持っていると思いこむとすれば、そうしたことは反省概念の多義性(1)によって生じるのであり、他の存在者に対するものと思い誤られた人間の義務は、たんに自分自身に対する義務なのである。こうした誤解に人間が導かれるのは、人間が他の存在者にかんする自分の義務を、この存在者に対する義務と混同することによってなのだ。

さてこうした義務と思い誤られたものは、非人格的な対象か、人格的ではあるにしても、それでも端的に不可視な(外的な感官に呈示できない)対象に関係づけられうる。——前者の(人間以外の)対象は、たんなる自然の素材であるか、もしくは繁殖するよう組織されているが、とはいえ感覚を欠いた自然の部分であるか、もしくは感覚と選択意思を賦与された自然の部分であるか(つまり、鉱物、植物、動物)でありうる。後者の(人間以上の)対象は、精神的な存在者(天使および神)と考えられうる。——これら両種の存在者と人間のあいだには義務の関係が成立するのか、またそこにどのような義務の関係が成立するのかが、ここでの問題である。

第十七節

自然における生命はないが美しいものにかんして、たんに破壊しようとする性癖（*spiritus destructionis*）〔破壊の精神〕は、自分自身に対する人間の義務に反している。なぜならそうした性癖は、人間における次のような感情を弱め、もしくは根絶やしにするからである。その感情とは、たしかにそれだけですでに道徳的であるわけではないが、とはいえそれでも、道徳性をおおいに促進し、すくなくとも道徳性のために準備する感性の気分である。それはすなわち或るものを利益を意図することなく愛する（たとえば美しい結晶や、植物界の記述できない美しさ）という感情である。

理性は欠くが、生きている被造物の部分にかんしては、動物を暴力的に、また同時に残酷に取り扱うこと[(1)]は、自分自身に対する人間の義務に対してははるかに奥底から対立している。なぜならそのことによって、人間のうちなる動物の苦しみに対する共感が鈍くなり、そのことによって他の人間との関係における道徳性にとってきわめて役に立つ自然的な素質が弱められ、次第に抹殺されるからである。とはいえ動物を素早く（苦痛なしに処置して）殺したり、もしくはまた動物を、ただ能力を越えない程度で働かせること(人間ですらも甘受せざるをえない程度の労働)は、人間の権能に属してはいる。これに対してたんなる思弁のための苦痛の多い生体実験は、実験なしでも目的が達成されうる場合には、忌避されるべきである。――年老いた馬や犬が長きにわたって奉仕してくれたことに対して感謝すること(あたかもそれらが家族の一員であるかのように)さえも、間接的には人間の義務に属する、つまりこれらの動物にかんする義務である。とはいえ直接的に考察されるならば、それはつねにただ自分自身に対する人間の義務なのである。

第十八節

私たちの経験の限界を完全に越えているが、とはいえそれでもその可能性からすれば私たちの理念のうちに見いだされるもの、たとえば神の理念にかんしても、私たちは同様にまた義務を持っている。この義務は宗教の義務と名づけられ、すなわち《すべての私たちの義務を神の命令として(*instar*)認識すること》という義務[1]である。とはいえこれは、神に対する義務の意識ではない。というのもこの理念は、完全に私たち自身の理性から生じ、世界全体の合目的性を説明するための理論的意図においてであれ、あるいはまた私たちのふるまいにおける動機として役立たせるためであれ、私たちによってみずからつくり出されるものだからである。それゆえ私たちはここでは、それに対して私たちが義務づけられている、与えられた存在者を目の前に持っているわけではない。というのもそうだとすれば、その存在者の現実性がまずもって経験を通じて証明される（啓示される）のでなければならないであろうから。むしろ次のことが自分自身に対する人間の義務である。つまりこうした避けがたく理性にみずからを示す理念を私たちのうちなる道徳法則に適用することが、義務なのだ。そうした適用において、理念は最大の人倫的な成果をあげる。こうした（**実践的な**）意味においては、「宗教を持つことは自分自身に対する人間の義務である」と言うことができる。(2)

自分自身に対する義務の第二巻

自分自身に対する（自分の目的にかんする）人間の不完全義務について

第一章　自分の**自然的完全性**を発展させ増進させるという、つまり実用的な意図における自分自身に対する義務について

第十九節

自分の自然の力（精神の、たましいの、および身体の力）をあらゆる可能な目的のための手段として培うこと（*cultura*）は、自分自身に対する人間の義務である。――人間には、自分の理性がいつか使用することができる自然の素質や能力を、利用せずにいわば錆びつかせたままにはしないという、自分自身に対する（理性的存在者としての）責任が

ある。むしろ、人間が自然的な欲求に対する能力を自分が生得的に身につけている度合いで満足することができるとしても、それでも人間の理性は、自分の能力のわずかな度合いでこのように満足していることを、原則によってはじめて人間に示すのでなければならない。なぜなら人間は、目的に（対象を自分の目的にすることに）与る存在者として、自分の力の使用をたんに自然の本能に負っているばかりではなく、それによって人間がこの度合いを規定する自由にも負っているにちがいないからである。それゆえ自分の能力の（あらゆる目的のための）開化がもたらしうる利益は考慮されない。というのもこうした利益であれば、おそらく（ルソーの原則[1]にしたがって）自然の欲求の粗野なありかた〔をそのままにしておくこと〕に対して有利な結果になるであろうからである。むしろ道徳的に＝実践的な理性の命令であり、自分自身に対する人間の義務であるのは、自分の能力を（自分の目的の相違に応じて、ある能力を他の能力よりも）培い、そして実用的な見地において自分の現存在の目的に適した人間であることなのである。

精神の力とは、その行使が理性によってだけ可能である力のことだ。この力は、その使用が経験から汲みだされるのではなく、ア・プリオリに原理から導出されるかぎりで、創造的である。数学、論理学、そして自然の形而上学がそれにあたるが、そのうち後のふたつはまた哲学に、つまり理論的哲学に数え入れられる。この場合に哲学はたしかに、文字通りの、知恵の教え(2)ではなく、たんに学問を意味するにすぎないが、とはいえそれでも哲学は知恵の教えの目的にとって有用でありうるのである。

たましいの力とは、悟性、ならびに悟性が任意の意図を満足させるために使用する規則に支配される力であって、そのかぎりでは経験という導きの糸に導かれるものである。記憶力や構想力などがそれにあたるが、これに学識や趣味(内的および外的な美化)などがもとづくことができる。学識や趣味は、さまざまな意図に対して道具を提供するものである。

最後に身体の力の開化(本来の体育)は、人間における道具(素材)をなすものを配慮するものであって、そうした道具がなければ人間の目的は達成されないままにとどまるであろう。したがって、人間における動物的なものを、絶えず意図的に活発にしておくことは、自分自身に対する人間の義務(3)である。

第二十節

これらの自然的な完全性のうちでとりわけどれを、また相互の比較においてはどのような割合で、自分の目的とするのが、自分自身に対する人間の義務であるのか。このことは、どのような種類の生きかたに快を感じるのかと、同時にその生きかたを選択するため（たとえば、職人になるのか、もしくは商人になるのか、もしくは学者になるのか）に必要な自分の力の評価にかんする、自分自身の理性的な熟慮に委ねられるほかはない。というのも、それ自体ではいかなる義務も基礎づけることができない自己維持の欲求を度外視しても、世界にとって有益な一員であることは、自分自身に対する人間の義務だからである。なぜなら、こうしたことはまた自分自身の人格における人間性の価値に属することであり、人間はそれゆえその人間性を貶めてはならないからである。

自分の**自然的な**完全性にかんする自分自身に対する人間の義務は、とはいえたんに**広く**不完全な義務である。なぜならこの義務はたしかに行為の準則に対する法則をふくんでいるが、とはいえ行為自体にかんしては、その様式や程度についてはなにも規定せず、自由な選択意思に余地を許しているからである。

第二章　自分の**道徳的**完全性を高めるという、つまりたんに人倫的な意図における、自分自身に対する義務について

第二十一節

この義務は、第一に、主観的には、義務の心根の純粋さ（*puritas moralis*）〔道徳的な純粋さ〕に存する。すなわちそのさいには、感性から取り出された意図が混じることなく、法則がそれだけで動機であり、行為がたんに義務にかなっているだけではなく、また義務にもとづいて生じるのである(1)。——《神聖であれ》がここでの命令である。第二に、客観的には、完全性、つまり自分の義務全体と自分自身にかんする道徳的な目的の完成へと到達することにかかわる道徳的な目的全体にかんしては、《完全であれ》〔が命令である〕。とはいえこの目標に向けての努力は、人間にあってはつねにただ、ある完全性から別の完全性への前進にすぎない。《いかなる徳であれ、いかなる誉であれ、それを得ようと努めよ》(2)。

第二十二節

この自分自身に対する義務は、程度からすれば広く不完全な義務であるとはいえ、質からすれば狭く完全な義務である。このことは、人間の本性の脆さ（*fragilitas*）のゆえである。

すなわち、それへと努力することは義務であるが、それを達成すること（この世の生において）は義務ではない完全性というものがある。それゆえその義務の順守は、ただ不断の進歩においてのみ成りたちうる。そうした完全性は、客体（その実現をひとが自分の目的とすべき理念）という観点においては、たしかに自分自身に対する狭くて完全な義務である。他方で主体を顧慮するならば、自分自身に対する広くてたんに不完全な義務なのである。

人間の心情の深みは究めがたい。義務を遵守する動機が自分で感じられた場合、その動機が完全に法則の表象から生じたものであるかどうか、だれが十分に知っていようか。もしくは利益（または不利益を防ぐこと）を目指していて、その他の機会では悪徳にもよく仕えるものでもありうるような、多くのその他の感性的な衝動がともに働いていないかどうか、だれが十分に知っているのか。——ところで道徳的目的としての完全性にかんしては、たしかに理念においては(客観的には)ただひとつの徳(準則の人倫的な強さとしての)があるだけであるが、とはいえ実際には(主観的には)性質をことにする多数の徳がある。これらの諸徳のなかには、もし探そうとするならば、なんらかの不徳(たとえそれが多数の徳のおかげで、悪徳という名をともなわないのがつねであるとしても)を見いださないことは不可能であろう。とはいえ、徳の総体が完全であるか、もしくはなんらかの欠落があるかは、自己認識も私たちに決して十分には見通させないのであるから、徳の総体は、「完全であれ」という不完全義務だけを根拠づけうるのである。

＊　＊　＊

以上のように、私たち自身の人格のうちなる人間性の目的にかんする、自分自身に対する義務はすべて、たんに不完全義務である。

倫理学の原理論の第二部
他者に対する徳の義務について

第一篇　たんに人間であるかぎりの他者に対する義務について

第一章　他の人間に対する愛の義務について

区　分

第二十三節

最上位の区分は次のものでありうる。つまり他者に対する義務を、君がそれを果たすことで同時に他者を拘束する義務と、その遵守が他者の拘束性を帰結として持たない義務に分けることである。――前者の遂行は（それぞれの他者に対して）功績的であるが、後者のそれは負い目である義務である。――愛と尊敬とが、こうした義務の実行にともなう感情である。愛と尊敬は、分離されて（それぞれがそれだけで）考慮されうるし、そのようにして成り立ちうる（隣人がたとえさほど尊敬に値しないような場合でも求められる、隣人への愛や、同様にほとんど愛に値しないと判定されるであろう場合に、それでも求められるそれぞれの人間に対する必然的な尊敬）。とはいえ愛と尊敬は根本においては、法則にしたがってつねに相互に、ひとつの義務のうちで結合されている。ただ、ある時には一方の義務が、ある時には他方の義務が、主体において原理を形成し、これにもう一方の義務が付加的に結びつけられるのである。――こうして私たちは、貧者に対して親切であるように、私たち自身が義務づけられていると認識するであろう。ところでこの恩恵はそれでも、その貧者の福利が私の気前の良さに依存していることをふくみ、どうしても他者を卑下させることになる。だから次のことが義務である。つまり、この親切にすることが、たんなる負い目であるか、あるいはささやかな愛の奉仕であると思わせる態度によって、親切を受ける者が面目を失わずにすみ、その者に自分自身に対する尊敬を保ちつづけさせることが、義務なのである。

第二十四節

（自然法則ではなく）義務の法則が問題であり、それも人間相互の外的な関係における義務の法則が問題であるとしよう。その場合私たちは、道徳的な（叡智的な）世界においてみずからを観察している。その世界においては、自然的世界との類比にしたがって、（地上における）理性的存在者の結びつきは、引力と斥力によって実現される。相互愛の原理によって、理性的存在者たちは相互にたえず接近するよう指示されており、他方で理性的存在者たちがたがいに負っている**尊敬**の原理によって、相互に距離を保つよう指示される。そしてこれら両者の大きな人倫的力の一方が弱まるようなことがあれば、《その時には（不道徳的なありかたという）虚無がのどを大きく開けて、（道徳的な）存在者の王国全体を、一滴の水のように飲み込むであろう》（私がここでハラーのことばを、たんに別の連関で用いてよいとすればである）。

第二十五節

ところで愛はここでは、感情（直感的な）とは理解されていない。つまり他の人間の完全性に対する快とも、適意という愛とも理解されない（というのも感情を持つように、他者から義務づけられることはありえないからである)。むしろ親切を帰結として持つ、好意の準則(実践的なもの)として考えられなければならない。

まさに同じことが、他者に対して示されるべき**尊敬**についても言われなければならない。つまり、私たち自身の価値と他者の価値を比較することから生じるたんなる感情(子どもが自分の親に対して、生徒が自分の先生に対して、一般に下位の者が自分より上位の者に対して、たんなる習慣によって感じるもの)が理解されるのではない。むしろ他者の人格のうちなる人間性の尊厳によって私たちの自己尊重を制限するという準則としてのみ理解され、したがって実践的な意味での尊敬(*obseruantia aliis praestanda*)〔他者に対して示されるべき尊敬〕としてのみ理解されるのである。

また他者に対する自由な尊敬の義務は、本来的にはただ消極的なもの(自分を他者を越えて高めないという)であって、それゆえに、だれに対しても「そのひとのもの」を侵害しないという法の義務に類比的である。ゆえに尊敬の義務は純然たる徳の義務ではあるものの、愛の義務と比較すれば狭い義務であると見なされ、愛の義務はそれゆえ広い義務と見なされるのである。

隣人愛の義務はそれゆえまた、次のようにも表現できる。つまりこの義務は、他者の目的を(これが非人倫的なものではないかぎりでのみ)私の目的とする義務なのである。

私の隣人を尊敬するという義務は、いかなる他の人間をも、たんに私の目的のための手段として貶めることはしない（他者が私の目的のために使役されるように自分自身を投げ出すよう要求はしない）という準則のうちにふくまれている。

私が前者の〔愛の〕義務をだれかに対して実行することによって、私は同時に他者を義務づける。私はそのひとにかんして功績があるのである。その一方で後者の〔尊敬の〕義務を遵守することによって、私はたんに私自身を義務づける。そして他者が人間として自分自身のうちに置く権能がある価値を、その他者からなにひとつ奪うことのないように、私はみずからを自分の制限のうちにとどめるのである。

とりわけて愛の義務について

第二十六節

人間愛（博愛）は、ここでは実践的なものとして考えられ、したがって人間に対する適意の愛としては考えられないのであるから、実行をともなう好意のうちに定立されなければならず、それゆえ行為の準則にかかわる。――人間をたんに人間として見るかぎりで、人間が幸いであること(salus)に歓びを見いだし、それぞれの他者が幸いであるときには、自分も幸いであるようなひとは、一般に人間の友(博愛者)という。他者に災いが起こるときにだけ幸いであるようなひとは、人間の敵(実践的な意味における人間嫌い)といわれる。他者がどうなろうとも、自分自身が幸いならばどうでもよいようなひとは、利己主義者(*solipsista*)である。——その一方で、すべてのひとのために幸いを望みながらも、そのひとびとにまったく適意を見いだすことができないという理由で、人間から逃れるようなひとは、人間嫌悪(直感的な人間嫌い)であろうし、その者の人間からの離反を、対人恐怖症と名づけることができよう。

第二十七節

好意の準則(実践的人間愛)はすべての人間相互の義務である。人間を愛するに値すると見ようが見まいが、「君の隣人を君自身のように愛せ」という完全性の倫理学的な法則にしたがって、義務なのである。——というのもすべての道徳的に=実践的な人間に対する関係は、純粋な理性の表象における人間の関係、つまり次のような準則にしたがった自由な行為における関係だからである。その準則とは、普遍的な立法の資格を有し、したがって利己的(*ex solipsismo prodeuntes*)〔利己心から生じたもの〕ではありえないものである。私はそれぞれの他者が、私に対して好意(*benevolentia*)を持つことを欲する。私もそれゆえに、それぞれの他者に対して好意的であるべきである。ところでとはいえ私以外のすべての他者というのは、〔私をふくまないかぎりでは〕すべてのひとというわけではなく、したがって準則は法則の普遍性をそれ自体において持っていないであろう。とはいえこのこと〔普遍性を持つこと〕が義務づけのためにはどうしても必要なのである。それゆえ好意の義務の法則は私をも好意の客体として、実践理性の命令のうちにともに包含するであろう。あたかも私がそのことで、私自身を愛するように拘束されるかのようにというわけではない(というのもそうしたこと〔自分を愛すること〕は拘束されずとも避けがたく生じ、それゆえそのための義務づけは存在しないから)。むしろ人間がではなく(1)、人間性一般の理念のうちに人類全体を(それゆえ私をも)内包する立法的な理性が、普遍的に立法するものとして、私を私の隣人であるすべての他者と同様に(2)、平等の原理にしたがって相互に好意を持つという義務のうちに内包するのである。そして君もまたそれぞれの他者に好意を持つという条件のもとで、君自身に対して好意を持つことを、君に許す。なぜならそのようにしてだけ、君の(親切の)準則は、普遍的立法の資格を有し、このうえにだけすべての義務の法則は基礎づけられるからである。

第二十八節

さて普遍的な人間愛における好意は、たしかにその範囲からすれば最大の好意であるが、とはいえその程度からすれば最小の好意である。そして私が「私はこの人間の幸いに、ただ普遍的な人間愛にしたがって関与する」と言う場合、私がここで持つ関心は、ありうるかぎりで最小のものである。私はこの人間にかんして、たんに無関心ではないというにすぎない。

とはいえそれでも、ある者は私にとって他のひとよりも近く、そして私は好意を抱くという点で、私自身にもっとも近い者である。さてこうした事態はいかにして、「君の隣人(君の共にある人間)[1]を君自身のように愛せ」という方式と一致するであろうか。ある者が私にとって他のひとよりも(好意の義務において)より近く、したがって私はその者に対して他のひとよりも大きな好意を持つように拘束されるが、とはいえ私自身にとっては、いかなる他者よりも私が(義務からしても)近いことが明らかになるとしよう。その場合には私は、自分自身に矛盾することなしには、「私はあらゆる人間を私自身のように愛するべきである」と言うことはできないように思われる。というのも自己愛の尺度は、いかなる程度のちがいも許さないであろうからだ。――ただちに見てとれるのは次のことだ。すなわち、ここで考えられているのは、たんなる願望の好意、つまり本来的にはあらゆる他者の幸いに対するたんなる適意にすぎず、みずからそのためになんらか貢献する必要はない（それぞれの者は自分のために、神は私たちすべてのために）ような好意ではない、ということだ。むしろここで考えられているのは、行為的で実践的な好意（親切）であって、この好意は他者の福利や健全さを自分の目的とするのである。というのも願望においては、私はすべてのひとにひとしく好意を持つことができるが、行いにおいては、愛するひとびとがことなるのに応じて（そのひとびとのある者は、その他の者より私にとってより近しい）、準則の普遍性を毀損することなしに、それでも好意の程度は大いにことなったものでありうるからである。

愛の義務の区分

愛の義務は、A親切、B感謝、C同情の義務である。

A　親切の義務について

第二十九節

ただ生に満足を見いだすのに必要なかぎりで、自分自身のためになることをする（虚弱にするまでいたらない程度に、自分の身体を配慮する）のは、自分自身に対する義務に属している。――その反対は、吝嗇から（奴隷的に）生を快活に享受するのに必要なものを自分から奪ったり、あるいは自分の自然の傾向性を訓練しすぎて（狂信的に）生の歓びの享受を自分から奪うことである。これら両者は自分自身に対する人間の義務に反している。

とはいえ、いかにして、他の人間が（幸福であってほしいと）願望する（にとどまる）好意（これは私たちになんら負担とならない）のほかになお、この好意が実践的であること、つまり窮乏している者にかんしての親切を、それを行う能力のある各人に、義務として要求することができるのであろうか。――好意は他者の幸福（幸いであること）への満足である。その一方で親切は他者が幸いであることを自分の目的とする準則であって、そのことへの義務とは、「主体が理性によって、この準則を普遍的な法則として採用するように」強要されることである。

このような法則が一般に理性のうちにあることは、おのずから明らかではない。むしろ、《各人は自分のために、神（運命）は私たちすべてのために》という準則が、きわめて自然的であるように見える。

第三十節

親切であること、つまり困難にある他の人間の幸福を、それによって見返りを期待することなく、自分の能力に応じて促進することは、それぞれの人間の義務である。というのも、困難にある人間はだれでも、他の人間によって助けられることを願うからである。ところで人間が、「他者が困難にあっても援助をするつもりはない」という自分の準則を公にする、つまりその準則を普遍的な許容法則にするとしてみよう。その場合にはその人間に対しては、その人間自身が困難にあっても、だれもが同じように援助を拒むか、もしくはすくなくとも拒む権能があることになろう。それゆえ利己的な準則はそれ自体が、普遍的な法則とされるならば、自分に矛盾するのであって、つまりこの準則は義務に反しているのである(1)。したがって、窮乏している者に対して親切にするという利他的な準則は、人間の普遍的な義務である。しかもそれは、これらのひとびとも共にある人間として、つまり窮乏した存在者、そのうえ同じ居住地に本性からして相互に助け合うようひとつに結びつけられた理性的な存在者として、見なされるべきであるという理由からである。

第三十一節

豊かな（他者の幸福のための手段をふんだんに、つまり自分自身の必要を越えて、備えている）ひとにとっては、親切にすることは、親切にする者の功績となる義務とはほとんどまったく見なすことができない。たとえ親切にする者はそのことによって、同時に他者を拘束しているとはいえ、そのことに変わりはない。親切にする者がそのことでみずからに生み出す満足は、その者にとってなんら犠牲を必要としないのであるけれども、一種の道徳的感情に耽ることである。その者は、親切にすることで他者を拘束するかのように見られることはすべて、注意深く避けなければならない。なぜならそうでなければ、その者が他者に示したのは、真の親切ではないということになるだろうからだ。というのもその者が他者に拘束性（これはその他者自身の眼のうちで、つねに自分を貶めるものだ）を課そうとしていることを表出することになろうからである。親切にする者はむしろ、他者が親切を受けてくれたことで、自身が拘束された、あるいは名誉になったかのように、したがって義務はたんに自分の負い目である、と表明しなければならない。それは親切にする者が自分の親切な行いをまったく隠れてなす(こちらのほうがよりよい)のではない場合であるにしても、そうである。――この徳は、親切のための能力はかぎられているのに、親切にするひとが、自分が他者から免れさせた災いを黙って我が身に引き受けるほど十分に強い場合には、より偉大である。この場合親切にする者は、実際に道徳的に＝豊かであると見なすことができる。

決疑論的問題

親切にする場合に、自分の能力をどれほど費やすべきなのであろうか。もちろんのことであるが、結局みずから他者からの親切を必要とするようになるまでではない。冷たい手で(この世を去るさいに遺言によって)示された親切には、いかほどの価値があるのだろうか。――国法によって許された支配権をあるひとに行使し、そのひと(ある農地の世襲的農民)から、自分自身の選択によって幸福になる自由を奪う者がいるとする。その者は、私は言うのだが、自分自身の幸福についての概念にしたがってそのひとのことをいわば父親のように世話をしたとしても、自分を親切にする者と見なすことができるのであろうか。もしくはむしろ、そのひとの自由を奪うという不正は、法の義務一般に反するものではなかろうか。それゆえに、こうした条件のもとで主人の親切を当てにして自分の身を委ねることは、それに進んで同意するひとにとって、人間性を最大限に投げ捨てることではないか。そしてそのひとに対する主人の最大限の配慮は、まったく親切ではないのではないだろうか。もしくは人間の権利とつり合いが取れるほど、配慮の功績が大きいというのであろうか。——私はだれに対しても幸福についての私の概念にしたがって、親切にする(未成年の子どもや乱心した者を除いて)ことはできない。むしろ私が親切を示そうと考えている当のひとの幸福についての概念にしたがって親切をなしうるのである。私がひとに贈り物を押しつけても、実際に親切を示したことにはならない(1)。

親切にする能力は、財貨に依存するものであって、それは大部分、統治の不正のゆえにさまざまな人間が恩恵を受ける一方、他者の親切を必要とするほどの富の不均衡をもたらしたことから生じた結果である。そうした状況のもとで、富める者が貧窮した者に示すような援助は、いったい一般に親切という名に値するのであろうか。親切ということで、ひとはよろこんで功績として胸を張りたがるにしても。

B　感謝の義務について

感謝とは、私たちに示してくれた親切のゆえに、ある人格に敬意を払うことである。

こうした判定と結びついている感情は、(自分を義務づける)親切にした者への尊敬の感情であり、これに対して、親切にした者は、親切を受けた者に対して、たんに愛の関係のうちにあると見なされる。――他者のたんなるこころからの好意ですらも、物理的な結果をともなわなくても、徳の義務という名前に値する。このことがまさに、行為による感謝とたんに感情的な感謝の区別を根拠づけるのである。

第三十二節

感謝は義務である。つまり私が受けた親切のゆえに、私が拘束されていることを表明することによって、他者をさらに親切にするように動かそうという、たんなる賢明さの準則(*gratiarum actio est ad plus dandum invitatio*)〔感謝するという行動は、さらなる贈与への招きである〕ではない。というのもそのさいには私はこの感謝を、私のその他の意図のためのたんなる手段として利用することになるからである。むしろ感謝は道徳法則によって直接に強要されているのであり、つまりは義務なのである。

ところで感謝はさらにまた、とりわけて神聖な義務と見なされなければならない。つまりこの義務を毀損することが(醜聞となる実例として)、親切への道徳的な動機を原則そのものにおいて無化しかねないような義務なのである。というのも神聖である道徳的な対象とは、それにかんする拘束性が、その拘束性にかなったいかなる行動によっても完全に消え去ることがありえない(そのさい、義務づけられたものは、つねになお義務づけられたままである)ような対象だからである。それ以外のすべてのものは世俗の義務である。——とはいえ、ひとは受けた親切にどれほど報いようとも、親切を清算することはできない。というのも親切を受けた者は、親切を与えた者が持つ功績という優越、すなわち好意において先行したという優越を、親切を与えた者から取り去ることは決してできないからである。——とはいえそうした行動(親切という)なしでも、たんなるこころからの好意だけであっても、すでに感謝へと義務づける根拠である。——このような類の感謝の心根は、謝意と名づけられる。

第三十三節

そうした感謝の広がりにかんしては、感謝はたんに同時代人にだけではなく、先人にもおよぶ。確実に名前を挙げることができないような先人にすらおよぶのである。これは、私たちの師と見なされうる古人を、すべての攻撃、告発、軽視に対して、できるかぎりの擁護をしないことが、なぜ無礼だと見なされるかの理由でもある。とはいえそのさい次のことは愚かな妄想である。つまり古人が古代に生きたという理由で、才能や善き意志の点で近代人よりも優越しているといった判断を捏造し、それと比較してすべての新しいことを軽蔑することは、妄想なのだ。それではあたかも世界が自然法則にしたがってその根源的な完全性から絶えず衰退してきたかのようであるが、そのようであるわけはないのである。

他方で強度、つまりこの徳への拘束性の程度については、その程度は、義務づけられた者が親切から引き出した効用と、私欲もなく当人に親切にした、その度合いにしたがって評価されなければならない。その程度が最小となるのは、次のような場合である。親切にしたひとがそれを受けることができる（まだ生きている）場合には、親切にしたひとに、またもしそうでない場合には、別の他者に対して、同等の奉仕をすることであり、受けた親切を、できれば免れていたいような重荷（なぜなら恩恵を被っている者は、自分の恩人に対して一段低い位置に立っており、このことが自分の誇りを傷つけるから）のように見なさないということである。むしろ感謝のための機会すらも道徳的な親切として受け取ること、すなわちこの感謝という徳を、好意的な心根の熱心さであり、同時に好意のこころがこもっていること（義務の表象における心根の最小限度の留意点）でもある人間愛に結びつけ、そうして人間愛を開化するために与えられた機会として受け取ることが、感謝の最小の程度なのである。

C　同情する感覚は一般に義務である

第三十四節

共歓と共苦（*sympathia moralis*）〔道徳的な共感〕はたしかに感性的な感情であって、他者の満足や苦痛という状態への快と不快の（それゆえ直感的と名づけられるべき）感情（共感、同情する感覚）である。このことのために自然はあらかじめ、人間のうちに感受性を置いておいたのである。とはいえこの感受性を、行為をともなう理性的な好意を促進するための手段として使用することは、やはりひとつの特殊な、とはいえたんに条件づけられた、人間性（*humanitas*）という名のもとにある義務である。なぜならここでは人間は、たんに理性的な存在者としてではなく、理性を賦与された動物として考察されるからである。さて人間性とは、たがいに自分の感情にかんして伝達する能力や意志のうちに置かれうるか（*humanitas practica*）〔実践的な人間性〕、もしくはたんに、自然自身が与える満足もしくは苦痛という共通の感覚に対する感受性のうちに置かれうるか（*humanitas aesthetica*）〔直感的な人間性〕、そのいずれかである。前者は自由であって、それゆえに同情的と名づけられ（*communio sentiendi liberalis*）〔感情の自由な共有〕、実践理性にもとづいている。後者は不自由であって（*communio sentiendi illiberalis, servilis*）〔感情の不自由で奴隷的な共有〕、交感的（熱の伝導や伝染病のような）とも、共苦ともよばれうる。なぜならこの感情は、共に生きている人間たちのあいだに、自然的なしかたで広がっていくからである。前者の感情に対してだけ、拘束性が存在する。

ストア学徒はみずからの思い描く賢者[1]に、次のように言わせていたが、これは賢者を表象する崇高なしかたであった。つまり、「私は友人が欲しいが、それは貧困や病気や、囚われの身となったときなどに私を助けてくれる友人ではなく、私がその友人を助けて、ひとりの人間を救うことができるためにである」と言わせたのである。にもかかわらず、まさに同じ賢者が、自分の友人が救われない場合に、自分に対して「それが私になんのかかわりがある？」と語る。つまり賢者は、共苦を拒否したのである。

実際に、ある他者が苦しみ、その結果どうしても脱することができないその他者の苦痛によって、私〔自身〕もまた（構想力を介して）感染するならば、ふたりが苦しむのである。とはいえ災いは本来的には（自然においては）ひとりにかかわるにすぎない。ところでこの世界において災いを増やすのは義務ではありえず、したがってまた共苦にもとづいて親切にすることも義務ではありえない。こうしたことはまた、〔相手を〕侮辱するしかたで親切にすることでもあるであろう。そうした親切は、価値のないものとかかわる、憐れみと名づけられる好意を表現しており、それは自分が幸福であるに値することを誇ろうとはしない人間たちのあいだでは、決して相互に生じるはずがない好意だからである。

第三十五節

ところで他者との共苦を(そしてまた共歓も)持つことは、それ自体では義務ではないとはいえ、それでも次のことは、他者の運命への行為をともなう同情であり、それゆえ結局は間接的な義務である。それはつまり私たちのうちにある、共に苦しむ自然的な(直感的な)感情を開化し、この感情を道徳的原則およびそれに適合する感情にもとづいて、同情することのための十分な手段として利用することである。——それゆえ次のことは義務である。すなわち生活必需品すらも欠く貧しいひとびとのいる場所を避けて通ることはせず、むしろそこを訪問すること。また病室や罪人の監獄などから逃げ回って、避けることのできない苦痛に満ちた共感を逃れるようなことをしないことが、義務なのである。なぜならこうした感情は、それでも私たちのうちに自然によって据えられた衝動のひとつであって、義務の表象がそれだけでは成し遂げることがないようなことを行うものだからである。

決疑論的問題

人間のすべての道徳性が法の義務にだけ、しかも大いに良心をともなったしかたで制限されて、その一方で好意は善悪無記なものに数え入れられるとすれば、世界一般の福利にとってよりよいことではないだろうか。それが人間の幸福にどのような帰結をもたらす次第となりうるかは、容易に見通すことができない。とはいえそうした場合にはそれでもすくなくとも、世界の偉大な道徳的な飾りが、すなわち人間愛が、欠けることになるであろう。この人間愛はそれゆえそれだけで、（幸福という）利益を計算に入れなくても、世界を美しい道徳的な全体として、そのまったき完全性において呈示するのに必要となるのである。

感謝は本来的には、親切にしたひとに対してそう義務づけられた者が、同じく愛によって返礼することではなく、親切にしたひとへの尊敬である。というのも普遍的な隣人愛の根底には、義務の平等が置かれうるし、また置かれなければならないからである。とはいえ感謝においては、義務づけられた者が、自分に親切にしたひとよりも、一段低い立場にある。ある他者を自分より上位に見ようとしない尊大と、(1)自分を他者と完全に同等な位置に（義務の関係にかんして）置くことができない反感が、あまりにも多い恩知らずの原因ではないであろうか。

第三十六節

人間愛とはまさに対立した(*contrarie*)人間憎悪という悪徳について

これらの悪徳は、嫉妬、恩知らず、そして不幸を歓ぶことという、嫌悪すべき一族をなしている。——とはいえ憎悪はここでは、あからさまでも暴力的なものでもなく、秘かであり包み隠されている。このことは、自分の隣人に対する義務の忘却に、さらに卑劣さを付け加えており、それゆえに同時に自分自身に対する義務を毀損している。

a　嫉妬(*livor*)は、自分の幸いがそのことによってまったく損なわれるわけでもないのに、他者の幸いを認めるのに苦痛をともなうという性癖である。この嫉妬は、それが所為(他者の幸いを侵害するという)へといたる場合には、本格的な嫉妬であり、その一方でそうでなければたんに妬み(*invidentia*)という。これらはいずれにしても間接的に＝悪質な心根である。すなわち、他者の幸いによって私たち自身の幸いに影が差すのを見て、不本意に感じることなのだ。なぜなら私たちは幸いの尺度を、幸いの内的価値においてではなく、たんに他者の幸いと比較することのうちにおいて評価し、この評価を感性的にすることができるからである。――それゆえにひとはまた、結婚や家族などにおける羨むべき融和や幸福について語りもするのである。これではあたかも、だれかを羨むことが、多くの場面において許されているかのようである。嫉妬の衝動はそれゆえ、人間の本性のうちに存している。その衝動の爆発だけが、この衝動を、恨みに満ちた、自分自身を責めさいなむ、そして他者の幸運を破壊することをすくなくとも願望のうえでは目指す僻情(1)という、忌まわしい悪徳とするのである。こうしたことはしたがって、自分自身に対する人間の義務にも、他者に対する義務にも対立している。

b　自分に親切にしたひとに対して恩知らずでいることは、そのひとを憎むほどになれば、本格的な恩知らずであり、その一方でそこまではいたらなければたんなる忘恩と呼ばれる。こうした恩知らずは、たしかに世間の判断ではもっとも憎むべき悪徳である。にもかかわらず人間はこの悪徳を犯すことが多いという評判なので、親切を示すことによって自分に敵さえもつくるといったことがありえないとも思われないほどなのである。――こうした悪徳が可能である根拠は、自分自身に対する義務を誤解することのうちにある。つまり他者の親切を、それが私たちに他者に対する拘束性を課すという理由で、必要としたり頼んだりせず、むしろ生の重荷には進んでみずから耐えて、他者をそのことで煩わせたり、したがってそのことで他者に負い目(義務づけ)をつくることのないようにしよう、という誤解である。なぜなら私たちは親切を受けることで、自分の保護者に対して、被保護者というより低い立場に陥るのを恐れるからだ。そうしたことは、真の自己尊重(自分自身の人格における人間性の尊厳に誇りを持つこと)に反するのである。それゆえに、親切にするさいに避けがたく私たちに先行するにちがいない者に対しては(思い出のなかの祖先に対して、もしくは両親に対して)、感謝を惜しむことはしないが、その一方で同世代に対しては、感謝をひどく惜しむか、それどころか、対等でないこうした関係を見えなくするために、感謝の真逆のことすらもが示されるのである。――とはいえこうしたことはこの場合には人間性に対抗する悪徳である。それはたんに、さらなる親切をなすのを控えさせるという、こうした実例が人間一般に引き起こすにちがいない損害のゆえに悪徳なのではない(というのもこうしたひとびとは、真正な道徳的心根を備えていて、まさにそうしたすべての報いを拒絶することで、自分の親切にそれだけ大きな内的な道徳的価値を置くことができるからである)。むしろ悪徳である理由は、人間愛がここではいわば逆立ちさせられていて、愛の欠如が、愛する者を憎むという権能にまで卑しめられているからである。

c　**不幸を歓ぶこと**、これは同情の正反対であるが、人間の本性にとって疎遠なものでもない。これが、自分が手助けをして、災いや悪を起こさせるにまでなると、**本格的**な**不幸を歓ぶこと**として、そのことで人間憎悪が目にも見えるようになり、その残酷なありかたで現れる。自分が幸いであることと自分のよきふるまいすらも強く感じるのは、次の場合にである。つまり他者の不幸や醜聞に陥ることが私たち自身の幸いな状態のいわば引き立て役として置かれていて、私たち自身の幸いな状態をそれだけ明るい光のうちにもたらす場合である。こうしたことは、もちろん構想力の法則に、すなわち対照の法則にしたがって、自然のうちに基礎を有するものである。とはいえ一般的な世界の福祉を破壊するそうした**法外なもの**が実在することを直接に歓ぶことは、したがってそのようなことが起こるのを実際に望みもすることは、隠された人間憎悪であり、私たちに義務として課されている隣人愛にまさに反するものである。——恙（つつが）なく日々を送ってきた他者の示す**傲慢**や、よきふるまいにおける**うぬぼれ**（とはいえ本来的には、明らかな悪徳への誘惑から、なおつねに免れてきたという幸運にすぎないのである）。これら両者は、利己的な人間が自分の功績に数え入れるものであるが、こうした敵対的な歓びを生み出すものである。この歓びは、（テレンティウスの作品における実直なクレメンスの）同情の原理、つまり《私は人間である。人間に降りかかるすべてのことは、私にもかかわる》(2)という原理にしたがう義務に真っ向から対立している。

こうした不幸を歓ぶことのうちで、もっとも甘美で、なおそれに加えて、他者の損害を自身の利益なしにも自分の目的とする最大の権利を、いやそれどころかそうする拘束性すらも(正義の欲望として)ともなっているかのように見せかけるのが、復讐欲である。

人間の権利を傷つけるあらゆる所為は罰に値する。この罰によって、犯罪は犯人において復讐を受ける(たんに加えられた損害が償われるだけではない)のである。さてところで罰は侮辱を受けた者の私的な権威の作用ではなく、その者からは区別される法廷の作用である。この法廷は、そのもとに服従するすべての者に対して、君主の法則に効力を与えるのである。そして私たちが人間を(これは倫理学においては必然的なことだが)法的な状態において、とはいえたんに理性法則にしたがって(市民的法則にしたがってではなく)考察するならば、以下の者以外のだれも、罰を下す権能や、人間から被った侮辱を復讐する権能を持っていない。そうした権能を持っているのは、最上の道徳的立法者でもある者であり、この者だけが(つまり神が)、《復讐は私のすること、私が報復する》(3)と言うことができる。それゆえに徳の義務であるのは、「みずからたんに復讐心から、他者の敵愾心に憎悪でもって応えない」ことばかりではなく、「みずから世界審判者に復讐を要求することなど決してしない」ことである。なぜなら一方では、人間は自身の罪責を十分に抱えているのであって、許しを自分のためにも大いに必要とするからであり、その一方では、しかもとりわけて、どのような罰も、それがだれによるものであろうとも、憎悪にもとづいて下されてはならないからである。——それゆえに和解すること（*placabilitas*）は人間の義務である。とはいえこれと、侮辱を穏やかに容認すること[4]（*mitis iniuriarum patientia*）〔不正に対する穏やかな忍耐〕が混同されてはならない。後者は他者が侮辱しつづけるのを予防するための強硬な（*rigorosa*）手段を断念すること[5]である。というのもこうした容認は、自分の権利を他者の足元に投げ出すことであり、自分自身に対する人間の義務を毀損するものであろうからである。

注解

それが（本格的なものとして）原則という意味において受け取られるならば、人間の本性さえも憎悪すべきものとするようなあらゆる悪徳は、客観的に考察されるならば、非人間的であるが、とはいえそれでも主観的に考量されるならば、人間的である。すなわち経験が私たちに私たちの人類について知らせるところによれば、人間的なのである。それゆえたしかにそうした悪徳のいくつかを激しく嫌悪して、悪魔的と名づけようとし、その反対を天使の徳と名づけうるとしても、両者の概念はそれでも、道徳性の程度を比較するための尺度として思考された、極限の理念にすぎない。それというのも、ひとは人間にその位置を天国もしくは地獄に割り当てて、一方と他方の位置のどちらも占めない、中間的存在者とは人間を見なさないからである。ハラーの《天使と家畜の二義的な中間物》[(6)]のほうがより適切でないかどうかは、ここでは未決のままとしたい。とはいえ、異質なものごとを並べて置いて二分割しても、まったくいかなる規定された概念にもいたらないし、私たちに知られていない種別に基づいた存在者の秩序においても、私たちを規定された概念へと導きうるものはない。第一の対立（天使の徳と悪魔の悪徳の対立）は、行き過ぎである。第二の対立は、たとえ人間が、残念ながら！　家畜のような悪徳に陥っているとしても、それでも家畜の種に属する素質を人間に割り当てることは、正当ではない。それは森の中の数本の木が発育不全であるからといって、それを植物の特殊な種とする根拠にはならないのと同じである。

第二章　他の人間に対する、そのひとびとにふさわしい**尊敬**にもとづく徳の義務について

第三十七節

一般に要求において節度があること、すなわち他者の自己愛によってある人間が自己愛を自発的に制限することは、慎ましさと呼ばれる。他者から愛されるに値することにかんして、こうした節度が欠けていること（慎ましくないこと）は、利己愛（*philautia*）という。その一方で、他者から**尊敬されること**の要求が慎ましくないことは、うぬぼれ[1]（*arrogantia*）である。私が他者に対して抱く、もしくは他者が私に要求しうる尊敬（*observantia aliis praestanda*）〔他者に対して示されるべき尊敬〕は、それゆえ他の人間における尊厳（*dignitas*）の承認である。尊厳とは、いかなる価格も持たず、また価値評価（*aestimium*）の客体がそれと交換しうるような、いかなる等価物も持たない価値[2]だ。——ある事物をまったく価値を持たないものと判定するのは、軽蔑である。

第三十八節

あらゆる人間は自分の隣人からの尊敬を受ける正当な要求を持っており、またその代わりに人間はあらゆる他者に対して尊敬するよう拘束されている。

人間性そのものが一箇の尊厳である。というのも人間はいかなる人間からも（他者からも、自分自身からでさえも）たんなる手段として使用されることはできず、むしろつねに同時に目的として使用されなければならないからである。そしてこの点に、まさに人間の尊厳（人格性）があるのである。この尊厳によって人間は自分を、人間ではないが、それでも使用されうる他のすべての世界存在者を越えて高める、したがってすべての物件を越えて自分を高めるのである。それゆえ人間は自分自身をいかなる価格でも売り渡すことができない（そうしたことは自己尊重の義務に反するであろう）のと同様に、人間はまた人間である他者の同じく必然的な自己尊重に反して行為することはできない。つまり人間は、あらゆる他の人間における人間性の尊厳を実践的に承認するよう拘束されているのであって、したがって人間には、あらゆる他の人間に必然的に尊敬を示すべきことにかんする義務があるのである。

第三十九節

他者を軽蔑すること（*contemnere*）、つまり人間一般に払うべき尊敬を他者に拒むことは、どのような場合でも義務に反している。というのもそれらの他者は人間なのだからである。それらの他者を別の者たちと比較して、こころのなかで軽視すること（*despicatui habere*）は、たしかに時おりは避けがたいことであるけれども、とはいえその軽視を明らかに示すことは、やはり侮辱である。――危険であるものは、軽蔑の対象ではなく、だから悪徳のひとも軽蔑の対象ではない。そして悪徳のひとの攻撃に対して優越しているとき、「私はこの者を軽蔑する」と私が言うことは正当であるとしても、それは次のことを意味するにすぎない。つまり、私がたとえまったくその者に対する防御を用意しなくても、その者はみずから自分の錯乱ぶりを示しているのだから、そこにはなんら危険はない、ということである。にもかかわらず、私は悪徳のひとに対してであっても、そのひとが人間であるかぎり、すべての尊敬を拒むことはできない。もっともその悪徳のひとはたしかに、自分の所為によって、自分をその尊敬に値しない者としているのではあるけれども、この尊敬は悪徳のひとから、すくなくとも人間であるという資格において、奪い去ることができないものなのである。こういうわけで、人間性そのものを貶める恥ずべき罰（八つ裂きにするだとか、犬に噛みちぎらせるだとか、鼻や耳を削ぐといった）がありうるが、こうした罰は、たんに名誉を愛するひと（だれもがなさねばならない、他者からの尊敬を要求するひと）にとって、財産や生命を失うことよりも苦痛に満ちているばかりではない。さらにまた、罰の目撃者にも、自分がこうした扱いを受けてよい者と同じ類に属するものとして、赤面させさえもするのである。

注解

ここに、人間の理性の論理的使用においても、人間を尊敬する義務の根拠がある。つまり人間の理性の失策を、馬鹿げたことや、愚かしい判断などといった名で非難することなく、むしろそうした判断のうちにさえも或る真なるものがあるにちがいないと前提して、これを探し出すことである。そのさい、とはいえまた同時に、ひとを欺く仮象(判断を規定する根拠の主観的なものが、見誤りによって客観的なものと見なされたもの)(1)を発見し、そしてまた、誤謬の可能性を明らかにすることで、人間に自分の悟性に対する尊敬を保存させることでもある。というのもひとがある種の判断についての自分の反対者から、先の表現によって、すべての悟性を奪ってしまったならば、そのひとが誤ったということを、いったいどうやってそのひとにそのさい理解させようというのだろうか。――まさに同じことはまた悪徳の非難にも当てはまる。その非難は決して、悪徳のひとを完全に軽蔑することや、そのひとからすべての道徳的価値を剝奪することにまでいたってはならない。なぜならこうした仮説のもとでは、悪徳のひとはまた決して改善されることがありえないであろうからだ。こうしたことは、そのものとして(道徳的存在者として)決して善へのすべての素質を失うことはありえない、人間の理念と合致することができない。

第四十節

主観的には道徳感情として記しづけられる、法則への尊敬は、自分の義務を意識することと同じである。まさにそのゆえに、道徳的な（自分の義務を最高に尊重する）存在者そのものとしての人間へ尊敬を示すことは、この人間に対して他者が持つ義務であるとともに、この人間が要求を放棄することのできない権利である。——この要求は名誉愛と名づけられ、その外的な挙動における現れは気高さ（*honestas externa*）〔外的な品位〕であり、これに違反することを醜聞という。醜聞は、名誉愛を尊敬しないことの実例であって、模倣を生みかねないものである。そうした実例を与えることは、たしかに大いに義務に反するものであるが、とはいえたんに不合理なもの（*paradoxon*）でありながら、その他の点ではそれ自体として善いものをそうした実例と考えることは、妄想であって（ひとは慣用ではないものをも許されないと見なすから）、徳を危険にさらしまた損なう錯誤である。——というのもある実例を与えている他の人間に対して払うべき尊敬は、闇雲な模倣にまで（そこでは慣用、慣習〔*mos*〕が法則の尊厳に高められる）退化することはありえないからである。世間の慣習のそのような専制は、自分自身に対する人間の義務に反するものとなろう。

第四十一節

たんなる愛の義務を果たさないことは、不徳(*peccatum*)である。その一方であらゆる人間一般に対して払うべき尊敬から生じる義務を果たさないことは、悪徳(*vitium*)である。というのも前者の義務を怠ることによっては、いかなる人間も侮辱されないからだ。その一方で後者の義務を果たさないことによっては、その者の合法則的な要求にかんして人間を侵害することになる。——前者の違反は、反対への義務違反(*contrarie oppositum virtutis*)〔徳の反対対当〕[1]である。その一方で道徳的なことをなにも付け足さないばかりではなく、そうしなければ主体に役立つであろうものの価値さえも廃棄することは、悪徳である。

まさにそのゆえに、その者に当然払うべき尊敬にもとづく隣人に対する義務も、たんに消極的に表現される。すなわちこうした徳の義務は、ただ間接的に(反対の禁止によって)表現されるであろう。

他の人間に対する尊敬の義務を毀損する悪徳について

その悪徳は、A高慢、B陰口、そしてC愚弄である。

A 高 慢

第四十二節

高慢（*superbia*〔尊大〕、そしてこの語が表現しているように、つねに上へ浮かびあがろうとする傾向性）は、一種の名誉欲（*ambitio*）〔野心〕である。この名誉欲によって私たちは、他の人間に対して、私たちとの比較において自分自身を低く評価することを無理やり要求するのである。それゆえ高慢は、それぞれの人間が正当に要求することができる尊敬に背反する悪徳である。

高慢は、名誉愛としての誇り（*animus elatus*）〔誇りあるこころ〕とはことなる。つまり自分の人間としての尊厳を、他者との比較においてすこしも失うまいとする細心さ（それゆえにまた、高貴なという形容詞が添えられるのを常とする）とはことなるのである。[1]というのも高慢は他者から尊敬を要求しながらも、その尊敬を他者に対しては拒むのだからである。――とはいえこうした誇り自体もそれでも過誤や侮辱となることがあるが、それはこの誇りがまた、他者に無理やり要求して、自分の重要さに気を回させようとする場合のことである。

高慢とは、いわば野心家が追随者を獲得して、この追随者を軽蔑的に扱う権利があると信じこむことであるから、不当であり、人間一般に対して払わなければならない尊敬に反している。また高慢は愚鈍である、つまりある種の関係においてはまったく価値を持たないので、目的たりえない、或るもののための手段を使用することにおける虚栄である。いやそれどころか高慢は愚劣ですらある、すなわち他者に対して自分の目的とはまさに反対のことを引き起こすにちがいないような手段を用いるという、みずからを侮辱するものとなるほどの分別の無さである(2)(というのも高慢な者が尊敬を得ようとする態度を示せば示すほど、それだけ各人は高慢な者に対して尊敬を拒むものであるから)。──以上のすべてのことは、それ自体として明らかである。とはいえあまり注意されていないかもしれないことは、高慢な者がつねに自分のたましいの根底では、卑劣であるということだ。というのも高慢な者は、自分の運気が反転したら、自分も卑屈な態度を取ったり、他者のすべての尊敬を断念したりするのを、いとも容易いと感じるであろうことを、自分において気づいているから、自分との比較において他者がみずからを低く評価するように、他者に無理やり要求しているのだからである。

B　陰口

第四十三節

悪口(*obtrectatio*)もしくは陰口ということで私は、誹謗(*contumelia*)、つまり法廷に持ち込まれる偽りの悪口ではなく、特別な意図を持たない、たんに直接的な傾向性、つまりだれであれ他者に対する尊敬にとって不利なことを噂することを理解している。この悪口もしくは陰口は、人間性一般に対して払うべき尊敬に反している。なぜならどのようなものであれ醜聞は、人倫的な善への衝動がそれにもとづくこの尊敬を弱め、可能なかぎり尊敬に対する不信をもたらすからである。

ある他者の名誉を侵害することを故意に広める(*propalatio*)のは、それが公の裁判権に属するものではなく、それどころか真実であったとしても、人間性一般に対する尊敬を減少させることである。そのことで最終的には、私たち人類そのものに尊厳が欠けているという影を投げかけ、人間嫌い(人間嫌悪)もしくは軽蔑が支配的な思考様式となるか、もしくはそうしたことがしばしば見られることにより、自分の道徳感情が鈍らされ、それに慣れてしまうという結果になる。それゆえ次のことは徳の義務である。つまり他者の欠点を暴露することによって、自分は善い、すくなくともすべての他の人間より悪いわけではない、という考えを確証することに、底意地の悪い快楽を感じないこと。そしてその代わりに、たんに私たちの判断を鷹揚なものにすることによってだけではなく、またその判断に口を噤むことで、他者の欠点に人間愛のベールを投げかけること、これである。なぜなら他者が実際に私たちに尊敬を示せば、それが先例となって、その尊敬に同じく値するための努力をも引き起こしうるからである。――それゆえに、他者の行状を探索しようとすること(*allotrio-episcopia*)も、それ自体だけですでに人間通をきどり出しゃばって侮辱することであり、これに対してはだれでも、自分に払われるべき尊敬を毀損するものとして、正当に反抗することができるのである。

C　愚　弄

第四十四節

軽々しく非難したがることや他者を笑いものにしようとする性癖、つまり他者の欠点を自分が楽しむ直接的な対象とする嘲笑癖は、悪意であって、冗談とはまったくことなっている。冗談とは、友人間の信頼であって、他者の欠点を見かけのうえだけの欠点として、とはいえ実際には流行の規則を時には外れることもあるという勇気を持っているという長所として、笑い飛ばすのである（これはこの場合決して**冷笑**ではない）。その一方で現実の欠点を、もしくは、ある人格からその者にふさわしい尊敬を剝奪する目的で、まるで現実のものであるかのように捏造された欠点を笑いものにすることや、そうしたことへの性癖、つまり**辛辣な**嘲笑癖（*spiritus causticus*）は、或る悪魔的な歓びをそれ自体において持っており、まさにそれゆえに、それだけはなはだしい他の人間に対する尊敬の義務の毀損である。

とはいえこうしたことからは、相手からの侮辱的な攻撃を、軽蔑とともに嘲笑しながらではあるが冗談めかして退けること（*retorsio iocosa*）は区別される。そうすることによって、嘲笑する者（もしくは一般に不幸を歓ぶが、力を欠いた相手）はその程度に応じて嘲笑されるのであって、これは撃退者が相手から要求することができる尊敬を正当に擁護するものなのである。とはいえその対象が本来は機知の対象ではなく、理性が必然的に道徳的関心を持つものである場合には、相手がどれほど多くの嘲笑をなそうとも、その一方でそのさいまた相手がみずから同時にどれほど多くの笑いの種になる隙を与えようとも、そうした対象の尊厳と人間性に対する尊敬によりふさわしいのは、攻撃に対してまったく弁護をしないか、もしくは尊厳と真剣さをもって弁護をするか、そのいずれかである。

気づかれるであろうが、先ほどの表題のもとでは、徳が称賛されるというよりは、むしろそれに対立する悪徳が非難されている。とはいえこのことはすでに、私たちが他の人間に対してそれを示すよう拘束されている、尊敬の概念のうちに存していて、尊敬はたんに**消極的**な義務なのである。――私は、他者（たんに人間として見られた）を**崇拝**するよう、つまり他者に対して**積極的**な尊重を示すよう拘束されているわけではない。すべて、私が本性からして拘束されている尊敬は、法則一般に対する尊敬（*reverere legem*）である。そしてこのことが、他者に対する普遍的で無条件的な人間の義務なのであって、他の人間一般を崇拝すること（*reverentia adversus hominem*）や、その点で他者になにごとかを給付するのは、そうした義務ではない。他者に対する普遍的で無条件的な人間の義務こそが、他者に根源的に払わなければならない尊敬（*observantia debita*）として、各人に要求されうるのである。

人間の性質や、人間の偶然的な関係、すなわち年齢、性別、家柄、強さと弱さ、そして幾分かは恣意的な配分にもとづく身分や官職がことなるのに応じて、他者に示すべき尊敬もこととなる。だがそうしたことを、「徳論の形而上学的原理」においては詳細に叙述したり、分類したりする必要はない。というのもここでは徳論の純粋な理性原理だけが問題なのだからである。

第二篇　人間の**状態**にかんする人間相互の倫理的義務について

第四十五節

これら（徳の義務）は、たしかに純粋な倫理学においては、その体系においてひとつの特殊な一篇を設けるための契機を与えることはできない。というのもこれらの徳の義務は、人間としての人間の相互の義務づけの原理をふくんでおらず、それゆえ「徳論の形而上学的原理」について、本来的に一部門を与えることはできないからである。むしろこれらの徳の義務は、経験において現れる事例（実質的なもの）に徳の原理を（形式的なものにしたがって）適用する主体のちがいに応じて変容する規則にすぎず、それゆえにまた、すべての経験的な区分と同じく、確実に＝完全な分類を許さないのである。それにもかかわらず、「自然の形而上学」について、物理学への移行[1]が、独自の規則を具えていることが要求されたのと、まさに同じように、「人倫の形而上学」にも、それと似たことが正当に要求されるのである。それはつまり純粋な義務の原理を経験の事例に適用することにより、義務の原理をいわば図式化して[2]、道徳的に＝実践的な使用をなしうるように呈示することである。——それゆえ、人間に対して、たとえば、その状態が道徳的に純粋である場合に、もしくは腐敗している場合に、開化された状態にある場合に、もしくは粗野な状態にある場合に、どのような態度がふさわしいか。学識のあるひとに対してと無学なひとに対してはどうか。そして学識のあるひとに対しては、その学問を使用するにあたって、社交的な(洗練された)学者としてか、自分の専門に閉じこもった非社交的な学者(衒学者)としてなのか、実用的な学者としてなのか、もしくはより精神と趣味を目指している学者としてなのか。身分や年齢、性別、健康状態や、貧富の状態などのちがいに応じて、どのような態度がふさわしいのか。以上のことはそれに応じた数の倫理学的な義務づけの様式を与えるものではなく(というのも義務づけはただひとつ、徳一般の義務づけがあるだけだから)、ただ適用の様式(系)を与えるだけである。それゆえにこうした適用の様式は、倫理学の章、および体系(ア・プリオリに理性概念から生じるはずの)の区分の一項として掲げられることはできず、むしろたんに付け加えられうるだけなのである。――とはいえまさにそうした適用が、体系の叙述を完全にするために必要なのではある。

原理論のむすび　友情における愛の尊敬とのきわめて緊密な結びつきについて

第四十六節

友情（その完全なありかたにおいて見られた）とは、ふたつの人格がひとしい相互的な愛と尊敬によって結びつくことである。——次のことは容易に理解されるであろう。つまり、友情は、道徳的に善い意志によって結びつけられた各人の幸いに、共感し、関与するという理想であることがである。そして、たとえこの理想が人生の幸運全体をもたらすのではないにしても、これを両者の心根に取り入れることは、幸福であるに値することをふくんでおり、したがって、人間のあいだでの友情は、人間の義務であること、これである。——ところで友情がひとつのたんなる（とはいえそれでも、実践的に＝必然的な）理念であり、実行においてはたしかに到達できないけれども、とはいえそれでもそれに向けて（相互の善き心根の極限として）努力することが、決して平凡な義務ではなく、理性によって課された名誉ある義務であることを、見てとることは容易い。というのも自分の隣人との関係においてある人間が、その関係のために必要なまさにその義務（たとえば相互的な好意）のうち、一方のひとのうちにある部分と、他方のひとのうちにある心根がひとしいことを、どうやって見つけ出すことができるのであろうか。さらになお、同一の人格において、一方の義務に由来する感情は別の義務から生じる感情に対して（たとえば、好意に由来する感情が尊敬に由来する感情に対して）どのような関係を持つのか、そして、ある者が愛においてより熱心である場合、まさにそのことによって他者への尊敬をなんらか失うことにならないだろうか、その結果、双方の愛と尊重が均衡を保つことが主観的に難しくならないだろうか。こうしたこと（均衡を保つこと）はそれでも、友情のために必要なのである。――というのも愛は引力、尊敬は斥力と見なされうるのであって、前者の原理が接近を命じるとすれば[(1)]、後者の原理はたがいにしかるべき距離を維持することを要求するのである。親密さへのこのような制限は、「最良の友人といえども、たがいに品位を落としてはならない」という規則で表現される。この制限は、ひとつの準則をふくんでいて、その準則はたんに低位の者に対する高位の者にだけではなく、その逆の場合にも妥当する。というのも高位の者は、ひとがそれを予期するより前に、自分の誇りが傷つけられたと感じると、低位の者への尊敬を、廃棄しようとするわけではないにしても、しばらくの間は差し控えておこうとするが、とはいえ尊敬は、ひとたび毀損されると、内的には回復しがたいほどに失われるものだからである。たとえ尊敬の外的な現れ(儀礼的なもの)は、ふたたび以前のように行われるにしても、そのことに変わりはない。

純粋で完全な友情に到達しうると(オレステスとピュラデス、テセウスとピリトゥスのあいだのように)[2]考えることは、小説家の十八番である。これに対しアリストテレスは「私の愛する友よ、友人など存在しない！」[3]と言う。以下の注解は、友情が困難であることについて注意させることができる。

道徳的に考量するなら、ある者が友人に相手の欠点を気づかせることは、もちろん義務である。というのもそうすることが当人にとって一番善いのであり、それゆえにそれは愛の義務だからである。ところが自分の相手は、そうしたことのうちに、自分が相手から期待していた尊敬が欠如しているのを見てしまう。しかもその者は、すでに尊敬の欠如に陥っているか、もしくは、自分が他者から観察され、ひそかに批判されているので、自分の尊敬を失う危険にさらされているのである。さらには、自分が観察され非難されていること自体が、すでに自分にとってそれ自体だけで侮辱的であると見なされるのである。

困難にある時の友人、これはどれほど願わしいものだろうか（活動的な、みずからの負担で助けてくれる友人である場合には、よく理解できることである）！　とはいえ、他者にその運命でつながれており、他人の欲求を背負わされていると感じるのは、それでも大きな負担でもある。――友情はそれゆえ、たがいの利益を目的とする結びつきではありえず、結びつきは純粋に道徳的でなければならない。そして双方のいずれも、困難にある場合に他方を当てにしてもよい援助は、友情の規定する根拠として考えられてはならない――そのことによって、一方の者は他方からの尊敬を失うであろう――むしろ援助は、内的な、こころから発する好意をたんに外的に示すものとして考えられうるのであって、その好意を試練にあわせたりしてはならない。そのような試練は、つねに危険なものなのである。各人は、気前よくこうした負担を他者から免除して、それを自分だけで担い、それどころか他者には負担を完全に隠すように心がけ、とはいえそれでもつねに、困難にある場合には他者の援助を確実に期待することができるのである。ところで一者が他者から親切を受ける場合には、この者はおそらく愛における平等は期待できても、尊敬における平等は期待することができない。というのもその一者は他者よりも、拘束されてはいるがこちらからは拘束することはできないという、明らかにより低い地位に自分がいることが分かるからである。——友情には、ひとつの人格へと溶け合うほどに接近し相互に所有しあうという甘美な感覚があるとはいえ、それでも同時に、或るきわめて脆いところ(*teneritas amicitiae*)〔友情の脆さ〕がある。それゆえ、友情を感情にもとづかせてはならないし、こうした相互の分かちあいと献身の根底に原則を置かねばならない、もしくは品位を落とすことを防ぎ、相互の愛を尊敬の要求によって制限する規則を置かなければならない。そうでなければ、友情はいかなる瞬間にも断絶から安全ではない。こうしたことは、いまだ開化されていないひとびとのあいだでは普通のことであるが、とはいえこうしたひとびとはだからといってつねに断交するわけではない(というのも、野卑なひとは仲たがいし、すぐ仲直りするからである)。こうしたひとびとは相互に離れることができないが、とはいえたがいに一致することもできない。なぜなら喧嘩自体がそれらのひとびとにとっては、和解における合致の甘美さを味わうために、必要だからである。——とはいえいずれにせよ、友情における愛は激情(4)ではありえない。なぜなら激情は選択において見境がなく、放っておけば静まるものだからである。

第四十七節

道徳的友情（直感的な友情から区別された）は、ふたつの人格がそれぞれのひそかな判断や感情をたがいに打ち明けあい、そのように打ち明けることが相互に対する両者の尊敬と両立しうるかぎりでの、完全な信頼である。

人間は、社交へと規定された（とはいえそれでもまた非社交的な）存在者である。[1] そして社交的な状態を開化するさいに、人間は強く自分を他者に打ち明けたいという欲求を感じている（そのさい或る別の意図がない場合でさえも同じである）。とはいえ他方ではまた、他者が自分の考えをかく知ることでそれを悪用するかもしれないことを恐れて、そのようにすることを制限され警告されるので、自分の判断（とりわけて他の人間に対する）の大部分を自分自身のなかに閉ざしておくように強いられているのを見てとるのである。人間は、自分が交際している人間や、政府や、宗教などについていかに自分が考えているかについて、だれかとよろこんで語りあいたがっている。とはいえあえてそうすることはできない。それはひとつには、自分の判断を用心深く留保しておく他者が、その語りを自分に損害をもたらすように利用しかねないからであり、またひとつには、自分自身の欠点を打ち明けることにかんしては、他者の側は自分の欠点を隠すであろうし、もし自分が完全に腹のうちを隠すことなく他者に語るならば、自分だけが他者からの尊敬を失うことになるであろうからである。

それゆえ人間が、分別のある者を見いだし、その者においては先ほどの危険にかんしてはまったく心配する必要がなく、むしろその者には完全な信頼をもって打ち明けることができ、そのうえその者は自分と合致したしかたで事物を判定するとしよう。その場合には人間は自分の考えを吐露することができる。その人間は自分の考えにかんして、牢獄にいるかのように、たったひとりでいるわけではない。そして群衆のなかでは得られない自由を享受する。群衆においては人間は自分自身のうちに閉じこもらざるをえないのである。それぞれの人間は秘密を持っていて、見境もなく他者に心中を明かすべきではない。それはひとつには、秘密を自分に不利になるように利用しようとする、多くのひとびとの卑しい思考様式のゆえにであり、またひとつには、どのようなことなら陰で語ってもよいか、そうでないかを判定し、区別することにおいて、多くのひとが理解を欠いている(軽率)がゆえにである。これらの性質が一緒になってひとつの主体のうちに見いだされることは稀である(*rara avis in terris et nigro simillima cygno*)(黒い白鳥に似た、地上では稀な鳥)[2]。とりわけ、きわめて緊密な友情は次のことを要求する。それは、こうした分別のある信頼された友人が同時に、まさに自分に明かされた秘密を他者に、同様に信頼に値すると見なされた者であっても、明かした者のはっきりとした許可なしには伝えないように拘束されていることである。

これ（たんに道徳的な友情）は理想ではなく、（黒い白鳥は）その完全なありかたで時おり現実に存在している。その一方でかの、他の人間の目的を、愛からであるにせよみずから引きうける（実用的な）友情は、純粋さも、精確に規定する準則にとって必要な要求された完全性も持つことはない。そのような友情は願望にとっての理想なのであって、こうした理想は理性概念においていかなる限界も認めず、とはいえそれでも経験においてはつねに大いに限定されたものとならざるをえない。

人間の友一般（つまり全人類の友）はところで、すべての人間の幸いに直感的に関与し（共歓）、その幸いが妨げられると、内的に遺憾に思うひとのことである。とはいえ人間の友という表現は、たんなる人間を愛するひと（博愛者）という表現よりも、なにほどか狭いものである。というのも前者においては人間のあいだでの平等を表象することとそれへこころを配ることとが、したがってひとが他者に親切をなすことによって義務づけられながら、そのことによってみずから義務づけられるという理念がふくまれているからである。いわば万人の幸福を願う、普遍的な父のもとにある兄弟のようなものである。――というのも、親切をなす者としての保護者の、感謝の義務を負う被保護者への関係は、たしかに相互愛の関係ではあるものの、友情の関係ではないからである。なぜなら両者が相互に払うべき尊敬はひとしくないからである。友として人間に好意を持つという義務(必要なへりくだり)と、その義務にこころを配ることは、親切にするための財産を所有している幸運なひとびとのあいだで生まれがちな尊大を防ぐのに役立つ。

補遺　社交の徳(*virtutes homileticae*)について

第四十八節

自分自身に対する義務でもあり、他者に対する義務でもあるのは、自分が人倫的に完全であることを保ちつつ相互の交際を行い(*officium commercii, sociabilitas*)〔社交の義務、社交性〕、自分を孤立させ(*separatistam agere*)ないということである。たしかに自分を自分の原則の不動の中心とするが、とはいえこうした自分の周りに引かれた円形を、また世界市民的な心根を備えたすべてのひとびとを包括する円形の一部と見なすこと。まさに世界の福祉を目的として促進するためではなく、ただ間接的にそれへと導く手段、つまり社交における快適さ、親しみやすさ、相互の愛と尊敬(愛想のよさと礼儀正しさ、

humanitas aesthetica et decorum（直感的で上品な人間性）を開化すること。そして徳に優美さを伴わせること。以上のことを成就すること自体は徳の義務である。

　こうしたことはたしかに、美しい徳に似た仮象を与える出城ないしは付属品（*parerga*）にすぎず、こうした仮象をどのように受け取るべきかをだれもが知っているから、これに欺かれることはない。それはたしかに補助通貨にすぎないが、とはいえそれでも、親しみやすさ、愛想のよさ、丁重さ、もてなしのよさ、温和さ（喧嘩をせずに反論する場合の）という点で、この仮象を可能なかぎり真実に近づけようと努力することによって、徳の感情自体が促進されるのである。これらは総じて、それによって同時に他者を拘束するという拘束性を表出する、たんなる交際の作法であるが、すくなくとも徳を好ましいものとすることで、それでも徳の心根を引き起こすのである。

　ところでここで問題になるのは、ひとは悪徳のひとと交際してもよいのか、ということである。そうしたひとびとと出会うことを避けることはできない。というのも避けようとするのなら、世界から出て行かなければならないであろうから。またそうしたひとびとに対する判断にしても、私たちにその資格があるわけではない。――ところで悪徳が醜聞である、つまり厳格な義務の法則を軽蔑するものとして、公然と与えられた実例である場合には、したがって不名誉をともなう場合には、たとえ国法がそれを罰しない場合であっても、それまで続いていた交際を、断ち切るか、可能なかぎり避けなければならない。なぜならそれ以上の交際の継続は、徳からすべての名誉を奪い、贅沢な歓びによって寄食者を買収するほど十分に豊かである者ならだれにでも、徳を売りに出すことになるからである。

II　倫理学の方法論

倫理学の方法論の第一章
倫理学の教授法

第四十九節

徳が獲得されなければならない（生得のものではない）ことは、経験に由来する人間学的な知識によらずとも、すでに徳の概念のうちに存している。というのも人間の人倫的能力は、それがきわめて強力に抵抗する傾向性との闘いにおいて、企図の強さによってもたらされたものではないのならば、徳ではないであろうからだ。徳は、純粋実践理性が自分の優越（自由にもとづく）の意識において傾向性への支配を獲得しているかぎりでの、純粋実践理性による所産である。

徳は教えられうるし、教えられなければならないことは、徳が生得のものではないことから、すでに帰結する。徳論はそれゆえひとつの理説である(1)。とはいえ、徳の概念に適合するために、どのようにふるまうべきかという、たんなる教えによっては、規則を実行するための力はなお獲得されていない。そこでストア学徒は、「徳はたんに義務を表象することによって、訓戒によって（説得的に）**教えられうる**ものではなく、人間のうちなる内的な敵と戦うという試練によって（禁欲的に）開化され、**訓練され**なくてはならない」と考えたのだ。というのもあらかじめ自分の諸力をためし訓練しておかなかったならば、自分の**意志する**すべてのことをただちになすことは**できない**からだ。とはいえそのためにはもちろん、**決断**がただちに完璧になされなければならない。なぜなら心根（*animus*）はそうでなければ、悪徳に屈服してしまい、すこしずつ悪徳から離れようとしていても、それ自体としては不純でありそれ自身悪徳的であって、したがってまたいかなる徳（徳は唯一の原理にもとづくものだから）ももたらすことができないであろうからだ。

第五十節

さて理説の方法にかんしては（というのもあらゆる学問的な教えは**方法的**であらねばならず、そうでなければ講義は**錯綜**したものとなるであろうから）、徳論がひとつの**学問**であるべきならば、方法はまた**断片的**ではありえず、**体系的**でなければならない。――講義はところで、**口授法**であるか、もしくは**質問法**であるか、のいずれかでありうる。前者の場合、講義がその者に向けてなされるすべての者はたんなる聴講者である。

後者の場合には教師は、自分の生徒に教えようとするものを、生徒から問い糺す。そしてこの質問法という方法はさらにまた、教師がそれを生徒の理性から問い糺す方法、つまり**対話的**教育法であるか、たんに生徒の記憶から問い糺す方法、つまり**問答的**教育法であるか、のいずれかである。というのもある者が他者の理性からなにごとかを問い糺そうとする場合、それは対話的なしかた以外では、つまり教師と学生がたがいに双方向的に問い答えることによってしか、なされえないからである。教師は質問によって自分の教え子の思考過程を導く、つまり教え子のうちなるある種の概念への素質を、さまざまな事例を提示することでたんに展開することによって導くのだ（教師は教え子の思想の助産婦である）[1]。生徒はそのさい、自分には自身で思考する能力があることに気づき、生徒からの反問によって（曖昧な点について、もしくは認められている命題に対して向けられる疑いについて）、教師も、*docendo discimus*〔教えることによって、私たちは学ぶ〕[2]と言われているように、いかにして上手に質問しなければならないかをみずから学ぶのだ。【というのも次のことは論理学に対して発せられ、なお十分に考慮されてはいない要求だからである。その要求とは論理学が、いかにして合目的的に探究がなされるべきかの規則、つまりつねにたんに規定的判断のための規則ばかりでなく、それによってひとが思考へといたる予備的判断（*iudicia praevia*）のための規則を手渡すことだ。

この教えは、数学者にとってすら発見のための指針となりうるものであって、数学者によってもしばしば適用されているものなのである。】

第五十一節

なお未熟な教え子に対する徳論の最初の、そしてもっとも必要な理説の手段は、道徳的な問答法である。これは宗教の問答法に先行しなければならず、たんなる挿入物として宗教論に織り交ぜて講義されうるものではない。むしろ分離されて、それだけで存立する全体として講義されなければならない。というのも純粋に道徳的な原則によってだけ、徳論から宗教への移行はなされうるからである。なぜなら宗教の信仰告白は、そうでなければ、不純なものとなるであろうからだ。――それゆえに、まさにもっとも権威ある偉大な神学者たちが、教条的な宗教論のために問答法を作成すること（そして同時にこれを保証すること）をためらってきたのである。それはそうした神学者たちのきわめて豊富な学識から期待するのが当然なこととしては最小のことであると、信じられるのかもしれないにしても、そうなのである。

これに対して純粋に道徳的な問答法は、徳の義務の根本教説であって、そうした懸念や困難を伴ってはいない。なぜならこの問答法は、（その内容からして）通常の人間理性〔常識〕から展開されうるし、また（形式からして）初等の教育の教授法の規則に適合していさえすればよいからである。ところでそうした教示の形式的な原理は、こうした目的のためにソクラテス的に＝対話的な教育法[1]を認めない。なぜなら学生は、自分がいかに問うべきかすらも知らないからである。教師だけがそれゆえ質問者である。ところで教師が生徒の理性から方法的に引き出す答えは、一定の、容易には変更されない表現において作成され、保存され、したがって生徒の記憶に委ねられなければならない。この点において問答的教育法は、教義的教育法（この場合、教師だけが語る）からも、対話的教育法（この場合、双方がたがいに問いかつ答える）からも区別されるのである。

第五十二節

徳を育成するための実験的（技術的）手段は、教師自身における善き実例（模範的な態度をとること）、および教師以外のひとにおける警告となる実例である。というのも模倣は、まだ育成されていない人間にとって、準則を採用するための最初の意志規定であって、やがてその者はみずから準則を採用するようになるからである。――習慣を身につけること、もしくは習慣を離れることは、しばしば傾向性を満足させることによって、すべての準則抜きで持続する傾向性を根づかせることである。そしてそれは、思考様式の原理ではなくて、感じかたのメカニズムである（その場合、後で習慣を失うことは、習い覚えることよりも困難になる）。――とはいえ、性癖に対して、模倣を促したり警告したりするために示される模範（それが善きものであれ悪しきものであれ）の力にかんしては(*)、他者が私たちに与えるものは、いかなる徳の準則も基礎づけることはできない。というのも徳の準則はまさに、それぞれの人間の実践理性の主体的な自律において成り立つのであり、したがって他の人間のふるまいではなく、法則が私たちにとって動機として役立たなければならないからである。それゆえに教育者は自分の行儀の悪い教え子に、「あの善い（きちんとした、勤勉な）少年を模範にしなさい！」とは言わないだろう。というのもそうしたことは自分の教え子に、その少年を憎ませる原因としてしか役立たないであろうからである。なぜなら教え子はその少年によって、不利益なしかたで見られることになるからだ。善き模範（模範的な品行）は手本としてではなく、義務にしたがうことをなしうることの証拠としてだけ役立つべきものである。それゆえある他の人間（あるがままの）と比較することではなく、人間がいかにあるべきかという理念（人間性の）と比較すること、したがって法則と比較することが、教育の決して欠いてはならない基準を、教師に手渡すのでなければならないのである。

(＊) 実例〔Beispiel〕は、ドイツ語であって、ふつうは模範〔Exempel〕にあたる単語として同義的に用いられているが、まったくの同義語ではない。なにかを模範にすることと、ある表現を理解させるために実例を挙げることとは、まったくことなった概念である。模範は、実践的規則が「ある行為がなされうるか、なされえぬか」を表象するかぎりでの、実践的規則の特殊な事例である。これに対して実例は、概念による普遍的なもの(*abstractum*)〔抽象的なもの〕のもとにふくまれていると表象される、特殊なもの(*concretum*)〔具体的なもの〕にすぎず、ある概念のたんに理論的な呈示なのである。

注解　道徳的問答法の断片

教師が自分の学生の理性から、自分が学生に教えたいことを問い糺す。そして学生が問いに答えることができないような場合には、教師は学生に(その者の理性を導いて)その質問について示唆をする。

一、教師「人生における君の最大の、いやそれどころかすべての要求はなにか」。学生「(黙る)」——教師「君にとってすべてがつねに望みと意志のままに行くことである」。

二、教師「そうした状態はなんと名づけられるか」。学生「(黙る)」教師「それは幸福（つねに幸いであること、満ち足りた生活、自分の状態への完全な満足）と名づけられる」。

三、教師「さて君がすべての幸福（この世界で可能な）を君の手のうちに持っているとしたら、君はそれをすべて自分のために取っておくだろうか、もしくはそれを君の隣人にも分け与えようとするだろうか」。――学生「私はそれを分け与え、他者もまた幸福で満足するようにするでしょう」。

四、教師「今言ったことで十分、君がずいぶんと善い心情の持ち主であることが分かる。今度は君がそのうえ善い分別（悟性）も示しているか、見ることにしよう。――君は怠け者にも柔らかいクッションを与えて、その者が気楽になにもせずに人生を送るようにするだろうか。もしくは飲んだくれに、ワインやその他の酩酊させるものに欠くことがないようにしてやるだろうか。また詐欺師には他者を騙すような魅力的な姿や仕草を与えるだろうか、もしくは乱暴者には他者を打ち倒すことができる大胆さや鉄拳を与えるだろうか。こうしたものはそれぞれ、それぞれの者が自分なりのしかたで幸福であるために望むだけの手段なのだ」。学生「いいえ、そんなことはしません」。

五、教師「それなら君には分かるだろう。もし君がすべての幸福を自分の手のうちに持っていて、そのうえ最善の意志を持っていたとしても、君はそれでも幸福を、それに手を伸ばすだれにでも、配慮もせず渡してしまうのではないこと、むしろまずもって、どれほどそれぞれのひとが幸福に値するかを調べようとすること、これらのことがだ」。——教師「ところで君自身のためには、君が自分の幸福に数え入れるすべてのものを、まずもって用意しようとするのに、すこしもためらいはないだろうね」。学生「はい」。教師「とはいえそこで君にはまた次の問いが考えに浮かばないだろうか、君が本当にみずから幸福に値するのであろうかという問いのことだ」。学生「もちろんです」。教師「さて君のうちにあって、幸福だけを求めるものが、傾向性である。その一方で、君の傾向性を、こうした幸福にまずもって値するという条件へと制限するのが、君の理性だ。そして君が自分の理性によって自分の傾向性を制限し克服できることが、君の意志の自由なんだ」。

六、教師「さて、君が幸福に与りながら、しかもまたそれに値しないわけではないようになるには手はじめにどうすればよいか、そのことを知るための規則や指示は、まったくもって君の理性のうちにだけある。つまり、君は自分のふるまいのこうした規則を、経験から、あるいは他者の教示から学びとる必要はないということだ。君自身の理性が、君がなにをなすべきかを、君にまさしく教え命じるのである。たとえば君に次のような場面が生じた場合を考えてみる。君は巧みに考え出された嘘言によって、君や自分の友人に大きな利益をもたらすことができ、しかもそれに加えて、そのことでいかなる他者も損害を被ることがないものとする。それに対して、君の理性はなんと言うだろうか」。学生「私は嘘をつくべきではありません。利益が私や私の友人にとって、どれほど大きなものであろうとも、です。嘘をつくことは卑劣で、人間を幸福であるに値しないものにします。——ここには、理性の命令（もしくは禁止）による無条件な強要があり、私はこれにしたがわなければなりません。これに対してすべての私の傾向性は沈黙しなければなりません」。教師「理性の法則にしたがって行為するよう、このように直接的に理性によって人間に課された必然性はなんと言うか」。学生「義務と言います」。教師「したがって人間にとって自分の義務を遵守することは、幸福であるに値する普遍的で唯一の条件なのであって、それとこれはひとつの同じことなのだ」。

七、教師「ところで私たちがそうした善き活動的な意志、それによって私たちが幸福であるに値する（すくなくとも値しないわけではない）と思える意志をも、意識しているとしよう。私たちはそのうえに、こうした幸福に与りうるという確実な希望を根拠づけることができるだろうか」。学生「いいえ！　それだけに根拠づけることはできません。というのも幸福を私たちのためにつくり出すことは、つねに私たちの能力のうちにあるわけではなく、自然の成り行きもおのずから功績にしたがうわけではないからです。むしろ人生の幸運(私たちが幸いであること一般)は状況に依存しており、その状況は、まったくもってすべてが人間の支配下にあるわけではないのです。それゆえ私たちの幸福はつねにたんなる願望にとどまるのであって、なんらかの他の力が付け加わるのでなければ、この願望はいつまでも希望となることができません」。

八、教師「理性はそれだけで次のことに対して根拠を持っているだろうか。つまりそうした幸福を人間の功績と罪過に応じて配分し、自然全体に命令を下し、世界を最高の知恵で支配するような力を現実のものとして想定する、すなわち神を信じることの根拠を」。学生「はい。というのも私たちは、私たちが判定することができる自然の作品において、きわめて広くかつ深い知恵を見てとるからです。この作品を私たちは、世界創造者の言い表すことができないほど偉大な技巧によってしか説明することができません。その世界創造者に私たちはなおまた、世界の最高の荘厳がそのうちに存する人倫的な秩序にかんして、それに劣らぬ知恵ある統治を期待してよい理由があります。すなわち、もし私たちが、自分の義務に違反することによって、自分をみずから幸福に値しないようにしないならば、私たちはまた、幸福に与るようになることを希望することができる、ということです」。

こうした問答法は、すべての徳と悪徳の項目を通じてなされなければならないものであるが、そこでは次のことがもっとも注意されなければならない。つまり義務の命令は、それに拘束されるべき人間にとって、いやそれどころかその他の人間にとっても、その命令の遵守から生じてくる利益や不利益にもとづくのではなく、完全に純粋に人倫的な原理にもとづくのである。ところで利益や不利益ということについてはただ付随的にだけ、それ自体としてはたしかになくてもよいが、本性からして弱い者の口にあわせるたんなる手段として役立つ補足物として、言及されるにすぎない。悪徳が(犯人自身にとって)有害であることではなく、恥ずべきものであるということが、いたるところで強調して述べられなければならない。というのも、もし行為における徳の尊厳がすべてのものを越えて高められないならば、義務概念そのものが消失し、たんに実用的な指令へと溶解するからである。その場合には、自分自身の意識における人間の高貴さも消え去り、人間は誘惑的な傾向性の差し出す一定の価格で売り買いされるものとなってしまう。

さてこうしたことが、賢明かつ厳格に、人間が次第に歩み入る年齢や性別、身分の諸段階のちがいに応じて、人間に独自の理性から展開されたとしても、さらになお、結末をつけるべき或るものがある。それはたましいを内的に動かし、人間を次のような地点に立たせるものだ。そこでは人間は自分自身を、人間のうちに内在する根源的な素質への最大の驚嘆とともに観察せざるをえず、その印象は決して消えることがない地点である。——すなわち学生の指導を終えるにあたり、その者に対して自分の義務を順序にしたがってさらにもう一度総括的に語りだす(要約する)としよう。そしてその者に義務のそれぞれにおいて、次のことに注意させるとしよう。つまり人生のすべての災いや窮乏や苦悩も、それどころか自分が義務に忠実にしたがうがゆえに、自分に降りかかるかもしれない死の脅迫さえも、それでもその者から、自分がそうしたものすべてを越え出ており、これらを支配しているという意識を奪うことができないことに、である。そうするならば、その者には今や次の問いが間近に迫ってくる。すなわち、君のうちにある、もしくは君を取り巻く自然のすべての力とあえて戦おうとし、またその力が君の人倫的原則と争う場合には、それを屈服させようとする、君のうちにあるものはなんなのか、という問いである。この問いの解決は、思弁的理性の能力を完全に越えているが、それでもこの問いはおのずから浮かんでくるものである。この問いが心情に据えられるならば、こうした自己認識における把握しがたさすらたましいを高揚させ、たましいが困難に遭遇すればするほど、それだけたましいはいっそう強く生気づけられて、自分の義務を聖なるものと見なすようになるのである。

こうした問答的な道徳の教示において、人倫の形成にとっておおいに有益であるのは、それぞれの義務の分析において、いくつかの決疑論的な問題を投げかけ、集まった子どもたちにその悟性をためさせてみること、それもそれぞれの子どもが自分に課せられた油断ならぬ課題を解決しようとするというしかたで、ためさせてみることである。——こうしたことは、まだ形成されていない者の能力にもっとも適した理性の開化であり（なぜなら理性は、「義務とはなにか」にかんする問いにおいては、思弁的な問いにかんするよりもずっと容易に決定することができるから）、それゆえ子ども一般の悟性を鋭くするのにもっともふさわしい方法であるばかりではない。とりわけ、自分がそこにおいてまたそれに手を加えて、学問にまでもたらした（その者はそのことについて今や精通している）ことを愛するということが、人間の本性にはあるがゆえに（有益であるため）であり、こうして生徒はそうした訓練によって、気づかぬうちに人倫性に関心を寄せるようになるのである。

ところで教育においてもっとも重要なことは、道徳的な問答法を宗教的な問答法と混同して講義する（融合する）ことをしない、ましてや道徳的問答法を宗教的問答法の後に続けさせないことである。むしろいつでも、前者の道徳的問答法を、それも最大限の入念と詳細さで、きわめて明晰な洞察へともたらすことである。というのもこうしたことがなされないならば、あとになって宗教からは偽善しか生じないからだ。それは恐怖にもとづいて義務を信奉し、こころにもない義務へ参与していると嘘をつくという偽善である。

第二章　倫理学の修行法

第五十三節

徳の訓練（*exercitio virtutis*）のための規則は、徳の義務を順守するさいの勇ましく快活なこころ（*animus strenus et hilaris*）という、ふたつのこころの調子を目指している。というのも徳は障害と戦わなければならず、その克服のためには、徳は諸力を結集しなければならないし、しかも同時に、多くの人生の歓びも犠牲にしなければならないが、その歓びの喪失は、こころをたしかにしばしば陰気で不機嫌にしうるからである。他方で楽しんでなされるのではなく、たんに苦役としてなされることは、この点で自分の義務にしたがう者に対して、いかなる内的な価値も持っておらず、愛されることはなく、できるかぎりその徳を実行する機会が避けられることになるものなのである。

徳の開化、つまり道徳的な修行法は、たくましく大胆で勇ましい徳の訓練の原理にかんしては、ストア派の格言を持つ。「偶発的な人生の災いには耐え、同様に余計な娯楽はなくてもすむように慣れろ(*assuesce incommodis et desuesce commoditatibus vitae*)〔生の不便には慣れ、快適さには慣れるな〕」。自分を道徳的に健全に保つことは、人間にとって一種の養生法である。とはいえ健康とはたんに消極的な、幸いであることであり、健康それ自体は感受されることができない。そこに、快適な生の享受を叶えながら、とはいえひたすら道徳的な或るものが付け加わらなければならない。それは有徳なエピクロス[1]の理念における、いつでも快活な心情である。というのも、いかなる意図的な違反も意識しておらず、またそうした違反に陥る危険から守られている者ほど、快活な気分でいる原因を備え、さらに快活なこころの調子に身を置き、またそうした調子を習慣にすることに義務さえも見いだす者はいないからである(これが青銅の壁であれ……*hic murus aheneus esto etc.* ホラティウス[2])。——これに対して僧侶の修行法は、迷信的な恐怖や偽善的な自分自身への嫌悪にもとづいて自分を責めさいなみ、肉体を過酷に取りあつかうものであるが、これは徳を目的とするものではない。自分自身に刑罰を科し、道徳的に(つまり改善を見込んで)悔い改める代わりに、償おうとする狂信的な贖罪を目的としているのである。これは、自分で選んだ罰を自分に執行することであり、(罰はつねに他者が科すものでなければならないから)ひとつの矛盾である。そして徳にともなう快活な気分を引き起こすことはできず、むしろ徳の命令に対するひそやかな憎悪を生じさせずにはおかない。——倫理学的な鍛錬法はそれゆえ、たんに自然の衝動と戦うことのうちにある。この戦いは、道徳性を危険にさらす事例が生じても自然の衝動を支配しうる程度にまで達するのである。したがってひとを勇ましく、また自分の自由をふたたび取り戻したという意識において快活にするのだ。或ることを悔い改めること(これは、かつての違反を回想するさいには避けがたいことであり、それどころかそのさいこの記憶を消失させないことは、義務ですらある)と、養生の見地からではなく、信心の見地から自分に贖罪の苦行を課すこと(たとえば断食)とは、ふたつの非常にことなった、道徳的な意図を持つ予防手段である。このうちの後者は、歓びのない、暗く不機嫌なものであって、徳そのものを憎ませ、徳の信奉者を追い払ってしまう。人間が自分自身に加える規律(訓練)はそれゆえ、それにともなう快活な気分によってだけ、功績のある模範的なものとなりうるのである。

――――――――――

むすび　神に対する義務の教えとしての宗教論は、純粋な道徳哲学の限界外にある(1)

アブデラのプロタゴラス(2)は、その著書を次のことばで書きはじめた。《神々が存在するのか、それとも存在しないのかについて、私はなにも言うことができない(*)》。彼はそれゆえに、アテナイ市民によって、その市および彼の所有地から追放され、彼の著書も、公衆の面前で焼き払われたのである(クインティリアヌス『雄弁家教育論』第三巻第一章)(3)。――この点で彼に対してアテナイの裁判官たちは、人間として、たしかに大きな不正をくわえた。とはいえ国家の役人および裁判官としては、その裁判官たちはまったく正当に一貫してふるまっていた。というのも、もしも神々が存在するということが、公的に法律として、高位の当局から(*de par le Sénat*)〔元老院によって〕命じられていなかったとするならば、どうやって誓いを立てることができたであろうか(**)(4)。

（＊）"*De Diis, neque ut sint, neque ut non sint, habeo dicere*"〔神々については、存在するとも、存在しないとも、私は言うことができない〕

（＊＊）たしかに後になって、偉大であり道徳的に＝立法した賢者が、誓いを立てることは不合理で、同時にほとんど神を冒瀆するようなものとして、完全にまったく禁止した。とはいえ政治的な観点においては、なおつねに、こうした機械的な、公の正義を管轄するのに役立つ手段を端的になしですますことはできないと考えられ、先の禁止を回避するために、温和な解釈が考え出されたのである。――神が存在すると真剣に誓うのは不合理なことであろうから（なぜなら、およそ誓いを立てることができるためには、神をすでに要請してしまっているにちがいないから）、なお次の問いが残る。つまり、神が存在する場合にだけ（プロタゴラスのように、それについて或ることを決定することなく）誓いを立てるのであれば、誓いは可能であり、妥当するのか、という問いである。――実際、忠実にかつ同時に慎重に立てられた誓いはすべて、おそらく決して他意があってなされたのではないであろう。――というのもある者が、神が存在すると端的に誓うことを申し出ることは、その者が神を信じているにせよ信じていないにせよ、まったく重大な申し出であるようには見えないからである。神が存在するならば（その詐欺師は言うであろう）、それを私は言い当てたのだ。神が存在しないならば、だれも私の責任を問うことはないし、それゆえ私は自分をそうした誓いによって危険にさらすことはないのだ。――とはいえいったい、もしそのようなものが存在している、、、、、ならば、意図的な、そして神をも欺くためになされた虚言のために、捕らえられるという危険はそのさい存在しないのだろうか。

とはいえこの信仰を認めて、宗教論が一般的な義務論の不可欠な部分であることを容認したとしよう。さて今や問題となるのは、宗教論が属する学問の限界を規定することである。宗教論は倫理学の一部として見なされなければならないのか（というのも人間相互の権利は、宗教論においては話題になりえないからである）。もしくは宗教論は、純粋に＝哲学的な道徳学の限界のまったくの外部に存するものと考えられなければならないのか。

宗教とは《神の命令としての（*instar*）すべての義務の総体》である[5]と説明されるならば、すべての宗教の形式的なものは、哲学的な道徳学に属する。というのもこのことによっては、理性がみずからつくる神の理念に対する理性の関係が表現されているにすぎないからである。そしてその場合には、宗教の義務はまだ、私たちの理念の外部に実在する存在者としての神に対する（*erga*）義務とはされていない。私たちはそのさい、神の実在をまだ度外視しているからである。——すべての人間の義務は、こうした形式的なもの（そうした義務の、神的な、ア・プリオリに与えられた意志への関係）に応じて考えられなければならないことの根拠は、たんに主観的に＝論理的である。すなわち私たちが自分に義務づけ（道徳的な強要）を十分に直観化しうるのは、ある他者とその意志とを（普遍的に立法する理性はこの者の意志の発言者にすぎない）、すなわち神を、そのさい考える場合だけのことなのである。——ただし神（本来的には、私たちが自分にそのような存在者についてつくる理念）にかんするこの義務は、自分自身に対する人間の義務である。つまり客観的な義務、ある種の奉仕をある他者に対して果たす拘束性ではなくて、たんに主観的な義務、私たち自身の立法する理性における道徳的な動機を強化することへの拘束性なのである。

他方で宗教の実質的なものである、神に対する（*erga*）義務の総体、つまり神に果たすべき奉仕（*ad praestandum*）〔捧げるべき〕にかんしては、宗教は特殊な、普遍的に＝立法する理性だけからは生じない義務をふくみうるであろう。したがって私たちにはア・プリオリには認識されず、経験的にだけ認識されうる、すなわちたんに啓示された宗教に属する義務を、神の命令としてふくみうるのである。啓示された宗教はしたがってまた、たんに実践的な見地におけるこのような存在者の理念ではなく、この存在者の現存在にかかわり、それを恣意的に前提するのではなく、直接的に（もしくは間接的に）経験において与えられたものとして、表明しなければならないであろう。[6] とはいえそのような宗教は、それがその他の点でどれほど基礎づけられたものであろうとも、それでも純粋で哲学的な道徳学のいかなる部門もなすことはできないであろう。

宗教はそれゆえ、神に対する義務の教えとしては、純粋に＝哲学的な倫理学のすべての限界の彼方に存在しており、そしてこのことが、目下の著者の正当化に役立つのである。つまり著者が、倫理学を完全なものとするために、これまではごく普通であったように、上述の意味で考えられた宗教を、倫理学のうちへと引き入れなかったことを正当化するのだ。

たしかに《たんなる理性の限界内の宗教》(7)について語ることならできる。とはいえその宗教はたんなる理性から導き出されるものではなく、同時に歴史と啓示の教説によって基礎づけられており、純粋な実践理性とそれらの教説との一致(それらの教説が純粋実践理性に矛盾しないこと)をふくんでいる。とはいえその場合には宗教は純粋な宗教論ではなく、既存の歴史に適用された宗教論であって、そうした宗教論のためには、純粋な実践哲学としての倫理学のうちには、いかなる場所も割り当てられない。

むすびの注解

一者の意志と他者の意志の一致の原理をふくんでいる、理性的存在者のすべての道徳的な関係は、愛と尊敬に帰着させることができる。そしてこの原理が実践的であるかぎり、意志を規定する根拠は、愛にかんしては他者の目的に、尊敬にかんしては他者の権利に帰着する。――こうした存在者の一方が、他者に対して権利だけを持ち、いかなる義務も持たないような存在者(神)であって、したがって他者はこの存在者に対して、義務だけを持ちいかなる権利も持たないのであれば、それらの者のあいだの道徳的な関係の原理は超越的である(これに対して、人間の人間に対する、両者の意志がたがいに双方向的に制限しあう道徳的な関係は、内在的な原理を持つ)。

人類(その創造と導き)にかんする神の目的は、ただ愛からというほかには、つまりその目的が人間の幸福であるとしか、考えられない。その一方で愛の働きを制限する払うべき尊敬(畏敬)にかんする神の意志の原理、つまり神の権利の原理は、正義の原理でしかありえない。(人間的なしかたで)次のようにも表現できるであろう。神が理性的存在者を創造したのは、神がそれを愛することができ、もしくはまたそれから神が愛される、自分以外の或るものを持ちたいといういわば欲求からであった、とである。

とはいえ、私たち自身の理性の判断においては、神の正義が、それも罰する正義として私たちに向ける要求は、〔愛の要求と〕同じほど大きいというどころではなく、むしろはるかに大きなものである(なぜなら正義の原理は制限するものであるから)。

――というのも報酬（*praemium, remuneratio gratuita*）〔報酬、無償の報償〕は、他者に対して義務だけを持ち、いかなる権利も持たない存在者に対する正義にはまったくかかわらず、むしろたんに愛と親切（*benignitas*）〔好意〕にかかわるからである。――ましてや、そのような存在者においては報い（*merces*）への要求が生じることなどありえず、報酬的正義（*iustitia brabeutica*）は人間に対する神の関係においては一箇の矛盾となる。

とはいえそれでも、自分の目的へ加えられうるすべての損害を越えて崇高である、存在者の正義の実行という理念には、神への人間の関係にはうまく合致しない或るものがある。すなわち、まったく制限されず到達されえない世界支配者になされうる、侵害という概念である。というのもここで話題になっているのは、人間が相互に対して犯し、それに対して罰を与える裁判官として神が判決を下す法の毀損ではなく、神自身とその権利が被るという毀損だからである。そうした概念は超越的である。すなわち私たちがなんらかの実例を出すことができる（つまり人間のあいだの）、すべての罰の正義の概念を越えている。しかもこの概念は法外な原理をふくんでいる。この原理は、私たちが経験の諸事例において使用するような原理とはまったく結合することができず、したがって私たちの実践理性にとってはまったく空虚である。

神による刑罰の正義という理念はここでは、人格化されている。この正義を実行するものは、特殊な裁く存在者ではなく（というのも、それならば、その存在者と正義の原理のあいだに矛盾が生じるであろうからだ）、むしろいわば実体としての正義（あるいは、永遠の正義とも名づけられる）である。この正義は、古代の哲学する詩人たちの運命（宿命）のように、ユピテルをも越えており[8]、鉄のような不動の必然性で正しい判決を下すのである。その必然性は私たちにとっては、それ以上は究めがたい。——この点についてはここで、いくつかの実例を示したい。

罰は（ホラティウスによれば[9]）、自分の前を意気揚々として歩を進める犯罪者から目をはなさず、むしろその者のあとを絶え間なくよろめきながらついてきて、ついには捕まえてしまう。——罪なくして流された血は復讐を求めて叫ぶ。——犯罪は復讐されずにはすまされえない。罰が犯罪者に下されないならば、その者の子孫が罰を受けなければならない。もしくは、そうしたことが犯罪者の生きているうちに起こらないならば、それは死後の生において起こらざるをえない[*]。死後の生はそれゆえにまたはっきりと認められ、進んで信じられるが、それは永遠の正義の要求に応えるためにである。——「私は、君たちがその取りなしを求めている、悪意をもってひとを殺す決闘者に恩赦を与えることによって、いかなる殺人罪も私の国土に入り込ませないつもりだ」と、かつてある思慮深い領主は言われた。――罪過は償われなければならない、たとえ完全に罪のない者が贖罪の犠牲に身を捧げることになろうとも(そのさいもちろん、その者の受けた受難は本来的には刑罰とは――というのもその者はみずからなにも犯していないのだから――呼ばれることができない)。以上のすべてのことから見てとれるのは、正義を司る人格に、こうした有罪判決は帰せられるのではないこと(というのもそのような人格は、他者に不正をなすことなしには、そうした判決を下すことはできないから)、むしろたんなる正義が、法外な、超感性的な主体に帰せられる原理として、こうした存在者の権利を規定すること、これらのことである。こうしたことは、たしかにこの原理の形式的なものにはかなっているが、とはいえ原理の実質的なもの、つまり目的、これはつねに人間の幸福であるが、これには矛盾している。――というのも、一定数以上の犯罪者が存在して、その結果、罪の記録がつねに増え続けてゆく場合、刑罰の正義は創造の目的を世界創始者の愛にではなく(それでもそのように考えなければならないのだが)、権利の厳格な順守に置くことになるはずである(権利そのものを、神の名誉のうちに置かれる目的とする)。こうしたことは、後者(正義)が前者(慈悲)を制限する条件にすぎないかぎり、実践理性の原理に矛盾するように見える。この原理にしたがえば、愛だけを根本に持ちうる世界創造者の意図に、これほど矛盾する結果を引き渡したことになってしまうような世界創造など、中止しなければならなかったであろう。

（＊）かの脅迫する罰が完全に執行されると考えるために、来世という仮説をここに混入する必要はまったくない。というのも人間は、その道徳性にかんして考察されるならば、超感性的な裁判官を前にした超感性的な対象であるかぎり、時間の条件にしたがって判定されるのではないからである。人間の実在だけが話題になっているのである。人間の地上での生は、それが短かろうが長かろうが、あるいは永遠であろうとも、現象における人間の現存在にすぎず、正義の概念はより詳細な規定を必要としない。実際、来世への信仰が本来的に先行して、刑罰の正義が来世においてその効果を見させるというのではなくて、むしろ逆に、処罰の必然性から来世へと、推論がなされるのである。

このことから以下のことが見てとれる。つまり内的立法にかかわる、純粋な実践哲学としての倫理学においては、ただ人間の人間に対する道徳的な関係だけが、私たちにとって把握しうるということだ。その一方で神と人間のあいだにそれ以上どのような関係があるのかは、倫理学の限界を完全に越えており、私たちにとって端的に把握できない。さてこのことによって、先に主張したことが確証される。つまり、倫理学は相互的な人間の義務という限界を越えて拡張することができないのだ。

倫理学の区分の表

I　倫理学の原理論

第一部　自分自身に対する人間の義務について

第一巻　自分自身に対する人間の完全義務について

第一篇　動物的存在者としての自分自身に対する人間の義務について

第二篇　たんに道徳的な存在者としての自分自身に対する人間の義務について

第一章　自分自身についての生得的な判定者である、みずから自身に対する人間の義務について

第二章　自分自身に対するすべての義務の第一の命令について

挿入章　自分自身に対する義務にかんする道徳的な反省概念の多義性について

第二巻　自分の目的にかんする、自分自身に対する人間の不完全義務について

第一章　自分の自然的完全性を発展させ増進させるという、自分自身に対する義務について

第二章　自分の道徳的完全性を高めるという、自分自身に対する義務について

倫理学の原理論の

第二部　他者に対する倫理的な義務について

第一篇　たんに人間としての他者に対する義務について

第一章　他の人間に対する愛の義務について

第二章　他者に対する尊敬の義務について

第二篇　他者の状態のちがいに応じた他者に対する義務について

原理論のむすび　友情における愛の尊敬とのきわめて緊密な結びつきについて

Ⅱ　倫理学の方法論

第一章　倫理学の教授法

第二章　倫理学の修行法

倫理学全体のむすび

訳　注

＊ 以下、訳注で関連テクストを引用する場合、既存の邦訳を参照しているが、主として修辞上の理由からそれらの訳文どおりではない。『人倫の形而上学』本文については全集版を「アカデミー版」、Philosophische Bibliothek 版を「哲学叢書版」と称し、『純粋理性批判』は慣例により初版をA、第二版をBで頁数を示す。

序　文

(1)（三頁）「究極目的」は Endzweck で、『判断力批判』第二部の目的論の主要概念。「究極目的」とは、他のどのような目的も、みずからを可能とする条件として必要としない目的のこと」であり、カントによれば、「人間こそが創造の究極目的である」。ただしこの場合の人間とは、「道徳性の主体」であり、そのうちに「無条件的な立法が見いだされうる」かぎりでの人間のことであり、「この無条件的な立法のみが、したがって人間が究極目的であることを可能にする。その究極目的に対して、全自然が目的論的に従属しているのである」（『判断力批判』第八十四節）。なお「究極目的」の語はすでに『純粋理性批判』「超越論的方法論」にも登場し、究極目的とは「人間の全使命(die ganze Bestimmung des Menschen)以外のなにものでもなく、それにかんする哲学が道徳と呼ばれる」とされる。こうした哲学における道徳の優位のゆえに、「古人にあっても哲学者の名のもとではいつでも同時に、またとりわけて道徳学者が理解されていた」とカントは語る(B 868)。

(2)(三一頁) 法論における「私のもの」と数学的厳密さの類比については、「法論」の「法論への序論」のEを参照されたい。

(3)(三三頁)『人倫の形而上学の基礎づけ』等で挙げられる定言命法の変形。『人倫の形而上学の基礎づけ』では以下の通り。「あなたの意志の準則が一箇の普遍的法則となることを、当の準則をつうじてあなたが同時に意欲しうる準則のみに従って行為せよ」。なお「準則」はMaximeで、これまで「格率」や「格律」などと訳されてきた用語。主観的な行動方針(ポリシー)を意味する。「準則は行為することの主観的原理であって、だから客観的原理つまり実践的法則から区別されなければならない」(『人倫の形而上学の基礎づけ』第二章)。

(4)(三四頁)「受動的」はpathologisch.「徳論」ではとりわけ、次の次の段落で説明されるように、快や感情について、「道徳的」(moralisch)と対照される用語として使われている。

(5)(三四頁)「直感的」はästhetischで、『判断力批判』第一部の鍵概念。同時に『純粋理性批判』の「感性論」(Ästhetik)とも、ことばのつながりがあることに留意が必要。これまで「情感的」「美感的」などと訳されてきた。「或る客観の表象にあってたんに主観的であるもの、すなわち表象の対象に対する関係ではなく、主観に対する関係をかたちづくっているものは、その表象の直感的性状である」(『判断力批判』「序論　Ⅶ」)。この文脈で「直感的」は、対象そのものにかかわる「論理的」と対照されている。

(6)(二五頁)「自然的」は physisch. 定義上、形而上学が自然学の領域を超える学(Meta-physik)である以上、「自然的」な感情に形而上学的な原理を求めることはできない。

(7)(二六頁)「浄福で」は selig.「浄福」(Seligkeit)とは、あらゆる傾向性を満たすことである幸福よりも、より精神的で内面的な、そもそも傾向性に依存しない仕合わせ。「浄福とは、世界のすべての偶然的な原因に依存しない完全な仕合わせをしるしづけるために理性が使用する表現」である(『実践理性批判』第一部第二篇第二章Ⅳ)。

(8)(二七頁)『ベルリン月報』一七九六年五月号に掲載された「哲学における最近の尊大な語調について」の注を指すものと考えられる。「行為が生起するために、必然的に法則に先行しなければならない快(もしくは不快)は受動的であり、行為が生起するためにそれに先立って法則が必然的に先行しなければならない快(もしくは不快)は道徳的である」(アカデミー版カント全集八巻三九五頁)。

(9)(二七頁)「自由法則主義」は Eleutheronomie.「自由」を意味するギリシア語の eleutheros と、法則・法律を意味する、やはりギリシア語の nomos を組み合わせた単語。

(10)(二七頁)「安楽死」は Euthanasie. この一文でカントは、Eudämonie(幸福主義)、Eleutheronomie(自由法則主義)、Euthanasie(安楽死)と、語感の似た単語を並べ、ことば遊びをしている。

(11)(二八頁)「～という、不満」(Der Unmut)は第二版で加えられた単語で、アカデミー版にはない表現。アカデミー版にしたがい訳すと、「説明するのが不可能であるということ」が、次の次の文の「～高められる」の主語となる。

徳論への序論

I

（1）（三頁）「岐れ道のヘラクレス」という寓話のこと。それぞれ「美徳」と「悪徳」を説くふたりの女性のあいだで、英雄ヘラクレスはどちらにしたがうべきか迷う。

（2）（三頁）『実践理性批判』で定式化される、当為（べし）と自由（できる）の秩序を前提とした表現。「或ることをなすべきであると自分が意識するがゆえに、そのことをなすことができる」のであって、こうして「なすべし」と命じる道徳法則を通じて、私たちは「みずからのうちに自由を認識する」（『実践理性批判』第一部第一篇第一章第六節）。

（3）（三頁）「心根」は Gesinnung. これまで「心術」などと訳されてきた用語で、主観的な行動原則（準則）を採用する、人間のこころの根本的な態度を指し示す。「心根、すなわち準則を採用する最初の主観的根拠は、ただひとつでしかありえず、自由の使用全体に普遍的におよぶ」（『たんなる理性の限界内の宗教』第一編）。

（4）（三四頁）第二版では ein Zwang, dergleichen zu haben oder sich vorauszusetzen と改められており、「目的を持つように、あるいはみずから前もって定めるように強、制、す、る、こと」が主語となる。哲学叢書版は第二版による。

II

(1)(三六頁)「準則」はMaxime.「序文」の訳注(3)でも指摘したように、主観的な行動方針を意味し、客観的に妥当する道徳法則と対比される。これまで「格率」などと訳されてきた。「実践的原則が主観的である、あるいは準則であるのは、その原則の条件が、たんに主観の意志に対して妥当するにすぎないと主観によってみなされるときである。一方で客観的である、もしくは実践的法則となるのは、当の条件が客観的に妥当する、つまりすべての理性的存在者の意志に対して妥当するものとして認識されている場合なのである」(『実践理性批判』第一部第一篇第一章第一節)

(2)(三八頁)「義務にかなった」はpflichtmäßig.「義務にもとづいて」はaus Pflicht. 一般に義務を果たしている行為は「義務にかなっている」が、そのうち義務をみずからの動機としている行為のみが、「義務にもとづいている」。たとえば自分の生命を維持することは義務であるが、それを義務だと考えることなく、たんに生への愛着から死なずにいる者は「たしかに義務にかなっているけれども、義務にもとづいているわけではない」(『人倫の形而上学の基礎づけ』第一章)。

(3)(三八頁)「自己支配」はAutokratie.「自律」と訳すAutonomieとドイツ語での語形が似ていることに注意が必要。みずから(Auto)法律(nomos)を与える「自律」より進んで、みずから(Auto)支配する(kratein)のが「自己支配」。

（4）（三八頁）「賢者」は der Weise.「知恵（賢さ）」（die Weisheit）という「理念」（Idee）を人格化したものが、カントにとっては「賢者」の「理想」（Ideal）。『純粋理性批判』「超越論的弁証論」第三章「純粋理性の理想」によれば、「徳と、またそれとともにまったき純粋さにおける人間的な知恵は理念である。しかしながら、（ストア派の）「賢者」は一箇の理想である」（B 597）。

（5）（三九頁）コヒウス（Leonhard Cochius, 1717-79）は宮廷牧師で、ベルリン科学アカデミーの会員。一七六七年に「傾向性について」（Über die Neigungen）という論文で、同アカデミーの懸賞を獲得した。

（6）（三九頁）「技術的に＝実践的な」は、technisch-praktisch. 一定の目的を、自然法則にしたがって実現するために用いられる理性や原理について使われる用語で、道徳法則にかかわる、「道徳的に＝実践的な」（morakisch-praktisch）と対比される。「原因性を規定する概念が自然原因ならば、原理は技術的に実践的なものであり、当の概念がいっぽう自由概念であるなら、原理が道徳的に実践的なものとなる」（『判断力批判』「序論 I」）。

（7）（三九頁）aと0との論理的な対立と、aと－（マイナス）aとの実在的な対立の区別は、カントの一七六三年の論文「負量の概念を哲学に導入するこころみ」で取りあげられた。一方が他方を打ち消す対立にはふたつの意味があり、それは「矛盾による論理的な対立か、実在的な、つまり矛盾なしの対立かである」。前者の対立においては「同一のものについて、あることが同時に肯定され否定される」のであり、その結果は「まったくの無」であるが、後者の対立は「ひとつのものに付くふたつの述語が対立しているが、矛盾律によってではない」のであり、その対立の結果は「或るもの」(etwas)である(「負量の概念を哲学に導入するこころみ」第一章)。この論文でカントはマイナス(負量)と実在的対立の概念を、徳の問題についても展開しており、「不徳(demeritum)はたんに否定ではなく、負の徳(meritum negativum)である。なぜなら不徳は、ある存在に内なる法則がある場合にのみ生じるからである……したがって、ここで生じていることは、剝奪であり、実在的対立であり、ただの欠如ではない」などと論じられる(同論文、第二章)。同様の概念の展開は『たんなる理性の限界内の宗教』にも見られ、「善＝aがあるなら、その矛盾した対立者は非善である。ところでこれは、善の根拠なるもののたんなる欠如＝0の結果であるか、または善の反対の積極的な根拠＝－a(マイナス)の結果であるか、そのいずれかである。あとの場合、非善は積極的悪であるとも言える」などと論じられている(『たんなる理性の限界内の宗教』第一篇冒頭の「注解」の原注)。

Ⅲ

(1)(四一頁)「働き」はWirkung,「作用」はAkt.

(2)(四一頁)「賢明さの規則」はdie Regel der Klugheit.「賢明さ」(Klugheit)は『人倫の形而上学の基礎づけ』において、幸福のための手段となる行為を命じる原理として、道徳的な行為を命じる定言命法と対比されていた。「自分自身の最大の仕合わせのために手段を選択するさいにも熟練が必要となるが、ひとはそれをもっとも狭い意味での賢明さと呼ぶことができる。だから命法は、自分自身の幸福のために手段を選択することへと関係する場合には、そのまま賢明さを指令するものとなる。そのような命法は依然として仮言的なものである」(『人倫の形而上学の基礎づけ』第二章)。また「技術的な」(technisch)については、「徳論への序論 Ⅱ」の訳注(6)を参照されたい。「実用的」(pragmatisch)も、幸福の実現を目指す原理や命令を指す用語であって、賢明さの勧告は、「実用的(仕合わせのための)……と名づけることができるだろう」(同書同章)。

V

(1)(四四頁)『純粋理性批判』の第二版の第十二節でカントは、事物のいっさいの認識の根本にあるカテゴリーとして、単一性、数多性とともに、「完全性」(総体性)を挙げていた。「最後に第三の完全性であるけれども、これは逆に、この数多性がひとつになって概念の単一性に連れもどされ、この概念に完全に一致して、他のどのような概念にも一致しない次第のうちに存するものにほかならない」(B 114)。

(2)(四四頁)こうした完全性については、『判断力批判』で説明されている。「だから、或る事物について、なんらかの客観的合目的性が表象されるためには、「それがどのような事物であるべきか」にかんする概念が先行するはこびとなるだろう。当の事物における多様なものが、この概念(その概念が、この事物にあって多様なものを結合する規則を与える)と一致していることが、事物の質的完全性である」(『判断力批判』第十五節)。この文脈では、前の注で引用した『純粋理性批判』の文脈における意味での「完全性」は「量的完全性」と呼ばれており、『人倫の形而上学』の当面の文脈での完全性の量的/質的の区分は、『判断力批判』のそれを踏襲している。

(3)(四五頁)「所為」は Tat. Tat をこのように訳すことについては、「法論」の「人倫の形而上学への序論 Ⅳ」の訳注(7)を参照されたい。

(4)(四六頁)「技術的に=実践的な」は technisch-praktisch.「徳論への序論 Ⅱ」の訳注(6)を参照されたい。

(5)(四六頁) 第二版では der moralische Sinn(道徳感官)と改められている。またアカデミー版には「と呼ばれる」に当たる動詞がないが、哲学叢書版にしたがい、「道徳感情」のあとに、動詞 heißt を補って読む。

(6)(四六頁) ソクラテスが『ソクラテスの弁明』などで語る「ダイモニオン」のこと。「ダイモニオン」とはソクラテスの守護神のような存在であり、積極的になにかをなせとソクラテスに語りかけることはなく、ソクラテスがなにかよくないことをしようとするときに、それをやめておくようソクラテスを制止する。

(7)(四六頁) 第二版に依拠する哲学叢書版では sich zu dem seinigen zu machen であり、「自分の目的となる」という訳になる。

Ⅵ

(1)(四九頁)「法論」は初版ではラテン語の Ius であるが、第二版ではドイツ語の die Rechtslehre に改められている。

(2)(四九頁) 本書「序文」の訳注(3)を参照されたい。

(3)(五一頁)「恣意的な」はwillkürlich.「選択意思」と訳しているWillkürに対応する形容詞。

Ⅶ

(1)(五三頁)「完全義務」と対比される「不完全義務」という意味での「不完全」。『人倫の形而上学の基礎づけ』によれば、「私がここで完全義務のもとに理解しているのは、どのような例外をも傾向性の利益のために許さない義務のことである」(『人倫の形而上学の基礎づけ』第二章)。自殺をしないことや他者に嘘をつかないことといった、完全に果たすかまったく果たさないかのどちらかでしかありえない義務が、「完全義務」にあたる。これに対して、自分の能力の開化や困窮した他者の援助といった、その義務の果たしかたの程度の差を許容しうる義務が「不完全義務」である。

(2)(五三頁)「義務にかなったしかたで」はpflichtmäßig,「義務にもとづいて」はaus Pflicht.「徳論への序論 Ⅱ」の訳注(2)を参照されたい。

Ⅷ

(1)(五四頁)ここでの「究明」はExposition,「徳論への序論 Ⅰ」および「Ⅱ」のタイトルにあった「究明」はErörterung.『純粋理性批判』では両者は同じ意味で用いられている。「私が、ところで究明〔Erörterung〕(*expositio*)のもとに理解しているのは、ある概念にぞくするものの(遺漏のないものではないにせよ)明瞭な表象のことである」(B 38)。

（2）（二五六頁）哲学叢書版ではこの段落末尾までを引用符に入れている。ここではアカデミー版にしたがって引用符を閉じた。

（3）（二五六頁）「適法性」はLegalität,「道徳性」はMoralität. それぞれが『人倫の形而上学の基礎づけ』の「義務にかなった」(pflichtmäßig)と「義務にもとづいて」(aus Pflicht)（この両者については「徳論への序論　II」の訳注(2)を参照されたい）に対応する区分で、『実践理性批判』で導入された。「義務の概念はこうして、行為にあっては客観的に法則との一致を要求し、行為の準則については一方で主観的に法則に対する尊敬を、そのうえ法則による意志の唯一無二の規定のしかたとして要求する。またこの件に、義務にかなって行為したという意識と、義務にもとづいて、すなわち法則に対する尊敬にもとづいて行為したという意識とのあいだの区別がもとづいているのである。このうち前者(適法性)は、たんに傾向性が意志を規定する根拠であっても可能である。後者(道徳性)は他方で道徳的価値なのであり、それがみとめられなければならないのはひとえに、行為が義務にもとづいてなされる、いいかえるならたんに法則のためになされる、という事情のうちにある」(『実践理性批判』第一部第一篇第三章)。

（4）（二五六頁）「心根」はGesinnung.「徳論への序論　I」の訳注(3)を参照されたい。

（5）（二五七頁）「好意」はWohlwollen,「親切にすること」はWohltun. 他者の幸い(Wohl)を、たんに望むだけか(wollen)、そのためになにかをするか(tun)というちがいがある。両者は「倫理学の原理論」第二部第一篇第一章で主題的に論じられる。

IX

(1)(六三頁)この段落の議論については、「あなたの人格やいっさいの他者たちの人格のうちにある人間性を、つねに同時に目的として取りあつかい、けっしてたんに手段として取りあつかわないように行為せよ」という、『人倫の形而上学の基礎づけ』第二章で示される、いわゆる定言命法の「目的自体の法式」を参照されたい。

(2)(六三頁)カント哲学に特有な原理や概念の実在性の証明である「演繹」は、『実践理性批判』では、「理性の事実」として与えられる道徳法則や定言命法にかんしては、遂行できないとされていた。「道徳法則はいわば純粋理性の一箇の事実として与えられていて、私たちはその事実をア・プリオリに意識しており、そのうえこの事実は必当然的に確実なものなのである。……だから道徳法則の客観的実在性は、どのような演繹によっても証明されえず、理論的で思弁的な理性、あるいは経験に裏うちされた理性のいかなる努力を通じても証明されることができない」(『実践理性批判』第一部第一篇第一章第八節I)。

X

(1)(六三頁)「独身男性は結婚していない」のように、主語の概念のうちに述語の内容がふくまれている判断や認識が「分析的」で、「この独身男性は背が高い」のように、主語の概念にふくまれていない内容を加えるのが「総合的」な判断や認識。いっさいの判断は、「述語Bが主語Aに、このAの概念に(隠れたかたちで)ふくまれたものとして属しているか、あるいはBはAという概念と結びついてはいるけれども、Aという概念のまったく外にあるか」のいずれかであって、「前者の場合なら私はその判断を分析的なものと呼び、後者の場合には総合的なものと呼ぶことにする」(『純粋理性批判』B 10)。

(2)(六三頁)「法論」の「法論への序論 C」を参照されたい。そこでは「外的行為にさいしては、あなたの選択意思の自由な行使が万人の自由と普遍的法則に従って両立しうるように、そのように行為せよ」が、「法の普遍的な法則」とされている。

(3)(六五頁)ハラー(Albrecht von Haller, 1708–77)はスイスの医学者、植物学者にして、啓蒙期の詩人。一七五五年の『天界の一般自然史と理論』以来くりかえして著作で引用しているように、カントの愛好する詩人でもあった。ここでカントが引用しているのは『災いの起源について』(*Über den Ursprung des Übels*)の一節だが、カントの記憶違いがあり、実際の詩句は次のとおり。

　というのも神はいかなる強制をも愛されず、欠陥を備えた世界は、
　意志のない天使たちの国よりはよいのだから。

カントは『たんなる理性の限界内の宗教』では同じ箇所を正確に引用しており(第二篇第一章bへの原注)、「徳論」の第二版は、カントの記憶違いを認めてか、ハラーの詩句の引用に先立って、「ハラーの周知の二句は、それゆえこう変えてもよいであろう」という一文を付け足している。

XII

(1)(六七頁)「直感的」はästhetisch. この語については、本書「序文」の訳注(5)を参照されたい。

(2)(七二頁) 本書「倫理学の原理論」第十三節では、良心の作用が行為の前、行為の最中、行為の後に区分されている。

XIII

(1)(七六頁) 哲学的認識が「概念からの」(aus Begriffen)理性認識であり、数学が「概念の構成」(die Konstruktion der Begriffe)による認識であることは、『純粋理性批判』の「超越論的方法論」で定式化された構図。「哲学的な認識とは概念からの理性認識であって、数学的認識とは概念の構成による理性認識にほかならない」(『純粋理性批判』B 741)。

(2)(七八頁) アリストテレスの説く「中庸」の理論のこと。「そして、徳は情念と行為にかかわっており、情念と行為における超過と不足は誤っているけれども、中間は称讃され、正しいありかたをしているのである。しかるに、称讃と正しいありかたのどちらも徳にふさわしい事柄なのである。こうして、徳とは、中間をねらうものである以上、ある種の「中庸」なのである」(アリストテレス『ニコマコス倫理学』第二巻第六章)。

(3)(七八頁) 列挙されている五つの格言のうち、第一の「中道を行くのがもっとも安全であろう」の出典は、ローマの詩人オウィディウス(Publius Ovidius Naso, 43 BC-c. AD 17)の『変身譜』(*Metamorphoses*)である。第二の「すべての過ぎたるものは悪徳となる」は、これと似た表現が、ローマの詩人にして哲学者のセネカ(Lucius Annaeus Seneca, c. 1 BC-AD 65)の『こころの平静について』(*De tranquillitate animi*)に見いだされる。第三の「ものごとには程度がある、云々」

は、ローマの詩人ホラティウス(Quintus Horatius Flaccus, 65-8 BC)の『風刺詩』(*Satirae*)に見られ、第四の「中庸を保つ者が幸いである」は出典未詳。第五の「賢人と言えど……節度なき者の名を持つだろう云々」は、ホラティウスの『書簡集』(*Epistulae*)から採られたもの。なおこの第五の格言は、第二版では、同じくホラティウス『書簡集』の、「徳は悪徳の中間にして、両極端から隔たっている *virtus est medium vitiorum et utrinque reductum*」という文章に代わっている。

(4)(八〇頁) 初版ではMeinungen(意見)となっているが、第二版でのLasternへの変更にしたがい訳出している。

(5)(八〇頁) 第二版はこの「徳一般について」という題のブロックを、XIV節としてカウントする。そのため第二版では以下の節番号が、ひとつずつ大きくなる。

(6)(八一頁) 「究極目的」はEndzweck. この語については「序文」の訳注(1)を参照されたい。

(7)(八二頁) 「人間学」はAnthropologie.「人間規範学」はAnthroponomie.

XIV

(1)(八五頁) 「激情」はAffekt.「僻情」はLeidenschaft. 次の節でも説明されるように、前者が怒りなどの、我を忘れるような激しい感情の動きであるのに対して、後者は理性的な考慮とも両立しうる、名誉欲や復讐欲(いわばルサンチマンのような)といった、比較的穏やかな、ただそれだけまた一層厄介な感情である。「容易に洞察されることだが、僻情はもっとも冷静な反省とも結合せられ、したがって激情のように無分別のものであるにはおよばず、それゆえ荒れ狂う一時的のものではなくて、根をおろし、理屈とも共存しうるものであるから、――自由をもっとも大きく毀損するものであり、激情が酩酊であるとすれば、僻情は病気である」(カント『実用的見地における人間学』第八十節)。しかもこの僻情という病気は、「純粋実践理性にとっての癌であり、たいていは不治である」(同第八十一節)。

XV

(1)(八六頁)「無情念」はApathie. ストア派の哲学者たちが説く、いわゆる「アパテイア」のこと。「アパテイア」とは様々なパトス(情念)によって左右されることのない、ストア派にとって理想的な境地である。

XVI

(1)(八八頁)このホラティウスの一文は、不完全なかたちで、すでに「徳論への序論」のXIII節で引用されていた。同箇所の訳注(3)を参照されたい。なおこの文の主文の動詞habeat(動詞「持つhabeo」の接続法現在三人称単数形)は、第二版でferat(動詞「担うfero」の同形)へと修正されている。

XVII

(1)(九三頁)「そのうちの第一の訓練は……」から、ここまでの記述は、第二版で、以下のように整理して書き換えられている。「そのうちの第一の訓練(義務の理論における)の方法は、教授法と呼ばれる。そのさい教え方は口授法であるか質問法であるかのいずれかである。後者は、生徒がすでに知っている義務概念にかんすることを、生徒から問い糺す技巧である。さらにこれは次のいずれかである」。

(2)(九四頁)第二版では「理論的な訓練の方法としての教授法に」と改められている。

(3)(九四頁)体系を「原理論」(Elementarlehre)と「方法論」(Methodenlehre)に区分するのは、『純粋理性批判』で導入され、『実践理性批判』や『判断力批判』でも踏襲された、カントの基本的な区別。ただしこの注解の冒頭でカント自身も述べているように、この区分は「法論」には欠けている。

XVIII

(1)(九五頁)原著には節番号があるのみでそのタイトルが欠けているが、アカデミー版の目次にしたがい、「倫理学の区分」というタイトルをつけておく。

(2)(九五頁)「建築術的」はarchitektonisch. カント哲学においては、ひとつの体系の構成をめぐる議論のこと。「私が建築術のもとで理解しているのは、体系の技術のことである。体系的統一とは通常の認識をはじめて学とするもの、すなわち認識のたんなる集積から一箇の体系をかたちづくる当のものにほかならない。だから建築術は私たちの認識一般における学的なものをめぐる教説であり、したがって必然的に方法論に属する」(『純粋理性批判』B 860)。

(3)(九六頁) 初版では gegen andere Wesen(他の存在者に対する)となっているが、第二版での gegen andere Menschen への変更にしたがい訳す。

(4)(九七頁) 初版では Katechetik(問答法)となっているが、第二版での Didaktik への変更にしたがい訳す。

倫理学の原理論　第一部

第三節

(1)(一〇三頁)「アンチノミー」は Antinomie.「二律背反」などと訳されてきた用語で、同じひとつの対象について、両立することのできないはずのふたつの命題が成り立ってしまう事態を指す。『純粋理性批判』では「世界には空間的・時間的な限界がある／ない」、「世界のすべてを単純な要素に分割することができる／できない」、「自由は存在する／存在しない」、「必然的な存在者が存在する／存在しない」の、四つのアンチノミーが論じられた。ここでのアンチノミーは「自分自身に対する義務は存在しない／存在する」というもの。存在しないとする第一節と、存在するとする第二節がそれぞれ、自分と反対の立場を採った場合に、不都合が生じることによって自分の主張を立証しているのは、『純粋理性批判』での「アンチノミー」論の議論の構造を踏襲している。

(2)(一〇二頁)「理性存在者」は Vernunftwesen,「理性的存在者」は vernünftiges Wesen.「理性」(Vernunft)が、名詞の一部として存在者の本体をかたちづくるのか、形容詞として「存在者」に加わるのかというちがいがある。

(3)(一〇三頁) 私たちの感性的直観に与えられるかぎりでの存在者がフェノメノン(現象)、感性的直観との相関関係を離れたそれ自体としての存在者がヌーメノン(本体)。「私たちがヌーメノンのもとで、事物についての私たちの直観の仕方を捨象したさいの、私たちの感性的直観の客体ではないかぎりでの事物を理解しているとしよう。その場合には、当の事物は消極的な意味でのヌーメノンである。他方、ヌーメノンのもとで非感性的直観の客体を理解しているならば、私たちはある特別な直観のしかたを、すなわち知性的な直観のしかたを想定していることになる。……こうしたものが積極的な意義におけるヌーメノンであるということになるだろう」(『純粋理性批判』B 307)。こうしたヌーメノンに対し、特別な直観を想定せずとも与えられるのが、フェノメノンである。カントの倫理学は、私たち人間を一方ではフェノメノンと、他方ではヌーメノンとみなすことを要求する。カントの倫理学が非難されるのは、「一面では、ヌーメノンに適用されたカテゴリーの客観的実在性が、理論的認識にあっては否定され、実践的認識においては主張されていることである。他面では、みずからを自由の主体としてはヌーメノンとし、同時にしかしまた自然という観点からは自分自身の経験的意識にあってのフェノメノンとする、という逆説的な要求」のゆえである(『実践理性批判』「序文」)。

第四節

(1)(一〇四頁)『純粋理性批判』の「純粋理性の誤謬推理」章では、理性の推論だけによって、「私は思考する存在者(たましい)として、実体である」(A 348)という認識を導きだそうとする、「合理的心理学」の推論が批判されていた。ここでの「たましい」や「精神的な実体」をめぐる論述は、そうした議論を踏まえたもの。

(2)(一〇五頁)ローマ帝政期のストア派の哲学者、エピクテトス(Epictetus, c. 55-c. 135)のことばで、ストア派の禁欲主義の思想を定式化したもの。

(3)(一〇五頁)これもストア派に由来する格言で、ストア派の祖ゼノン(Zenon, c. 335-c. 263 BC)のものとされる。

(4)(一〇五頁)哲学叢書版は第二版にもとづいて「〔区分が〕ある」(Es gibt)としているが、ここではアカデミー版にしたがい初版にもとづき、動詞(stattfinden)を補って訳した。

(5)(一〇七頁)「性格」(Charakter)はここでは、あれやこれの経験的な性格とは区別される、一般に原則にもとづいて行動するという道徳的な性格を意味する。道徳的な性格は「理性的な、自由を賦与された存在者としての人間を識別するしるし」であって、「原則を持ったひとであって、そのひとの本能からではなくてそのひとの意志から、なにが期待されるべきかが確実に知られている者は、性格というものを持っている」(カント『実用的見地における人間学』第二部A冒頭)。

(6)(一〇七頁)実際には「名誉愛について」というタイトルの箇所はこのあと登場しない。なお「名誉愛」は「倫理学の原理論」第四十節、第四十二節で話題となっている。

第五節

(1)(二〇九頁) この段落の「身体の死、殺害すること」からこの段落末尾までは、第二版で、以下のように改められている(哲学叢書版は第二版による)。「――全面的な破壊は自己殺害(*autochiria, suicidium*)と呼ばれ、部分的な破壊はさらに実質的なものと、形式的なものに区分される。実質的な破壊においては、ひとはある種の器官として統合された部分を自分から奪うのであって、つまりそれは身体の切断もしくは損なうことである。また形式的な破壊においては、ひとは自分の力を身体的に(これによって、間接的にはまた道徳的に)使用する能力を(恒久的に、もしくは一時的に)自分から奪うのであって、それは自分を麻痺させることである」。

第六節

(1)(二〇九頁)「自己謀殺」はSelbtmord. たんに「自殺」と訳さなかった理由は、次の訳注(2)を参照されたい。

(2)(二一〇頁)「謀殺」はMord.「法論」では、軍人の決闘にかんして、そこでの「殺人」(Tötung)は「謀殺」(Mord)と呼ばれるべきではないとされている(「法論」の「市民的統合の本性から生じる法的な諸効果にかんする一般的注解 E」)。つまりTötung一般のなかで、犯罪であるようなそれが、カントにとってのMordである。

(3)(二一〇頁) ローマの法学者ウルピアヌス(Domitius Ulpianus, 170–227)に由来する法学上の格言。

『学説彙篇』(*Digesta*)におけるウルピアヌスによる定式化では、*Nulla iniuria est, quae in volentem fiat*(これを欲する者に対してなされたことは決して侵害ではない)となっていたが、のちにカントが引用しているかたちで定着した。なお「法論」の「法論の区分」の訳注(1)と、「法論」第四十六節の訳注(1)を参照されたい。

(4)(二一〇頁)「賢者」は der Weise. この語については、「徳論への序論 Ⅱ」の訳注(4)を参照されたい。

(5)(二一三頁) フェノメノンとヌーメノンについては、「倫理学の原理論」第三節の注(3)を参照されたい。

(6)(二一三頁) この段落の「切断手術によって取り去ること」から「数え入れられることはできない」までは、第二版で以下のように改められている(哲学叢書版は第二版による)。「取り去ることは部分的な自殺には属さない。また次のことも自分自身の人格への犯罪には数え入れられることはできないのであって、それは、たしかに肉体の一部分ではあるが、肉体の器官ではない或るもの、たとえば毛髪を刈りとることである」。

(7)(二一三頁) マルクス・クルティウス(Marcus Curtius)は、古代ローマの伝説の登場人物。紀元前三六二年にローマの市場に生じた地割れに、クルティウスは神託にしたがい乗馬したまま飛び込み、その結果地割れはただちに閉じたと伝えられている。

(8)(二一三頁) ここでの「自殺すること」は Selbsttödtung で、価値判断をふくまない自分の命を奪う行為を指している。これに対して、前段落の「自己謀殺」は Selbstmord.

(9)(二三頁) ネロ(Nero, 37–68)はローマ帝国の代表的な暴君、セネカは本書「序論 XIII」の訳注(3)に既出の詩人、哲学者。ネロは治世の初期はセネカの補佐を受けて善政を布いたが、やがて暴政を行うようになり、セネカにも反逆の疑いをかけ自殺するよう命じた。

(10)(二三頁) プロイセンの啓蒙専制君主、フリードリヒ二世(大王)(Friedrich II. (der Große), 1712–86)のこと。カントはフリードリヒ二世の治世を、啓蒙が進行している時代と見なし、「現代はまさに啓蒙の時代、すなわちフリードリヒの世紀である」と讃えていた(カント「啓蒙とはなにか」)。

第七節

(1)(二四頁)「自然目的」は Naturzweck. 有機体が現にそうしたありかたをしているように、個体として、また類として、自分自身が原因であるとともに、その結果でもあるというありかたをしているものをカントは「自然目的」と呼ぶ。「ある事物が自然目的として現実存在するのは、その事物が自分自身について……原因であるとともに結果である場合である」(『判断力批判』第六十四節)。

(2)(二五頁)「法論」の「婚姻法」の項目(「法論」第二十四—二十七節)を参照されたい。

(3)(二八頁)「両性の同居」は Beiwohnung der Geschlechter.「法論」では、ドイツ語 eheliche Beiwohnung〔婚姻による同居〕に、*copula carnalis*〔肉の結合〕というラテン語が添えられている。「法論」の第二十七節および同節の訳注(1)を参照されたい。

(4)(二九頁)「僻情」については、本書の「徳論への序論　XIV」の訳注(1)を参照されたい。

第八節

(1)(三〇頁)「賢明さの規則」については、本書の「徳論への序論　Ⅲ」の訳注(2)を参照されたい。

(2)(三三頁)第二版では「セネカ」は「ホラティウス」に改められている。セネカとホラティウスについては、「徳論」の「徳論への序論　XIII」の訳注(3)を参照されたい。「この者の徳は酒で熱せられた」に似た表現は、ホラティウスの頌詩『カルミナ』(*Carmina*)のなかに、ローマの政治家大カトー(Cato Major, B.C. 234–149)をたたえる詩句の一部として登場する。なおこの同じ表現をカントは『実用的見地における人間学』でも、「ストア派に属するカトーの崇拝者」のことばとして紹介している(第二十九節)。ここではやはりセネカを念頭に置いているものと考えられ、セネカの『こころの平静について』には、「カトーは公務に疲れたこころをワインで和らげた」という一文がある。この場合のカトーは、大カトーの曽孫にあたる高潔なローマの政治家小カトー(Cato Minor, 95–46 BC)を指す。

(3)(三三頁)この疑問形の一文は、第二版では「麻薬やブランデーの使用は……」の一文の前に置かれており、哲学叢書版は第二版にしたがう。

(4)(三三頁)チェスターフィールド(Philip Dormer Stanhope, fourth Earl of Chesterfield, 1694–1773)はイギリスの政治家で、『息子への手紙』(*Letters to his son*)で知られた文筆家。カントは

『実用的見地における人間学』でも、会食について、「チェスターフィールドは、「その仲間は優雅の女神の数より少なくてもならず、芸術の女神の数より多くてもならぬ」と言っている」と、チェスターフィールドの発言を引用している（第八十八節）。ここで「優雅の女神」は三柱、「芸術の女神」は九柱。ただしこの発言は実際にはチェスターフィールドのものではなく、真の出典はローマの文法家ゲリウス（Aulus Gellius, c. 123-165）の著書『アッティカの夜』（*Noctes Atticae*）であるという。

第九節

（1）（三四頁）ローマの歴史家・政治家のサルスティウス（Gaius Sallustius Crispus, 86-c. 34 BC）の『カティリナ戦記』（*Bellum Catilinae*）に由来する表現。

（2）（三四頁）実際に「法論」においては、「しかし法的な意味では、虚偽〔を口にすること〕（Unwahrheit）が虚言（Lüge）と名ざされるのは、ひとえにその虚偽が他者の権利を直接に侵害する場合にかぎられるべきである。たとえば、だれかとすでに契約を締結しているかのように虚偽の申告をして、そのひとのものを奪おうとするようなときがそうである（*falsiloquium dolosum*）〔詐欺の虚言〕」とされていた。「法論」の「法論の区分」のなかの「生得の権利はただひとつ存在するだけである」という部分への原注を参照されたい。

（3）（三五頁）「賢明さ」と「実用的」という用語については、本書の「徳論への序論　III」の訳注（2）を参照されたい。

(4)(二六頁) それぞれ、「誠実さ」は Wahrhaftigkeit,「正直さ」は Ehrlichkeit,「実直さ」は Redlichkeit,「率直さ」は Aufrichtigkeit.

(5)(二八頁) 『旧約聖書』「創世記」第四章で描かれている出来事。アダムとエバの長子カインは、自分の献げ物が神に喜ばれなかったのに対し、弟アベルの献げ物は神に受け入れられたことに激怒し、アベルを殺害した。カインはこうして人類最初の殺人者となった。

(6)(二八頁) 同じく『旧約聖書』「創世記」の第三章で、蛇がエバに嘘をついて禁断の実を食べさせるという出来事が描かれている。蛇はこの虚言の結果、あらゆる獣のなかでもっとも呪われたものとなった。

第十節

(1)(三二頁) この段落の「とはいえそれでも」以下は、第二版で以下のように改められている。「たしかにそれは、その咎當が他者に対する自分の愛の義務をおざなりにすることであるかぎりでは、そうではない。そうではなく、幸いに生きるための手段を自分自身で享受するのを、真に必要とする程度以下に狭めることとして、自分自身に対する義務に反するかぎりにおいて、そうである〔ここで話題となる咎當である〕」。

(2)(三二頁) 本書「徳論への序論 XIII」の訳注(2)を参照されたい。

(3)(三三頁) この一文は第二版では、「浪費的な貪欲の準則は、「幸いに生きるためのすべての手段を、ひたすら享受を意図して生み出すこと」である」と改められている。

(4)(三三頁)「享受を意図していない(つまり享受ではなく、所有だけが目的なのである)」は第二版では、「そのさいひとは所有することだけを自分の目的としており、享受は断念している」と改められている。

(5)(三三頁) 本書「徳論への序論 XIII」の訳注(3)を参照されたい。

(6)(三三頁) カントは『たんなる理性の限界内の宗教』第二版への注で、「知っている真理をすべて語る」ことである「正直さ」(Offenherzigkeit)と、「語ることのすべてが誠実に語られている」という「率直さ」(Aufrichtigkeit)を区別している(第四編第二部第四節最終段落への原注2)。たとえ「正直さ」を守ることができない場合であっても、「率直さ」は守るというのが、カントの処世術であったのであろう。

(7)(三四頁) このホラティウスの詩句については、本書「徳論への序論 XIII」の訳注(3)および XVI の訳注(1)を参照されたい。後者の箇所と同様に、この箇所でも初版の動詞 habeat は、第二版では正しい ferat に修正されている。

第十一節

(1)(三六頁) 金をふくむ貨幣について、カントは「法論」で詳しく論じている。「法論」第三十一節の「I 貨幣とはなにか?」を参照されたい。

(2)(三七頁)「叡智的存在者」は intelligibeles Wesen. intelligibel は、感じることができる=「可感的」を意味する sensibel と対比される語で、その意味では考えることができる=「可想的」とも訳すことができるが、ここでは「叡智的」と訳しておく。「感性的存在者」と「叡智的存在者」としての人間の対比は、ほぼ「フェノメノン(現象)的人間」と「ヌーメノン(本体)的人間」の対比と重なる。なお intelligibel の語は、「法論」の所有論の文脈では、「感性的」との対比で「可想的」と訳されている。「法論」の本論第一節および同箇所の訳注(2)を参照されたい。

(3)(三七頁)「取るに足らないこと」は Geringfügigkeit. 初版では Geringfähigkeit(微力であること)であったが、第二版で改められた。哲学叢書版は第二版により、本書もこれにしたがう。次の段落の冒頭の文の「取るに足らないこと」も、同様の第二版での修正。

(4)(三八頁)「人倫的に＝誤った卑屈(*humilitas spuria*)〔不当な謙抑〕である」は、第二版では「誤った道徳的な謙抑(*humilitas moralis spuria*)〔不当な道徳的な謙抑〕、もしくは精神的な卑屈である」と改められている。

(5)(三八頁)「熾天使」は Seraph. ヘブライ語でセラフ、セラフィムという、六つの翼を備えた最高の天使。『旧約聖書』「イザヤ書」の第六章の二で、「上の方にはセラフィムがいて、それぞれ六つの翼を持ち、二つをもって顔を覆い、二つをもって足を覆い、二つをもって飛び交っていた」(聖書からの引用は新共同訳による)と描写されている。

(6)(三八頁)「この関係において」は、第二版では「そうした謙抑において」と改められており、哲学叢書版は第二版による。

(7)(三九頁)他者に対する義務に反する悪徳としての「高慢」(Hochmut)は、「倫理学の原理論」第四十二節で主題的に論じられている。

第十二節

(1)(一四一頁)「理想」は Ideal.「偶像」は Idol.

(2)(一四一頁)「うぬぼれ」は Eigendünkel.『実践理性批判』では、道徳法則に対する尊敬と対極にある態度とされていた。「我欲(Selbstsucht)は、自己愛の我欲、つまりすべてのことがらに優先する、自分自身に対する好意(*Philautia*)としての我欲であるか、あるいは自分自身への適意(*Arrogantia*)〔傲慢〕である我欲であるのか、のいずれかである。前者はとりわけて利己愛(Eigenliebe)、後者はうぬぼれと言われる。純粋実践理性は、利己愛についてはただ中断させるだけである。……だがうぬぼれにかんしては、純粋実践理性は完全にこれを打ちたおす。……道徳法則は、その主観的な反対物、つまり私たちのうちに在る傾向性に対立することで、うぬぼれの鼻を挫くことによって、同時に尊敬の対象である」(『実践理性批判』第一部第一篇第三章)。

(3)(一四一頁)こうしたドイツ語に独特な尊称の問題は、『実用的見地における人間学』でも、「エゴイスト的な話しかたの儀礼」という主題のもとで、論じられている(第二節注解)。

(4)(一四一頁)ホラティウスの『風刺詩』に由来する表現。

(5)(一四一頁)同じくホラティウスの『詩論』(*Ars poetica*)に由来する表現。

第十三節

(1)(一四三頁)『新約聖書』「ローマの信徒への手紙」の第二章第十五節に、「こういう人々は、律法の要求する事柄がその心に記されていることを示しています。彼らの良心もこれを証ししており、また心の思いも、互いに責めたり弁明し合って、同じことを示しています」(新共同訳)とあるのにもとづく表現。

(2)(一四三頁)「畏敬」は Respekt,「尊敬」は Achtung.

(3)(一四七頁)『実践理性批判』においてもすべての義務を神の命令を見なすことが、宗教とされていた。「このようにして道徳法則は、純粋実践理性の客体であり、究極目的である最高善の概念を通じて、宗教へと導く。すなわち、義務のすべてを神の命令として認識することへと導く」(『実践理性批判』第一部第二篇第二章V)。

(4)(一四八頁)アテナイの政治家カリストラトス(Kallistratos, 紀元前五世紀後半~紀元前四世紀半ば)の『摘要』(*Digesta*)に由来する表現。

第十四節

(1)(一四九頁)「究極目的」は Endzweck. この語については「序文」の訳注(1)を参照されたい。

(2)(一五〇頁)原著では die Entwicklung ..... zu entwickeln となっており、そのまま訳すると「展開することを展開することを(必要とする)」となるが、ここでは zu entwickeln を省いて訳出している。

(3)(一五〇頁)カントと親交のあったドイツの哲学者ハーマン(Johann Georg Hamann, 1730–88)の『アベラルドゥス・ウィルビウス』(*Abelardi Virbi Chimärische Einfälle*)からの引用。ハーマンの同じことばはカントの最晩年の作品『諸学部の争い』の第一部でも引用されている。

第十六節

(1)(二三二頁)『純粋理性批判』における「超越論的論理学」の「超越論的分析論」の末尾には、「反省概念の多義性についての注解」と題された「付録」がある。ここでは一様性と差異性、一致と対立、内的なものと外的なもの、質料と形式といった関係が、感性に属するものか、悟性に属するものかが分析されて、「純粋な悟性の客観を現象と取りちがえることに由来する」という「超越論的な多義性」(B 326)が批判的に論じられた。本章の「多義性」(Amphibolie)の議論は、その箇所での議論の形式を踏襲したものである。

第十七節

(1)(二三三頁)初版では一文の主語が「動物を暴力的に、また同時に残酷に取り扱わないという義務は」となっているが、ここでは第二版での訂正にしたがって訳した(哲学叢書版も第二版による)。

第十八節

(1)(二四〇頁)本書「倫理学の原理論」第十三節への訳注(3)を参照されたい。

(2)(二五〇頁)初版はes(=道徳法則)であるが、第二版ではsie(=理念)と改められており、本書もこれにしたがう。哲学叢書版も第二版による。

第十九節

（1）（二五七頁）おそらく『人間不平等起源論』で示された、ルソーの自然状態の捉えかたを指す。ルソーによれば粗野な自然状態こそが、自由で平等で人類にとって幸福な状態であるが、土地の私有にはじまる文明化は人間たちのあいだに、不平等と争いと悲惨をもたらす。

（2）（二五八頁）「知恵の教え」はWeisheitslehre. 知恵(Weisheit)と教え(Lehre)からなる合成語で、ギリシア語の哲学＝知恵への愛(philo-sophia)に対応する表現。最高善の理念を「実践的に、つまり私たちが理性的にふるまう準則のためにじゅうぶん規定することが知恵の教えであり、この知恵の教えはまた学としては哲学である。それは、古代のひとびとがその語を理解した意義における哲学であって、古代のひとびとのもとで哲学とは、最高善がそのうちで定立される概念と、最高善がそれを通じて獲得されるべきふるまいへと向けられた教示なのであった。私たちもこの語に古くからの意義をもたせて、最高善をめぐる教えとしておくのがよいだろう」（『実践理性批判』第一部第二篇第一章）。

（3）（二五八頁）初版にしたがうアカデミー版では「目的」(Zweck)となっているが、ここでは第二版による哲学叢書版にしたがい「義務」(Pflicht)と訳した。

第二十一節

（1）（二六〇頁）「義務にかなって」はpflichtmäßig.「義務にもとづいて」はaus Pflicht.「徳論への序

論Ⅱ」の訳注(2)を参照されたい。

(2)(二六〇頁)この節で挙げられている三つの命令のうち、第一の「神聖であれ」は、『旧約聖書』「レビ記」第十一章第四十四節に「あなたたちは自分自身を聖別して、聖なる者となれ」、また同書一九章第二節に「あなたたちは聖なる者となりなさい」、および『新約聖書』「ペトロの手紙一」の第一章第十六節に「あなたがたは聖なる者となれ」とあるのにもとづく表現。第二の「完全であれ」は、『新約聖書』「マタイによる福音書」第五章四十八節に、「だから、あなたがたの天の父が完全であられるように、あなたがたも完全な者となりなさい」とあるのにもとづく。最後の「いかなる徳であれ、いかなる誉でも、それを得ようと努めよ」は、『新約聖書』「フィリピの信徒への手紙」の第四章第八節に、「徳や称賛に値することがあれば、それを心に留めなさい」とあるのによる。

倫理学の原理論　第二部

第二十四節

(1)(二六五頁)「道徳的な(叡智的な)世界」は moralische (intelligibele) Welt.「叡智的」については、「倫理学の原理論」第十一節の訳注(2)を参照されたい。「叡智的な世界(叡智界)」とは、カントにとって、その実現を自然的に妨げるものを捨象した、純粋に道徳的な世界を指示する。「さて、或る叡智界、すなわち道徳的世界という概念においては、倫理性のすべての障害を(さまざまな傾向性を）私たちは捨象している。そのような世界にあっては、道徳性と結合し、それと比例した幸福といった体系もまた必然的なものとして思考される」（『純粋理性批判』B 837）。

（2）（二六五頁）ハラーの『永遠についての未完成の詩』（*Unvollkommenes Gedicht über die Ewigkeit*）からの引用。ハラーについては本書「徳論への序論　X」の訳注（3）を参照されたい。

第二十七節

（1）（二六九頁）第二版ではこの「人間がではなく」（nicht der Mensch）という表現は削られている。

（2）（二六九頁）「同様に」（wie）はナトルプおよびゲールランドによる付加。哲学叢書版はこれを採用しており、本書もこれにしたがう。

第二十八節

（1）（二七〇頁）「共にある人間」は Mitmensch.

第三十節

（1）（二七三頁）この段落の議論については、『人倫の形而上学の基礎づけ』で、定言命法の第四の例として挙げられる、困窮した他者を助けるという義務についての論述を参照されたい。困窮した他者を助けないという「準則にしたがって普遍的自然法則がたしかに成り立つ次第が可能である」としても、「そういった原理が自然法則としていたるところで妥当するのを、**意欲すること**

はそれでも不可能なのである。なぜならそうしたことを決心する意志は、自分自身と衝突するにいたるだろうからである。その者が他者の愛や同情を必要とする場合が、やはりいくらでも生じうることだろう。そういった場合に彼は、自分自身の意志に由来する右のような自然法則によって、自分の願望する助力へのいっさいの希望をみずから断ち切ってしまうことになるだろう」(『人倫の形而上学の基礎づけ』第二章)。

第三十一節

(1)(一七六頁)「実際に親切を示したことにはならない」(dem ich aber wirklich keine Wohltat erweise)は第二版での追加。哲学叢書版は第二版により、本書もこれにしたがう。

第三十四節

(1)(一八一頁)「賢者」はder Weise. 本書「徳論への序論 II」の訳注(4)を参照されたい。

第三十五節

(1)(一八三頁)初版ではder Stolz, einen über sich zu sehen(ある他者を自分の上位に見る尊大)であるが、第二版でのder Stolz, einen nicht über sich sehen zu wollenへの修正にしたがい訳している。

第三十六節

(1)(一八五頁)「僻情」は Leidenschaft. 本書「徳論への序論 XIV」の訳注(1)を参照されたい。

(2)(一八八頁) 古代ローマの喜劇詩人テレンティウス(Publius Terentius Afer, c. 185–159 BC)の『自虐者』(*Heautontimorumenos*)からの引用。カントはこのことばを、『美と崇高の感情にかんする観察』等でも引用している(『美と崇高の感情にかんする観察』第二章)。

(3)(一八八頁)『新約聖書』「ローマの信徒への手紙」第十二章第十九節に登場することば。

(4)(一八九頁)「穏やかに」(sanft)は第二版では「柔弱に」(schlaff)と改められており、哲学叢書版は第二版による。

(5)(一八九頁)「断念すること」(Entsagung)は第二版では「放棄すること」(Verzichtleistung)に改められており、哲学叢書版は第二版による。

(6)(一九〇頁) ハラー『災いの起源について』からの引用。本書「徳論への序論 X」の訳注(3)を参照されたい。

第三十七節

(1)(一九一頁)「利己愛」(Eigenliebe)と「うぬぼれ」(Eigendünkel)については、本書「倫理学の原理論」第十二節の訳注(2)を参照されたい。

(2)(一九一頁) こうした尊厳という価値については、『人倫の形而上学の基礎づけ』で詳しく説明されている。「目的の王国にあって、すべてのものは価格を有するか、尊厳を備えている。価格を有するものは、そのもののかわりにまた、等価物としての或る他のものが置きかえられることができる。これに対して、あらゆる価格を超えており、かくてまたいかなる等価物もゆるさないものこそが、尊厳を備えているのである」(『人倫の形而上学の基礎づけ』第二章)。

第三十九節

(1)(一四四頁)『純粋理性批判』「超越論的弁証論」の主題となる「超越論的仮象」も、こうした主観的なものと客観的なものの取り違えにより生じるとされていた。超越論的仮象が生じる原因は、「(主観的に、人間の認識能力として見られた)私たちの理性のうちには、理性を使用するさいの根本規則や準則がふくまれているけれども、それらはまったく客観的原則であるかのような見かけをしている。そのために、私たちの概念のある種の結合、すなわち悟性のためになされる結合が有する主観的な必然性が、物自体そのものを規定する客観的必然性であるかのように見なされることがおこってしまう、という次第なのである。これはまったく避けがたい錯覚なのであって、それはちょうど私たちが海を見るとき、岸辺よりも沖合のほうを高い光線を通して見るために、岸辺よりも沖合が高く見えるのを避けがたいのと同じである」(『純粋理性批判』B 353-354)。

第四十一節

(1)(一九六頁)本書「徳論への序論　Ⅱ」の「注解」にもあったように、徳＝＋aと、消極的な不徳＝0の対立が「論理的な矛盾対当」(*contradictorie oppositum*)であり、その一方で徳＝aと悪徳＝

−a（マイナス）の対立が、「反対対当」(*contrarie s. realiter oppositum*)である。同箇所の訳注(7)も参照されたい。

第四十二節

(1)(一九七頁)「名誉愛」(Ehrliebe)と、「高慢」にほかならない「名誉欲」(Ehrbegierde)のちがいは、本書「倫理学の原理論」第四節ですでに話題になっていた。同箇所の訳注(6)も参照されたい。

(2)(一九八頁)「愚鈍」は Torheit,「愚劣」は Narrheit. このふたつのことばについては、『実用的見地における人間学』で説明がなされている。「愚鈍であるのは、価値を持たない目的のために価値のあるものを犠牲にしてしまう者」のことであるが、「侮辱的であるような愚鈍を、愚劣と言う」(第四十九節)。

第四十五節

(1)(二〇四頁)「自然の形而上学」から物理学への移行は、カントが最晩年に取りくんだ、哲学上のテーマ。そのこころみの断片が、カントの最晩年の遺稿『オプス・ポストゥムム』として、アカデミー版カント全集第二十一巻および第二十二巻に収録されている。

(2)(二〇四頁)「図式化する」は schematisieren.「図式」(Schema)は、『純粋理性批判』では、純粋な悟性概念であるカテゴリーと、感性的な現象を結びつける第三項として問題となっていた。「さて一方でカテゴリーと、他方では現象と同種性の関係のもとに立たなければならず、そのことでカテゴリーの現象に対する適用を可能にするような、第三項がなければならないことはあきらかである。こうした媒介する表象は、(いっさいの経験的なものをふくまない)純粋なものでなければならず、しかも一面では知性的であり、他面で感性的でなければならない。そうした表象が超越論的図式なのである」(『純粋理性批判』B 177)。

第四十六節

(1)(二〇七頁)「~とすれば」は初版の und wenn によるが、第二版による哲学叢書版では sodaß(それゆえに)となっている。

(2)(二〇八頁) この四人はみなギリシア神話の登場人物。ミュケナイ王アガメムノンの子オレステス(Orestes)は、父が殺害されたのち、親族のフォキス王ストロフィオスのもとに逃れ、その子であるピュラデス(Pylades)とともに育てられた。その後も二人は艱難辛苦や流浪を共にし、忠実な友人関係を代表するものとされた。テセウス(Theseus)はアッティカの国民的英雄であり、ピリトゥス(Pirithous)はテセウスの親友として、アマゾン遠征などのさまざまな冒険を共にした。

(3)(二〇八頁)アリストテレスの『エウデモス倫理学』には「数多くの友だちを持つ者には、ひとりの友もない」(第七巻第一二章)とある。同趣旨の文章は、ディオゲネス・ラエルティオスの『哲学者列伝』のアリストテレスの項目でも引用されており(第五巻第一章二十一)、おそらくカントはここからアリストテレスのこのことばを知ったのであろう。なお『実用的見地における人間学』にも同じアリストテレスからの引用がある（第十四節）。

（4）（二一〇頁）「激情」はAffekt. 本書「徳論への序論 XIV」の訳注（1）を参照されたい。

第四十七節

（1）（二二一頁）こうした人間の「非社交的社交性」（ungesellige Geselligkeit）については、カントの一七八四年の論文「世界市民的見地における普遍史の理念」で詳しく論じられている。「私がここで理解する敵対関係というのは、人間の非社交的社交性のこと、すなわち人間が社会のなかに入ってゆこうとする性癖であるが、同時にこれは社会を絶えず分断する恐れのある一般的抵抗と結びついている性癖のことである。……一方で人間には社会をつくろうとする傾向性がある。……しかしまた他方で、自分はひとりでいたい（孤立したい）という人間の性癖も大きい」（第四命題）。

（2）（二二三頁）古代ローマの風刺詩人ユヴェナリス（Decimus Junius Juvenalis, c. 50–c. 130）の『風刺詩』（*Satirae*）に由来することば。

倫理学の方法論

第四十九節

（1）（二二八頁）「理説」はDoktrin.「予備学」としての「批判」（Kritik）と対比される、実質をふくむ学問の体系を指す用語。「それだから私たちは、純粋理性とその源泉ならびに限界とをたんに評価するにすぎない学を、純粋理性の体系のための予備学とみなすことができる。そのような予備学は純粋理性の理説ではなく、たんに純粋理性の批判とだけ呼ばれなければならないだろう」(『純粋理性批判』B 25)。

第五十節

(1)(三〇頁) 母パイナレテが助産婦であり、自身も他者の思想の助産婦であると語る、(プラトンの描く)ソクラテスを念頭に置いた表現。プラトン『テアイテトス』を参照されたい。

(2)(三〇頁) セネカの『書簡集』(*Epistulae*)に「ひとびとは教えるあいだに学ぶ」とあるのに由来する表現。

第五十一節

(1)(三二頁)「徳論への序論 XVII」の「注解」で、「対話的(ソクラテス的な)方法」が定義されていた。本書九四頁を参照されたい。

第五十三節

(1)(三三頁) エピクロス(Epikouros, c. 341–c. 270 BC)は古代ギリシアの哲学者。真の幸福は魂の平安(アタラクシア)にあるとする快楽主義を説き、エピクロス派の創始者となった。『実践理性批判』では最高善の問題をめぐり、エピクロスはストア派と対照的な立場に位置づけられる。カントはそうした文脈でもエピクロスをたんなる快楽主義者と見なしていない。「エピクロスはかえって、まったく利己的でない善行を、衷心からの歓びを享受する方法のうちに数えいれた。さらに節制やら傾向性の抑制やらが、きわめて厳格な道徳哲学者がつねに要求するだろうようなしかたで、満足にかんするエピクロスの一覧表のうちにはともに属していた(エピクロスが満足のもとに理解していたものは、心情の不断の悦ばしさである)」(『実践理性批判』第一部第二篇第二章II)。「有徳なエピクロス」(der tugendhafte Epikur)という表現も、すでに『実践理性批判』のこの文脈に登場する。

(2)(二三三頁) ホラティウスの『書簡集』に由来する表現。「なんら罪の自覚なきこと、いかなる非難にも青ざめることなきこと、これが青銅の壁であれ」という文脈に登場する。

むすび

(1)(二三六頁) 一七九三年のカントの著作である、『たんなる理性の限界内の宗教』というタイトルを念頭に置いた表現。

(2)(二三六頁) プロタゴラス(Protagoras, c. 494–c. 424 BC)は古代ギリシアのソフィストを代表する人物。真理の客観的・絶対的基準の存在を否定し、「人間は万物の尺度である」ということばに代表される、相対主義を説いたとされる。

(3)(二三六頁) クインティリアヌス(Marcus Fabius Quintilianus, c. 35–c. 100)は古代ローマの修辞学

者で、『雄弁家教育論』(*Institutio Oratoria*)の著者。ただしアカデミー版のナトルプの注解によれば、このプロタゴラスのことばの真の出典は、ローマの政治家・哲学者のキケロ(Marcus Tullius Cicero, 106–43 BC)の『神々の本性について』(*De natura deorum*)である。

(4)(二三六頁)こうした裁判所における誓いの問題については、「法論」の第四十節で主題的に論じられている。

(5)(二三八頁)本書「倫理学の原理論」第十三節の訳注(3)を参照されたい。

(6)(二三九頁)初版によるアカデミー版では dargelegt werden könnte(表明されうるであろう)であるが、第二版での darlegen müßte への変更にしたがい訳出した(哲学叢書版も第二版による)。

(7)(二四〇頁)先の「むすび」の訳注(1)でも言及した、一七九三年のカントの著作のタイトル。

(8)(二四三頁)ユピテル(Jupiter)はローマ神話の最高の神。ギリシア神話の「ゼウス」にあたる。

(9)(二四三頁)ホラティウスの『カルミナ』による。カントは一七九四年の論文「万物の終わり」でも、ホラティウス『カルミナ』の「よろめき歩きの罰」(*poena pede claudo*)という表現を引用している。

(10)(二四四頁)イエスの十字架の死による贖罪のこと。カントは『たんなる理性の限界内の宗教』においてすでに、イエスの贖罪を論じていた(第二編、とくに第一章c)。

訳者解説

はじめに

そういうわけですから、私たちがはなればなれになって以来、私は多くの部分において他者の洞察に席を譲ってきました。そして、私の注意をとりわけ人間の能力と傾向性の本来の使命と制限を知ることに差し向けた結果、人倫(die Sitten)にかんすることがらについては、ついにかなりの成功を収めることができたと私は考えています。それで私は今、『人倫の形而上学』(eine Metaphysik der Sitten)に従事しています。そこでは、明白で実り豊かな原則であるとか、この種の認識において世間で非常に広くおこなわれてはいるけれども、大部分は実りのすくないさまざまな努力を役に立つようにしたいならば、したがわなければならない方法であるとかを提示できるものとうぬぼれています。私のいつも不安定な健康が私を邪魔することさえなければ、私は今年中に完成できるものと期待しています。

カントの『人倫の形而上学』は、一七九七年の一月に第一部の『法論の形而上学的原理』(以下、『法論』とも略)が、同年の八月に第二部の『徳論の形而上学的原理』(以下、『徳論』とも略)が、それぞれ刊行されるというかたちで、一七九七年に出版された。右に引用したカントの書簡は、カントが著作として『人倫の形而上学』を出版する意向を示した、もっとも早い時期の書簡である。この書簡はいつごろ書かれたものだろうか。健康さえ許せば「今年中に完成できる」と述べているところからして、一七九七年の出版直前のものだろうか。いや、『純粋理性批判』を出版するのにいわゆる「沈黙の十年」を要したカントのことだから、十年ほど前のものであろうか。実はこの書簡は、カントの教え子であった時期のあるJ・G・ヘルダーに宛てた、一七六八年五月九日付の書簡なのである。著作としての『人倫の形而上学』の構想は、実際の出版のおよそ三十年前にまで遡ることになる。

このあとこの「訳者解説」で概観するように、カントはその三十年のあいだ、『人倫の形而上学』を出版する意向をくりかえし述べており、おそらくカントが『人倫の形而上学』の出版を断念したことは、一度もない。『人倫の形而上学』の出版は、カントの四十代半ばから七十代半ばの三十年をかけて、いわば「模索の三十年」をつうじて追求された、一大プロジェクトであったのである。

カントの哲学は一般的に、『純粋理性批判』『実践理性批判』『判断力批判』の三批判書を中心として考えられることが多い。こうした、三批判書を中心とするカント理解は、その後の哲学史におけるカントの受容のされかたからして、おそらく今後も動かないであろう。とはいえ、すくなくともカントの個人史においては、『人倫の形而上学』の構想と模索という観点から、三批判書中心史観を相対化することもできるように思われる。『人倫の形而上学』の構想は一七六八年、あるいはその原型をなす構想としては一七六五年にまで遡ることができ、これは『純粋理性批判』の構想より古い。『実践理性批判』と『判断力批判』にいたっては、その独立した著作としての明確な構想は、実際の刊行の直前までしかたどることができず、『人倫の形而上学』の構想とその古さを比べるまでもない。『人倫の形而上学』のための「模索の三十年」は、『純粋理性批判』の出版に向けた一七七〇年代の「沈黙の十年」と、三批判書が立てつづけに刊行された一七八一―九〇年の十年間をすっぽりと覆い、なおその前後に十年の幅を有するのである。そしてカントは一七九〇年の『判断力批判』をもって、ある程度の時間と余力を残した状態で、理性批判という課題を「卒業」することができた。これに対し、『人倫の形而上学』

はカントの著作活動の最終盤に位置づけられる、晩年の著作である。三十年もの長い期間にわたり、そして著作家としての最晩年にいたるまで、この作品を出版しなければならないという圧力によってカントに執拗に迫りつづけ、最終的にカントのほぼ最後の精力を吸い尽くしたのが、『人倫の形而上学』という作品の構想だったのである。

カントのこの作品は、理想社と岩波書店のカント全集に収録された邦訳があるほか、より一般読者向けの邦訳書としては、『徳論』の部分を『道徳哲学』と題して訳した、旧岩波文庫版の白井成允・小倉貞秀訳があるとともに、中央公論社の「世界の名著」および「中公バックス」のカントの巻には、『プロレゴーメナ』および『人倫の形而上学の基礎づけ』(以下『基礎づけ』とも略)とともに、『人倫の形而上学』の『法論』と『徳論』の双方の邦訳が収録されていた。このシリーズが「中公クラシックス」に移行するにともない、『人倫の形而上学』の邦訳は収録されなくなったが、かつて坂部恵はその「中公クラシックス」のカントの巻の刊行にあたり、「できれば『基礎づけ』を『人倫の形而上学』とあわせて読むことが望ましい」のであり、「その点、この〈中公クラシックス〉のもととなった〈世界の名著〉シリーズの『カント』が、ここに採られた『プロレゴーメナ』『人倫の形而上学の基礎づけ』とならんで『人倫の形而上学』のテキストを含んでいたことは、編者である野田又夫の見識を示す適切な選択である」と指摘していた

(坂部恵「二〇一年目のカント」、『中公クラシックス　カント』に所収)。その『人倫の形而上学』の邦訳のテキストが、『法論』の訳者である熊野純彦の発案により、ここにはじめて『法論』と『徳論』からなる完全なかたちで、岩波文庫として刊行されることになった。

この「解説」は、先行して独立に刊行された『法論』と、本書の内容である『徳論』をあわせた、『人倫の形而上学』全体の解説である。まずはカントの『人倫の形而上学』の刊行に向けた「模索の三十年」の歩みを、著作・書簡・講義録・遺稿といった各種の資料をもとに、それぞれの時代の特色に留意しつつ明らかにしたい(1〜4)。そのうえで、『人倫の形而上学』の各種テキストの存在の問題を取りあげ(5)、さらにカントが「模索の三十年」をかけて追求した「人倫の形而上学」とはなんであったのかを、『人倫の形而上学』のテキストをもとに考えたい(6)。最後に、『人倫の形而上学』の『法論』および『徳論』の内容を全体にわたって概観する(7〜12)。

なお本書の訳書名である『人倫の形而上学』についてあらかじめ断っておくと、これは原書のタイトル Die Metaphysik der Sitten を訳したものである。先に『人倫の形而上学の基礎づけ』と訳して言及したのは Grundlegung zur Metaphysik der Sitten であり、両作品は Metaphysik der Sitten という共通のテーマをふくみ、後者が前者の「基礎づけ」であるという密接な関係にある作品である。ただし『基礎づけ』が論じているのはもっぱら道徳の問題であるため、Sitteを「道徳」と訳し、『道徳形而上学の基礎づけ』という邦訳のタイトルがつけられることがある。これに対しDie Metaphysik der Sittenは道徳(徳論)ばかりではなく、法論をもふくみ、我が国の哲学の用語では法と道徳の両方をふくむものを「人倫」と呼ぶことが多いため、今回の訳書のタイトルは『人倫の形而上学』とした。『道徳形而上学の基礎づけ』と『人倫の形而上学』の課題とテーマの連続性が見失われることがないよう注意されたい。

(＊)カントの著作や書簡、講義録、遺稿の引用や参照にさいしては、引用・参照箇所のアカデミー版カント全集の巻数(ローマ数字)と頁数(アラビア数字)を、本文中に示す。たとえば冒頭に引用した、カントの一七六八年五月九日付のヘルダー宛書簡の箇所は、アカデミー版カント全集の第十巻の七十四頁にあるので、(X 74)となる。ただし『純粋理性批判』は原書初版をA、第二版をBとして、その頁数を示す。また遺稿「レフレクシオーン」については、略号Refl.を用いて、アカデミー版の巻数・ページ数とともに整理番号も示す。

1　一七六〇年代の発端

カントの『人倫の形而上学』の構想が一七六八年五月のヘルダー宛書簡にまで遡ることはすでに指摘した。ただカントが倫理学にかんする著書を出版する意向を示したのは、これがはじめてのことではない。すでに一七六五年十二月三十一日付のＪ・Ｈ・ランベルト宛書簡でもカントは、『実践哲学の形而上学的原理』(die metaphysische Anfangsgründe der praktischen Weltweisheit) という作品の構想を語っていた。「ですから、新しい哲学の計画者だと咎められないために、私はいくつかの小著を先に出しておかなければなりません。その材料は、目前に準備できています。そのうち『自然哲学の形而上学的原理』と『実践哲学の形而上学的原理』が、その最初のものとなるでしょう。これらの作品によって、主著のほうは、あまりにも冗長であるけれども、とはいえ不十分な実例によってあまりに長すぎることはなくなるでしょう」(X 56)。一七六五年の年末の時点で、幻のカントの最初の倫理学書、『実践哲学の形而上学的原理』は「目前に準備できて」いたというのである。実際にはカントのはじめての倫理学書は、その二十年後、一七八五年に出版された『基礎づけ』になるわけであるが、倫理学の作品を刊行したいという意向は、一七六五年のランベルト宛書簡に、しかもそれを『人倫の形而上学』というタイトルで出版するというアイディアは、一七六八年のヘルダー宛書簡に、それぞれすでに認められるのである。

しかし一七六〇年代に公刊されたカントの著作や論文において、実践哲学や倫理学の問題を論じた箇所は、きわめて限られている。そのためこの時期のカントが『実践哲学の形而上学的原理』や『人倫の形而上学』をどのような作品として執筆しようとしたのかについて知るための手がかりは乏しい。それでもこの時期のカントの倫理学にかんする論述から読みとることができる特徴的な発想はふたつある。それはひとつには、倫理を倫理たらしめる究極的な根拠、「人倫性の第一諸根拠」(die erste Gründe der Sittlichkeit)という問題への強い関心であり、もうひとつにはイギリスの道徳哲学に由来する「道徳感情」論への強い共感である。前者の問題関心は、のちに確認するように、一七七〇年代を経て、一七八五年の『基礎づけ』の基本的な課題設定にそのまま真っすぐにつうじるものであり、後者の共感からは、カントはやがて「卒業」することになる。

一七六四年の論文「自然神学と道徳の原則の判明性についての探究」(以下、「判明性」論文と略)は、タイトルからして道徳についての立ちいった考察を期待させるものであるが、道徳の原則についての論述に割かれたページはわずかである。「第一考察」から

「第四考察」によって構成されるこの論文において、「第三考察」までで論じられているのは、数学的認識と形而上学の問題であって、「第四考察」においてはじめて、第一節で自然神学の問題が、第二節でようやく道徳の原則の問題が論じられるにすぎない。その「第四考察」第二節の論述によれば、実践哲学においては、そのもっとも基本的な概念であるはずの「拘束性」(Verbindlichkeit)の概念すら、明らかにされていない。「拘束性」は「べきである」(Sollen)によって表現されるが、ここでカントはのちの仮言命法と定言命法の区別を先取りするかたちで、「べきである」をふたつの意味に分ける。ひとつには、目的としての他のあることを欲するのであれば、手段としてあることを「なすべきである」という場合であり、もうひとつには直接にあることを「現実化すべきである」という場合である(II 298)。カントによれば前者は、本来の意味での拘束性を表現するものではない。「それはただある問題の解法としての指示を与えるだけであり、私がある目的を達成しようとするときに、どのような手段を用いなければならないかを示すだけ」(II 298)なのであって、「それは拘束性の定式ではなく、蓋然的な熟練のそれにすぎない」(II 299)からである。ある別の目的のための手段ではなく、端的に目的としての行為を命じる「なすべきである」こそが、本来の意味での拘束性を表現するものでなければならないが、カントはこの論文では、「すべての拘束性のそのような直接的で最上の規則は、端的に証明不可能でなければならない」(II 299)と主張する。証明できるのであれば、そこにはある別の目的が前提とされていることになるからである。

カントはすでに「判明性」論文の時点で、道徳の原則という「この対象について長いあいだ考察してきた」(II 299)と語るが、問題は証明不可能であるというすべての拘束性の最上の規則が、どのようにして認識されるかである。ここでカントは「最近になってようやく次のことが認識されはじめた、つまり真なるものを表象する能力が認識であり、その一方で善なるものを感じる能力は感情であって、この両者は決してたがいに取りちがえられてはならない、ということである」と指摘する。「これは善い」という判断は、「完全に証明不可能であり、それは快の感情の意識が対象の表象と直接に結びついた結果」なのである(II 299)。カントはこうした道徳の原則の分析において、「ハチソンとその他のひとびとは、道徳感情という名のもとに、これについて素晴らしい考察への手がかりを与えている」(II 300)と、ハチソンに代表されるイギリスの道徳感情論を高く評価しているが、とはいえ道徳感情論が問題をすべて解決するとまで考えているわけではない。「判明性」論文の「第四考察」第二節の結論は否定的なもので、「人倫性の第一諸根拠(die erste Gründe der Sittlichkeit)においては、最高度の哲学的明証性が得られることがたしかに可能でなければならないが、とはいえまず拘束性の最上の根本諸概念がより確実に規定されなければならず、この点にかんしては、実践哲学には思弁哲学に比べてなお大きな欠陥がある」とされる。というのも、カントにとってはこの時点では「はたして実践哲学の第一の諸原則を決定するのは、たんに認識能力であるのか、それとも感情(欲求能力の第一の内的根拠)であるのか」ということすら、決定されていないからである(II 300)。

「人倫性の第一諸根拠」への関心、道徳感情論への共感、しかし現状の倫理学への批判的な見方という、「判明性」論文での倫理学への態度は、「一七六五―六六年冬学期講義計画公告」(以下「講義計画」と略)にも認められる。ここでカントは、形而上学、論理学の講義の予告をしたのちに、倫理学の項目を、「道徳哲学には、奇妙な宿命がある」(Die moralische Weltweisheit hat dieses besondere Schicksal)と書き出している(II 311)。これは『純粋理性批判』初版の「人間の理性には、ある種の認識について奇妙な宿命がある」(Die menschliche Vernunft hat das besondere Schicksal in einer Gattung ihrer Erkenntnisse)という書き出し(A VII)を先取りするものであって、この時点のカントにとっては、解決不能な形而上学的問いを課せられた人間理性ではなく、第一原理が確定しない道徳哲学のほうに深刻な問題があったのである。「講義計画」によれば、その道徳哲学の宿命とは、道徳哲学は形而上学よりも学問的であり、厳密であるとの評判があるが、実は学問らしさも厳密さも欠いているということであり、その原因は、「行為における善悪の区別、人倫的な正当性の判断はただちに、証明という回り道なしに人間の心情により、感情と名づけられるものをつうじて、容易に正しく知ることができる」(II 311)という点にある。こうした点で、「シャフツベリ、ハチソン、ヒュームのこころみは、たしかに不完全で欠陥があるが、すべての人倫性の第一諸根拠(die erste Gründe aller Sittlichkeit)の探求については、もっとも進んでいる」のであり、カントは自分の倫理学の講義で、「このこころみに欠けている精密さと補足的な部分を補う」つもりなのである(II 311)。

そのカントの倫理学の講義はどのようなものであったのだろうか。一七六〇年代のカントの倫理学の講義の内容をうかがう資料としては、アカデミー版カント全集の第二十七巻に収録された「ヘルダーの実践哲学」がある。この講義録では「唯一の道徳の規則」が、「君の道徳感情にしたがって行為せよ!」(XXVII 16)と定式化されているように、やはり道徳感情論への傾斜が認められる。ところで『人倫の形而上学』の前史という観点から重要なのは、著作としての『人倫の形而上学』のもっとも基本的な区別である『法論』と、『徳論』ないしは「倫理学」の区別が、すでにこの講義録に認められることである。「倫理学」(Ethic)が語るのは内的な拘束性、「自然法」(jus naturae)が語るのは外的な拘束性と、拘束性の種類に応じて自然法と倫理学を区別する箇所がある(XXVII 8)ほか、「実践哲学への導入」と題された部分の第一節では、倫理学の位置づけが法論との関係で規定されている。「倫理学、つまり内的な義務の学問は、一般的な実践哲学のもとに属し、法論、つまり外的な義務の学問と並列している」と指摘されたのち、「自然法と倫理学はそれゆえまったくことなっている、というのも前者は責務(Schuldigkeit)を、後者は別の拘束性を要求するからである」とされる(XXVII 13)。このあと倫理学を徳論と呼ぶことの是非が、欲望との内的闘いを必要としない天使や神の場合には、倫理学はあっても徳論はないことなどをめぐり問題とされているが、すくなくとも人間にかんするかぎりでは、「倫理学を徳論によって説明することはよい」(XXVII 13)というのがカントのこの時期の考えであり、この講義録で法論や自然法から区別されている倫理学とは、徳論のことである。著作としての『人倫の形而上学』のもっとも基本的な区分である『法論』と『徳論』の区分は、カントが『実践哲学の形而上学的原理』や『人倫の形而上学』という著作をはじめて構想していた一七六〇年代に、すでに確認することができるのである。

法論と徳論ないしは倫理学の区別は、一七六〇年代のものと推定される遺稿にも認められる。一七六〇年代半ばの遺稿では、「古代人たちは自然法と倫理学を取りちがえた」

(XIX 93, Refl. 6579)とされるが、自然法つまり法論と倫理学つまり徳論をあくまで区別するのが、近代倫理学としての『人倫の形而上学』なのである。その両者については、一七六〇年代半ばもしくは七〇年代初頭の遺稿では、「当然なすべきことについての法則の総体が法論(Jus)であり、功績あることについての法則の総体が倫理学(Ethica)である」と区別される(XIX 31, Refl. 6498)。こうした法論と倫理学の区別は一七六〇年代の遺稿において、さまざまな実践哲学の根本諸概念に適用される。たとえば一七六〇年代半ばの遺稿では、義務について、不完全義務は「倫理学」に、完全義務は「自然法」に属するものとされ(XIX 10, Refl. 6457)、また道徳的な強制についても、一七六〇年代半ばから一七七〇年秋ごろまでの遺稿によれば、外的な強制が「法の動機」によるもの、内的な強制が「倫理学の動機」によるものと区別される(XIX 27, Refl. 6492)。「功績」(meritum)についても、一七六〇年代ないしは一七七〇年代初頭の遺稿においては、「倫理学の功績」と「法の功績」への区分がなされ(XIX 51, Refl. 6517)、また一七六〇年代の遺稿では、法的な行為の「功績」(Verdienst)は0、倫理的な行為の功績は0以上の或るもの＝aであるとされる(XIX 96, Refl. 6585)。さらに一七六〇年代後半の遺稿では、「自由」(libertas)についても、倫理的な自由と法的な自由が区別されており(XIX 336, Refl. 7340)、一七六〇年代のカントにとっても、法と倫理の区別は、義務や強制、功績、さらには自由という、実践哲学のさまざまな基礎概念にかかわるものであったのである。一七九七年刊行の『人倫の形而上学』の構想の発端となった、一七六〇年代のカントの実践哲学をめぐる状況は、以上のようなものであった。この時期に発表した作品を読むかぎりではカントは、倫理の根本的な原理である「人倫性の第一諸根拠」に強い関心を示し、道徳感情論に共感しつつも、そこにも完全に満足することができず、人倫についての学の根本的な土台はまだ確定していないように見える。それでも『実践哲学の形而上学的原理』や『人倫の形而上学』の刊行の意向を示していたことからすると、この時期のカントなりの「人倫性の第一諸根拠」の考えがあったのであろうか。そして講義録や遺稿から読みとれるのは、著作としての『人倫の形而上学』のもっとも基本的な区分である『法論』と『徳論』の区分を準備する、法論や自然法と倫理学ないしは徳論との区別が、すでにこの時期に考えられていることである。『人倫の形而上学』の構想と同じく、実践哲学を『法論』と『徳論』に区分するという発想も、一七六〇年代のカントに遡るのである。

2　一七七〇年代の熟成

一七七〇年、カントはケーニヒスベルク大学の教授に就任し、教授就任論文「可感界と可想界の形式と原理について」を発表する。この論文は「沈黙の十年」を経て一七八一年の『純粋理性批判』にいたる原点となるとともに、カントの『人倫の形而上学』の構想にとっても大きな転回点となった作品であった。すでに見たように、一七六四年の「判明性」論文においては、理論哲学よりも欠陥の多い実践哲学がまず解決しなければならない問題は、「はたして実践哲学の第一の諸原則を決定するのは、たんに認識能力であるのか、それとも感情(欲求能力の第一の内的根拠)であるのか」というものであった(II 300)。一七六〇年代半ばの「講義計画」や、講義録「ヘルダーの実践哲学」を見るかぎりでは、一七六〇年代のカントは、「それを決定するのは感情である」と答える方向に傾いていたであろう。ところが、教授就任論文の第九節では、「道徳哲学が評価の第一原理を呈示するかぎり、それは純粋知性によってのみ認識され、それ自身純粋哲学に属する」(II 396)と、道徳の第一原理を決定するのは「純粋知性」(intellectus purus)という認識能力であるという、それまでの思想傾向とは真逆の立場が示される。この転回のあおりを受けたのは、「講義計画」で称賛されていたシャフツベリであって、教授就任論文では「道徳哲学の評価基準を快と不快の感覚においたエピクロスは、距離をとってではあれ、ある点までは彼にしたがったシャフツベリや彼の追随者のような何人かの近代人ともどもに、非難されて至極当然である」(II 396)と、道徳感情論はエピクロス主義の延長線上に位置づけられ、退けられることになる。ともあれ、こうしてカントは道徳感情論から距離をとり、以後は道徳哲学の根本的な原理を「純粋知性」のうちに求めることになる。

この転回は『人倫の形而上学』の構想にとっても大きな一歩であったはずである。実際、教授就任論文を同封した一七七〇年九月二日付のランベルト宛書簡でカントは、あらためて『人倫の形而上学』を書きあげるという決意を表明している。「この夏のあいだじゅうずっと、私は体調がすぐれず、弱っておりました。こうした状況から回復するためにも、そしてそれにもかかわらず余った時間を無為に過ごさないためにも、私はこの冬には、いかなる経験的原理をもふくまない純粋な道徳哲学、いうなれば『人倫の形而上学』(die Metaphysic der Sitten)についての自分の研究を整理し、書きあげようという計画を立てました。この作品は、多くの部分において、これまでとはちがった形式の形而上学のもとで、重要な企てに道を拓くことになるでしょう」(X 97)。この一七七〇年九月の『人倫の形而上学』の出版の意向表明は、一七六五年末の『実践哲学の形而上学的原理』の刊行の予告、一七六八年五月の『人倫の形而上学』の刊行の予告につづく、三度目のカントによる実践哲学の著作の出版の予告である。そしてこの三度目の出版計画も結局のところ実現することはなく、一七八一年の『純粋理性批判』の刊行にいたるまでの「沈黙の十年」に突入することになるわけであるが、注目に値するのは、一七七〇年代初頭のカントの書簡において、新たに生じた『純粋理性批判』の原型をなす作品の構想の一部として、あるいはそれに続く独立した作品として、純粋な道徳哲学ないしは『人倫の形而上学』の構想が語られていることである。

一七七一年六月七日付のM・ヘルツ宛書簡でカントは、『感性と理性の限界』(Die Grentzen der Sinnlichkeit und der Vernunft)という作品の構想を語っている。これが『純粋理性批判』の原型となる作品の構想である。「ですから、いま私は、『感性と理性の限界』というタイトルのもとで、感性界に対して規定される根本諸概念ならびに諸法則の関係を、趣味論と形而上学と道徳学(Moral)の本性の構想とあわせてふくみもつことになるような作品を、いささか詳細に仕上げることに従事しています。この冬のあいだじゅう、私はそのためにすべての素材に目を通し、すべてを精査し、吟味し、照合してきましたが、その計画が仕上がったのは、つい最近になってはじめてのことなのです」(X 123)。この書簡にあるように、『純粋理性批判』の原型となった『感性と理性の限界』という作品の構想には、その一部として、「道徳学」の論述の構想が属していたのである。この一七七一年の書簡の段階でもカントは、素材のすべてを吟味し、「計画が仕上がった」と語るが、まだ「沈黙の十年」ははじまったばかりである。

翌年の一七七二年二月二十一日付のヘルツ宛書簡は、『純粋理性批判』の真の出生時刻を告げるものと言われてきた重要な書簡であるが、そこでも『感性と理性の限界』の構想とともに、純粋な道徳哲学の構想が語られている。カントはまず、「道徳学において感性的なものを知性的なものから区別することにおいては、そしてその区別から生じる諸原則については、私はすでに以前からかなりのところまでなしとげていました」(X 129)と、道徳学における自分の進歩を告げる。この道徳学における感性的なものと知性的なものの区別は、『感性と理性の限界』の構想以前からの、おそらく教授就任論文の執筆のころからの、カントの人倫や道徳の問題との取り組みの成果であろう。さらにカントは、感情、趣味、評価能力の原理、およびそれらの結果としての快、美、善の原理についても考察を進めており、「私は『感性と理性の限界』というようなタイトルをつけることのできる作品へ向けた計画を立てました」(X 129)と語る。この時点での『感性と理性の限界』のプランは以下の通りである。「その作品は理論的部門と実践的部門という二部構成になると考えました。第一部は、一、現象論一般。二、形而上学、しかもその本性と方法にかんしてのみ、というふたつの章からなります。同様に、第二部もふたつの章からなります。第一章は、感情、趣味、感性的欲求の普遍的原理。第二章は人倫性の第一諸根拠」(X 129)。二部構成の『感性と理性の限界』のうち、実践的部門である第二部の第二章で、一七六〇年代のカントが倫理学について問題としてきた、「人倫性の第一諸根拠」(die erste Gründe der Sittlichkeit)を論じるプランがあったのである。実際には一七八〇年代において、「人倫性の第一諸根拠」の問題は、『感性と理性の限界』を原型とする『純粋理性批判』ではなく、そこから独立した著作としての『基礎づけ』で論じられることになるが、『純粋理性批判』に向けたカントの努力は、人倫や道徳の問題との取り組みもふくんでいたはずである。

このあとヘルツ宛書簡では、「私たちが私たちのうちにあって表象と呼んでいるものが、対象に関係するのはいかにしてなのか」(X 130)という問い、つまり経験に由来しない純粋な表象が、にもかかわらず経験の対象と関係するのはいかにしてなのかという問い、のちに『純粋理性批判』においてカテゴリーの「超越論的演繹」として定式化されることになる問題をめぐり、プラトンやアリストテレス、マールブランシュやクルージウスなど、さまざまな立場が吟味される。そしてその探究についてカントは、「私の狙いの本質的なところにかんしては、私は成功しました」と宣言し、次のような予告をする。「私はいまや、理論的および、たんに知性的であるかぎりでの実践的認識の本性をふくむような純粋理性の批判(eine Critick der reinen Vernunft)を提示できる状態にあります。そのうち、形而上学の源泉と方法と限界をふくむ第一部をまず仕上げ、つづいて人倫性(die Sittlichkeit)の純粋な原理を仕上げることになります。前者については、およそ三か月以内に出版することになるでしょう」(X 132)。『感性と理性の限界』ないしは『純粋理性の批判』の第一部を三か月以内に出版するという、この宣言も実現はされなかったわけであるが、その次の一歩として、カントは「人倫性の第一諸根拠」ないしは「人倫性の純粋な原理」についての倫理学書を出版する見通しを持っていたのである。ともあれ、まずはそれに先立つ、『感性と理性の限界』ないしは『純粋理性の批判』の第一部が出版されることがなければ、一七六八年以来構想されてきた『人倫の形而上学』はいつまでも日の目を見ることがない。

一七八一年の『純粋理性批判』では、のちに見るように、予備学としての「批判」と、体系としての「形而上学」は、あくまで区別されることになる。こうした明確な区別が認められるようになるのは、一七七三年の末のことである。同年末のヘルツ宛書簡でカントは、「本来は純粋理性の批判(eine Critik der reinen Vernunft)である私の超越論的哲学を完成してしまったら、嬉しいだろうと思います」と述べたあとで、「そのあと私は形而上学に進みます。形而上学の部門はふたつだけ、自然の形而上学と人倫の形而上学(die Metaphysik der Sitten)だけであり、そのうち後者を最初に出版するつもりであり、それを前もって楽しみにしています」(X 145)との見通しを伝えている。この書簡では『人倫の形而上学』が『純粋理性批判』から独立した、後者に続く作品として構想されており、『純粋理性批判』→『人倫の形而上学』→『自然の形而上学』という順番で作品を発表する見込みが伝えられていることが注目に値する。実際には一七八一年の『純粋理性批判』初版では、『純粋理性批判』に続く作品として、『自然の形而上学』を出版する見込みは語られても(A XXI)、『人倫の形而上学』の出版は予告されることはなく、実際の出版年も、『自然科学の形而上学的原理』が一七八六年、『人倫の形而上学』が一七九七年と、『自然の形而上学』と『人倫の形而上学』の順番は逆転することになるわけであるが、すくなくとも一七七三年末の時点では、カントは『純粋理性批判』の次は『人倫の形而上学』であると考えていたわけである。

この一七七三年末のヘルツ宛書簡ののち、カントの書簡からは『人倫の形而上学』の構想についての発言は途絶える。「沈黙の十年」であるこの時期には、実践哲学についての論じているカントの公刊された作品もない。この時期のカントの実践哲学についての考えを知る手がかりとしては講義録と遺稿があるだけだが、まず講義録については、一七七〇年代の講義に由来するものと考えられている、ふたつの講義録がアカデミー版カント全集に収録されている。第二十七巻に収録された、「ポヴァルスキーの実践哲学」と「コリンズの道徳哲学」である。これらの講義録では、著作としての『人倫の形而上学』の『法論』と『徳論』の区別を準備する、法と倫理学（徳論）を区別するカギとして、「強制」（Zwang）の有無が機能している。「ポヴァルスキーの実践哲学」によれば、「倫理学は法の教説（die Lehre des Rechts）から区別される」けれども、法が強制による義務、「責務」（Schuldigkeit）をふくむのに対して、「私たちが人間による強制によって強制されえない義務の総体が、倫理学を、もしくは徳論（die Tugend Lehre）をなす。徳論はすべての功績ある義務を包含する」とされる（XXVII 143）。このように倫理学の義務が強制を欠いていることから、「法則は法理的な（juridisch）法則と倫理的な法則に区分される。a 法理的な法則は定言的に、b その一方で倫理的な法則は仮言的に命じる」（XXVII 141）とされるが、これは法と倫理学の関係、および仮言命法と定言命法の区別についての、まだ熟していない思想であろう。ともあれ倫理学や徳論において問題となるのは外からの強制ではなく内的な動機であって、「したがって心根（Gesinnung）の内的な性状から生じる行為は倫理的な行為であり、徳はこの倫理的な行為をなすという動因において成りたつ」(XXVII 162)と整理されている。

こうした法と徳を分かつものとしての「動因」(Bewegungsgrund)という思想がより整理されて示されるのは、もうひとつの一七七〇年代に由来する実践哲学の講義録、「コリンズの道徳哲学」においてである。この講義録によれば、「法論と倫理学の区別は拘束性の種類にではなく、拘束性を果たそうとする動因のうちにある」。倫理学はたしかにあらゆる拘束性について、本来は法論の領域に属する「責務」という拘束性についてさえも語るが、それは「動因が内的である」かぎりでのことであって、「倫理学が考察するのは、義務にもとづいており、ことがらそのものの内的性状に由来する、そして強制にもとづくのではない拘束性である」。これに対し「法論は拘束性の充足を考察するが、その拘束性は義務にではなく、強制にもとづいている」。こうした倫理学における「義務にもとづいて」(aus Pflicht)と法論における「強制にもとづいて」(aus Zwang)が、この講義録においては倫理学と法論の区別のポイントをなしており、倫理学と法論の「区別は、こうした拘束性に対する動因のうちにある。というのも私たちは義務づけられたことを、義務にもとづいても、強制にもとづいても果たすことができるからである」と整理される(以上、XXVII 271f.)。

このように一七七〇年代の実践哲学の講義録においてはすでに、倫理学と法論が、

「義務にもとづいて」と「強制にもとづいて」というかたちで、明確に区別されている。倫理学が問う「義務にもとづいて」は、やがて一七八五年の『基礎づけ』の「第一章」において、たんに義務以外の目的や傾向性にもとづいて義務を果たす「義務にかなって」(pflichtmäßig)から峻別され、これら両者の区別は、一七八八年の『実践理性批判』において、「道徳性」(Moralität)と「適法性」(Legalität)としてあらたに定式化される。著作としての『人倫の形而上学』の『徳論』はそのうち前者の領域を、『法論』が後者の領域を担当することになる。また法(論)と強制の結びつきも、『人倫の形而上学』『法論』の「法論への序論」であらためて説かれることになる論点であるが(「法論への序論D」を参照されたい)、そうした法論に固有な「強制」という問題も、この時期の講義録ですでに扱われていたのである。

こうした強制の有無による法論と倫理学の区別は、後者に強く内面的な性格を与える。カントは「コリンズの道徳哲学」のある箇所で、「法理的にある者が有罪であるのは、その者が他者の権利に反する行為をなしたかぎりにおいてである。その一方で倫理学的にその者が有罪であるのは、行為をなそうという考えを持った場合である」として、後者の実例としていわゆる「山上の垂訓」の一節、『新約聖書』「マタイによる福音書」第五章第二十八節の「みだらな思いで他人の妻を見る者はだれでも、既に心の中でその女を犯したのである」(新共同訳からの引用)というイエスの教えを挙げている(XXVII 433f.)。カントの倫理学と法論の区別は、こうしたきわめて古典的な倫理の発想に根ざすものでもあったのである。

一七七〇年代の遺稿でも、法と倫理の区別はくりかえし論じられている。たとえば一七七〇年代終盤の遺稿では、「拘束性」について、完全で外的なものが「法理的」、不完全な拘束性が「倫理的」とされるほか(XIX 236, Refl. 7053)、自由や法則についても、「理念」(idee)ということばを用いて、「内的な自由の理念にもとづく法則はすべての行為にむかい、倫理的である。外的自由の理念にもとづく法則は法理的であり、たんに外的な行為にむかう」(XIX 236, Refl. 7054)とされる。この内的自由と外的自由にもとづく倫理学(徳論)と法論の区別も、著作としての『人倫の形而上学』に引きつがれるものであるが(『徳論』の「徳論への序論 XIV」、およびこの「解説」の6を参照されたい)、ここで注目に値するのは、「理念」ということばが法論と倫理学を区別する原理として機能していることである。同じく一七七〇年代終盤の遺稿では、『人倫の形而上学』が「理念」にもとづく学として構想されている。「『人倫の形而上学』(die metaphysic der Sitten)において私たちは、具体的なすべての人間の特性や適用、またその妨げを度外視して、純粋で普遍的に=妥当する理念(idee)である規準(canon)を求めなければならない」(XIX 172, Refl. 6822)。この遺稿は、『人倫の形而上学』についての言及としては、書簡以外ではもっとも古いものであるが、ここでは『人倫の形而上学』はあくまで「理念」を求めるべき学として規定されているのである。こうした『人倫の形而上学』が十分に展開されるためには、「理念」(Idee)を純粋な理性概念として位置づける、『純粋理性批判』の登場を待たなければならない。

3　一七八〇年代の延引

一七八一年、「沈黙の十年」を破り、『純粋理性批判』がようやく出版される。一七七〇年の教授就任論文において、純粋知性によって認識される「完全性の最大量」である「理想」の典型例とされたプラトンの「共和国のイデア」(idea reipublicae)(II 396)は、『純粋理性批判』でも「プラトンの共和国」(*die platonische Republik*)として、純粋な理性概念である「理念」の典型的な例とされる(A 316 / B 372)。カントがこの「プラトンの共和国」のもとでイメージしていたのは、「各人の自由が他者の自由とともに存立しうるようにする、法則にしたがった人間の最大の自由の体制」(A 316 / B 373)であって、こうした人間のあいだでの自由の両立可能性という発想は、これから見るように、この一七八一年から一七九七年の『人倫の形而上学・法論』にかけての、法の基本的な原理をめぐるカントの思想を特徴づけることになる。『純粋理性批判』において、『人倫の形而上学』が求める理性概念としての「理念」とともに、『人倫の形而上学・法論』のもっとも基本的な思想がカントの批判期の哲学の体系のなかに位置づけられたのである。

『純粋理性批判』のなかで、理性批判のあとに来るべき『人倫の形而上学』の構想が語られているのは、「超越論的方法論」の「純粋理性の建築術」という章においてである。そこではまず純粋理性の哲学が、「予備学」である「批判」と、「体系」である「形而上学」に区分される。「純粋理性の哲学は、ところで次のうちのいずれかである。つまり予備学(予備練習)であり、理性の能力をいっさいのア・プリオリな純粋認識にかんして探究することになり、批判と名ざされるものであるか、あるいは第二に純粋理性の体系(学)、すなわち純粋理性にもとづく体系的に関連した……哲学的認識の全体であり、形而上学と称されるしだいとなるか、なのである」(A 841 / B 869)。さらにこの形而上学が、「純粋理性を思弁的に使用する」形而上学、つまり「自然の形而上学」と、純粋理性を「実践的に使用する」形而上学、つまり「人倫の形而上学」に区分される(A 841 / B 869)。これに先立つ箇所では、「自然の哲学」は「現に存在しているいっさいのもの」(*was da ist*)に、「人倫の哲学」は「現に存在すべきもの」(*was da sein soll*)にのみかかわるとされていたが(A 840／B 868)、この自然の哲学と人倫の哲学の区分は、自然の形而上学と人倫の形而上学の区分と重なるものであろう。さて「純粋理性の建築術」章によれば、「人倫の形而上学」は「なすこととなさないこと(*Tun und Lassen*)をア・プリオリに規定し、それを必然的なものとする原理」をふくむが、「道徳性」(die Moralität)が行為にかかわる唯一の合法則性であって、その合法則性は完全にア・プリオリに原理にもとづいて導出されることができる。それゆえに「人倫の形而上学はほんらい純粋道徳(die reine Moral)なのであり、どのような人間学も(つまりいかなる経験的条件も)その根底に置かれることがない」(以上、A 841-842／B 869-870)。このようにしてカントの著作においてはじめて、「純粋道徳」であるという『人倫の形而上学』の構想が、「批判」に続く、ふたつの「形而上学」の片方として、打ち出されることになったのである。さらにカントは形而上学ということばの「狭い意味では」、「自然の形而上学」だけが形而上学と呼ばれる慣わしであることを認めつつも、「にもかかわらずしかし純粋な人倫論(reine Sittenlehre)は、純粋理性にもとづく、人間的でありながらも哲学的な認識という特殊な部門に属して」おり、そのかぎりでは「私たちは、形而上学という名称を人倫論のためにとっておく」ことにすると主張する。ただしカントはその純粋な人倫論＝人倫の形而上学は、『純粋理性批判』の当面の文脈では主題ではないことを断っており(A 842 / B 870)、『人倫の形而上学』の内容や構成についてはこれ以上詳しくは説明していない。ともあれ、『純粋理性批判』執筆時のカントにとっては、「自然ならびに人倫の形而上学、とりわけて批判」こそが、「私たちが真正な意味で哲学と名づけうるいっさいをかたちづくっている」のであり、「この哲学はあらゆるものを知恵へと、しかも学の途をつうじて関係づける」(A 850 / B 878)。『純粋理性批判』出版時のカントにとって『人倫の形而上学』は、自分の哲学＝知恵への愛(フィロソフィア)の不可欠な一部をなしていたのである。

すでに見たように、一七七三年末のヘルツ宛書簡においてカントは、『純粋理性批判』を完成したのちは、自然と人倫のふたつの形而上学にとりかかり、とりわけ後者の『人倫の形而上学』を先に出版するという見込みを語っていた。ただしこれもすでに指摘したように、一七八一年の『純粋理性批判』初版の「序言」では、『純粋理性批判』に続く作品として、『人倫の形而上学』ではなく『自然の形而上学』の出版が予告されている(A XXI)。そして一七八一年の『純粋理性批判』の出版ののち、これを補完する一七八三年の『プロレゴーメナ』をはさんで、一七八五年に実際に刊行されたのは、『自然の形而上学』でも、『人倫の形而上学』でもなく、後者を基礎づけるという『人倫の形而上学の基礎づけ』であった。この書の課題はただひとつ、「道徳性の最上位の原理を探究し、それを確定すること」(die Aufsuchung und Festsetzung *des obersten Prinzips der Moralität*)にほかならず(IV 392)、一七六〇年代以来の「人倫性の第一諸根拠」の問題との取り組みが、ひとつの著作というかたちを得たことになる。

『純粋理性批判』の「純粋理性の建築術」章では、「予備学」である「批判」と、「体系」である自然と人倫の「形而上学」が、カントの哲学体系の構成をなしていた。『基礎づけ』の冒頭ではこれと並行的な構成が、古代ギリシア以来の論理学と自然学と倫理学という哲学の区分に対応させるかたちで示されている。「古代ギリシアの哲学は、三つの学に分かれていた。すなわち、**自然学**、**倫理学**ならびに**論理学**がそれである。この区分はことがらの本性に完全に合致している」(IV 387)。こうした哲学の区分を前提に、カントは自分の体系構想を示す。ア・プリオリな原理にもとづく哲学はすべて「純粋哲学」であるが、これはたんに形式にかかわる「論理学」と、一定の対象を持つ「形而上学」にわかれ、後者の形而上学は自然の法則を扱う「自然の形而上学」と自由の法則を扱う「人倫の形而上学」に区分される(IV 388)。形式にのみかかわる「論理学」とともに、「自然の形而上学」に経験的な自然学が加わることで「自然学」が、「人倫の形而上学」に経験的な部門(実践的人間学)が加わることで「倫理学」が成り立ち、論理学/自然学/倫理学という古代ギリシア以来の哲学の区分に対応することになるわけである。

さて『純粋理性批判』では当面の問題ではないとされた、「人倫の形而上学」こそが『基礎づけ』が問題とする当の形而上学であるが、カントは「私のこころづもりでは、いずれ『人倫の形而上学』を世におくることにしているが、それに先立って、この『基礎づけ』を公刊することにした」(IV 391)と宣言する。カントによれば、このように『基礎づけ』を先行させたのには三つの理由がある。ひとつには、(自然の)形而上学の基礎をなすものが『純粋理性批判』にほかならない『純粋思弁理性批判』であるように、本来であれば、『人倫の形而上学』の基礎をなすものは『純粋実践理性批判』であるはずであるが、人間の理性は道徳的なものにおいては、高度に正確で詳細なことに達するのが常識でも容易であるのに対し、思弁のことがらにおいては解きがたい難問＝弁証論に陥るのであるから、『純粋実践理性批判』は『純粋思弁理性批判』ほどには緊急に必要ではないことが、理由として挙げられる。もうひとつには、『純粋実践理性批判』においては実践理性と思弁理性の統一を示す必要があるが、しかし本書ではそこまで到達できなかったことが理由である。ここまでは、本書がなぜ『純粋実践理性批判』ではなく、『基礎づけ』なのかという理由になっている。さらに第三の理由が、本書がなぜ『人倫の形而上学』そのものではなく、その『基礎づけ』なのかという理由であるが、カントは「『人倫の形而上学』といえばものものしい標題であるとはいえ、にもかかわらずそれは多分に通俗的で、通常の悟性にとっても適合する面をそなえている。だから私としては、基礎(Grundlage)についてのこの準備作業を、『人倫の形而上学』から区別しておくことが有益であると思う。それは、準備作業にあっては避けることのできない精緻なことがらを、よりわかりやすいものとなるはずの来るべき本論(『人倫の形而上学』)には付けくわえずに済むようにするためなのである」という理由を挙げる(以上、IV 391–392)。『基礎づけ』はあくまで『人倫の形而上学』のための『基礎づけ』であって、『人倫の形而上学』をよりわかりやすいものとするために、精緻なことがらにかんする準備作業を済ませておくための作品なのである。

これまで見てきた『基礎づけ』の「序文」には、『基礎づけ』がなぜ『純粋実践理性批判』でも『人倫の形而上学』そのものでもないかという理由は示されているが、肝心のいずれ刊行されるはずの本論、『人倫の形而上学』がどのような作品であるかについての記述は乏しい。『基礎づけ』の「第二章」には、「このように完全に分離された『人倫の形而上学』のうちには、どのような人間学も神学も、いかなる自然学や超自然学も……混入していない。それは義務にかんする理論的な、確実に規定されたすべての認識にとって不可欠な基体であるばかりではなく、同時に義務が指令することを現実に遂行するにさいして極めて重要な、欠くことのできないものなのである」(IV 410)と、来るべき『人倫の形而上学』の性格を強調する箇所もある。とはいえ、人間学や神学や自然学からの分離や、義務の遂行のために必要不可欠なものであるという、ひとつの学としての基本的な性格を示すものにとどまり、その内部の構成や区分などには立ちいっていない。ただしカントは、定言命法の実例を示すため、義務を自分自身に対する義務と他者に対する義務、および完全義務と不完全義務に区分するにさいし、「私は義務の区分を、将来の『人倫の形而上学』のために完全に保留している。区分はここでは、だから任意なしかたで(私の挙げる実例を整理するために)示すにとどめている」(IV 421)と予告している。ここでカントが思い描いていた「将来」(künftig)は、私たちが今日『基礎づけ』を読むさいにイメージする、十二年後というかなり遠い先の「将来」ではなく、もっと近接したその後のことを指示する「将来」であったようである。実際、『基礎づけ』の刊行直後の一七八五年九月十三日付のC・G・シュッツ宛書簡でカントは、「いまや私はためらわずに『人倫の形而上学』の完成に取りかかります」(X 406)という決意を語っている。実際の実践哲学についてのカントの著作の順番としては、一七八五年の『基礎づけ』のあとには、一七九七年の『人倫の形而上学』ではなく、一七八八年の『実践理性批判』が続くわけであるが、『基礎づけ』の刊行の時点では、おそらくまだ独立した著作としての構想すら生じていなかった『実践理性批判』を経由することなく、

『基礎づけ』のあとにただちに『人倫の形而上学』を出版するのが、もともとのプランだったのである。

こうした方向での努力はしばらく続けられたものと考えられる。一七八六年四月七日付のJ・ベーリング宛書簡でカントは、形而上学は他のひとに任せて、「実践哲学の体系(das System der practischen Weltweisheit)のために時間をとるつもり」だという意向を表明している(X 441)。ここで形而上学とは理論哲学の体系を、「実践哲学の体系」とはすでに二十年近くの課題となった『人倫の形而上学』のことを指しているのであろう。また一七八七年四月という表記のある『純粋理性批判』第二版の「序文」では、「理性批判」の仕事のためにかなりの老年(六十四歳)に達したというカントは、「自然および人倫の形而上学を、思弁的および実践的理性の批判の正当性を確証すべく世におくるという計画をやり遂げようとすれば、時間を節約しなければならない」(B XLIII)と語る。ここでも『人倫の形而上学』を刊行することが老いとの競争において差し迫った課題として意識されており、しかも『純粋理性批判』に続く作品として『自然の形而上学』だけを予告していた初版の「序言」(A XXI)に比べて、『人倫の形而上学』の比重は増している。おそらく『純粋理性批判』第二版の「序文」の文脈では、「実践的理性の批判」はこの第二版で遂行されたと考えられているようで、『実践理性批判』を独立の著作として出版する計画は読みとることができない。しかし実際には、翌年である一七八八年に刊行されたのは『人倫の形而上学』ではなく『実践理性批判』であり、この作品には『人倫の形而上学』への言及はまったくないのである。そして時間をすこし遡り、『実践理性批判』を書き終えた直後の一七八七年九月十一日付のL・H・ヤーコプ宛書簡を見ると、「私はただちにいまや『趣味の批判』の論述に着手します。これをもって私は、私の批判的な作業を終結させ、定説的な作業へと進んでゆくことになるでしょう」(X 494)と、『人倫の形而上学』の展開という「定説的な作業」に先だって、実際には一七九〇年に刊行される『趣味の批判』=『判断力批判』のための仕事に携わる決意が語られている。一七八九年五月二十六日付のヘルツ宛書簡でもカントは、自分の背負った遠大な計画として、間もなく刊行されるという『判断力批判』とともに、「形而上学の体系を仕上げること、それも自然と人倫の両面で」(XI 49)という課題を挙げている。

以上のように、一七六〇年代に端を発し、一七七〇年代に基礎が固まり、熟成もした『人倫の形而上学』の刊行という構想は、一七八〇年代にも理性批判に続く課題として意識されつづけた。ただその中盤には準備作業を『基礎づけ』としてあらかじめ提示しておくことが優先され、またその後半には新たに生じた『実践理性批判』や『判断力批判』という批判書の出版が優先され、『人倫の形而上学』が出版されることはなかった。

一七六八年のうちには実現されるはずであった『人倫の形而上学』の刊行は、かくして一七九〇年代にまで持ちこされることになる。

『純粋理性批判』や『基礎づけ』といった一七八〇年代の著作で、将来刊行されるはずの『人倫の形而上学』が話題になるさい、「純粋道徳」や「道徳性の最上位の原理」といった、著作としての『人倫の形而上学』の『徳論』がカバーする領域ばかりが話題になり、『法論』がその一部として属するという構成は語られていない。ただ、一七七〇年代においてもそうであったように、一七八〇年代においても、実践哲学にかんする講義録では、法の領域と倫理学（徳論）の領域の区別が話題になっている。たとえばアカデミー版カント全集第二十七巻の第二分冊の第二部に収録された「ファイヤアーベントの自然法」は、一七八四年の講義に由来するものと考えられているが、この講義録では冒頭から、目的それ自体であり、内的な価値つまり「尊厳」（Würde）を持つ人間と、等価物が置かれうる外的な価値つまり「価格」（Preis）を持つにすぎない、外的な事物の対比が論じられる（XXVII 1319）。カントは翌年の一七八五年の『基礎づけ』「第二章」で、目的それ自体そのものである「人格」と、手段としての相対的な価値を持つにすぎない「物件」を区別し（IV 428）、また等価物をゆるさない価値としての「尊厳」と、等価物で置きかえられる相対的な価値としての「価格」を区別することになるが（IV 434）、この講義録ではそうした思想が先取りされており、この講義録の内容は、『基礎づけ』の思考の圏内にあると言ってよいだろう。さてこの講義録で倫理学と法論は、次のように区別される。「倫理学はその道徳性にしたがって(nach ihrer Moralitaet)行為を判定し規定する学問である。法論はその適法性にしたがって(nach ihrer Legalitaet)行為を判定する学問である」(XXVII 1327)。先にこの「解説」の2でも言及したように、ここに見られる「道徳性」と「適法性」の区別は、『基礎づけ』の「義務にもとづいて」と「義務にかなって」の区別をもとに、著作では一七八八年の『実践理性批判』で定式化されることになる区別である。それがここでは先取りされて、「倫理学」(Ethic)と「法論」(Jus)を区別するために用いられているのである。また同じ講義録の続く部分では、「心根」(Gesinnung)という概念を用いて、「倫理学とは心根にかんする行為の実践哲学である。法論は心根を考慮しない行為の実践哲学である」とされる(XXVII 1327)。倫理学とは、道徳性にもとづく、心根を問題とする実践哲学であり、法論とは、適法性にもとづく、心根のありかたを問わない実践哲学である。およそこのような区別が、『基礎づけ』の時期に講義では論じられていたのである。なおとりわけ法論の観点で興味深いのは、この講義録ではすでに法の定義がすでにこころみられていることである。この講義録では次のように定式化される。「法とは各人の特殊な自由を、そのもとで普遍的な自由が存立しうる条件に制限することである」(XXVII 1334)。これは『純粋理性批判』での「プラトンの共和国」のありかた、「各人の自由が他者の自由とともに存立しうるようにする、法則にしたがった人間の最大の自由の体制」(A 316 / B 373)の延長線上に位置するとともに、著作としての『人倫の形而上学・法論』の「法論への序論」の「C 法の普遍的原理」で定式化される、「法の普遍的な法則」につながっていくものである。『基礎づけ』で「道徳性の最上位の原理」を探究する一方で、カントは『人倫の形而上学・法論』につながる準備も進めていたのである。

一七八〇年代の実践哲学についての講義録としては、「ファイヤアーベントの自然法」とともにアカデミー版カント全集第二十七巻の第二分冊の第二部に収められた「ムロンゴヴィウスの道徳学」があるが、ことに法論と倫理学の関係にかんしては、この「解説」の2のブロックで検討した、一七七〇年代の「コリンズの道徳哲学」の思想を大きく進めるものとはなっていない。倫理学と法論のちがいは拘束性の種類にあるのではなく、倫理学は拘束性について「その動因が内的であるかぎりで」語るが、「法論は拘束性の充足を考察するが、義務にもとづいて(aus Pflicht)ではなく、強制にもとづいて(aus Zwang)である」。こうして「倫理学と法論の区別はこうした拘束性の動因のうちにある」(以上、XXVII 1420)。また別の箇所では、「倫理学はそれゆえ行為の内的な善さを扱うが、法学(die Jurisprudence)は、「なにが正しいか」を扱い、法学は心根に向かわず、権能と強制に向かう」(XXVII 1446)。「義務にもとづいて」、内的な動因を問題とする倫理学と、「強制にもとづいて」、内的な動因や心根のありかたを問わない法論という、「コリンズの道徳哲学」にも見られた区別が、ここでもくりかえされているのである。先に言及した「山上の垂訓」を例とした法と倫理の区別も、この講義録にまた登場する(XXVII 1553)。

むしろ法論と倫理学の関係という観点から興味深いのは、アカデミー版カント全集第二十九巻に「補遺」として補われた、途中で途切れ不完全な「ムロンゴヴィウスの道徳学II」のほうである。この講義録には「たんに制限なしに善く、それ自身だけで、どのような見地や状況においても」善く、「唯一、他の条件なしに善い」とされる「善い意志」(Ein gutter Wille)という思想が登場するが(XXIX 599)、これは明らかに『基礎づけ』の「第一章」の冒頭で論じられる「善い意志」の思想(IV 393)の現われであり、この講義録も『基礎づけ』の思考の圏内にあることはたしかである。この講義録では、外的な強制の可能性の有無によって、「法義務」(Rechtspflichten)と「徳義務」(Tugendpflichten)が区別されるほか(XXIX 617)、「法とはすべての私たちの強制の義務の総体」であり、「倫理学とはすべての強制から自由な義務の総体である」(XXIX 620)と、強制の有無によって法と倫理学も区別される。そしてとりわけて注目に値するのは、『基礎づけ』の「序文」でも言及された、古代ギリシアに遡る論理学、自然学、倫理学という諸学の区分に、この講義録では倫理学の下位区分として、徳論と法論の区別が付け加えられていることである。「古代のギリシア人は自分たちの哲学を、論理学と自然学と倫理学に区別したが、最後のもの(倫理学)は実践哲学の全体をみずからのうちに包含していた。……倫理学もしくは道徳哲学は、徳論であって、つまり本来の倫理学であるか、法論(Jus)であるかである。道徳とは、意志の自由が、その準則が普遍的法則になるという条件に制限されている場合のことである」(XXIX 630)。こうした道徳ないしは徳論(本来の倫理学)の原理に対し、法論の原理とされるのは次のものである。「法とは、そのもとでだけ万人の自由が両立しうる規則と、行為が一致していることである」(XXIX 630f.)。講義録「ファイヤアーベントの自然法」と同様、ここにも、『純粋理性批判』に発し、『人倫の形而上学・法論』での定式化にいたる、『法論』の基本的な原理の定式化のこころみが認められる。また著作としての『基礎づけ』では立ち入られることがなかったが、古代ギリシアの論理学／自然学／倫理学の区分のうち倫理学の下位区分として、これを『徳論』と『法論』に区分する発想は、『基礎づけ』の時期のカントの講義録には認められるのである。

なおこの講義録の同じ箇所では、ウルピアヌスの「誠実に生きよ」(honeste vive)、「なんぴとをも害するなかれ」(neminem laede)、「おのおのにそれぞれのものを帰属せしめよ」(suum cuique tribue)という定式が、「倫理学の原理」、「自然的状態における法の原理」、「市民的状態における法の原理」に区分され、それぞれ詳細に論じられている(XXIX 631ff.)。実際に著作としての『人倫の形而上学・法論』ではこのウルピアヌスの三つの定式は、あくまで『法論』の内部で「法義務の体系を区分する原理」とされ(『法論』の「法論への序論」の「法論の区分 A」を参照されたい)、こうしたウルピアヌスの定式に依拠した倫理学と法論の区分が採用されることはなかった。それでも、倫理学と、自然状態における法つまり私法と、市民的状態における法つまり公法からなる、カントの『人倫の形而上学』の基本的な区分が、ここに形成されつつあるのである。

この前後の時期の「遺稿」にも、法論と徳論ないしは倫理学の基本的な原理の定式化のこころみを見いだすことができる。一七七〇年代末あるいは一七八〇年代の「遺稿」には次のような記述がある。「法学の原理はこう言う：合法的な権力が要求する(もしくは要求することができる)ことを自由になせ。倫理学の原理はこう言う：内的で普遍的に妥当する意志の動因にしたがって行為せよ」(XIX 299, Refl. 7271)。こうした「法学の原理」(Juridisch principium)と「倫理学の原理」(Ethisch principium)の区別は、一七八〇年代の「遺稿」における、『法論』と『徳論』の基本的な区別につながっていく。一七八〇年代のある「レフレクシオーン」では次のように、はじめて著作としての『人倫の形而上学』での区別を先取りする、『法論』と『徳論』の明確な定義が示されている。「法論(人間の法としての)は法則の総体であって、その法則なしには自由は外的に各人の自由と合致して存立することができない。徳論はすべての義務ないしは法則の総体であって、それはその義務ないしは法則の理念がそれ自身だけで行為への充分な規定をふくんでいるかぎりでのことである。法論は行為の義務であり、徳論は心根の義務である」(XIX 308, Refl. 7309)。このようにして、外的な自由の両立可能性を求め、行為の義務を論じる『法論』と、義務にもとづく「心根」を要求する『徳論』という、著作としての『人倫の形而上学』の二部門の区別は、この「遺稿」や、これまで見てきた一七八〇年代の講義録において、基本的には成立している。あとはこの両部門を実際に展開することだけが問題であるわけであるが、一七九〇年に『判断力批判』を刊行し、理性批判という仕事から「卒業」してもなお、カントは著作としての『人倫の形而上学』の刊行にいたるまでに七年という、年齢を考えれば決して短くはない時間を費やすことになる。

4　一七九〇年代の終結

一七九〇年、カントは理性批判の最後の部門として、『判断力批判』を刊行する。その「序文」でカントは、「これをもって、私は自分の批判的な作業の全体を了えることにする。私は躊躇することなく、理説的な作業へ向かおうと思う」と宣言し、その理説的な作業が「自然の形而上学と人倫の形而上学」からなることをあらためて主張している(V 170)。しかしこうして理性批判を「卒業」しても、なかなか『人倫の形而上学』は刊行されなかった。それはひとつには『判断力批判』の右の文脈でも言及されている、高齢からくる衰えによるところもあるであろうが、一七九〇年代前半のカントにとっての重大な事件としては、一七九三年に刊行された『たんなる理性の限界内の宗教』(以下『宗教論』と略)がプロイセン王国の検閲にかかり、国王フリードリヒ・ヴィルヘルム二世の勅命により、講義や著作において宗教のことがらに言及しないよう誓約させられるというものがあった。もともと『宗教論』は、匿名で一七九二年に出版されたフィヒテの『あらゆる啓示の批判のこころみ』が、カントの宗教論と誤解されたこともあって、急いで書かれたものであろうが、こうした『宗教論』の執筆と、その後の筆禍事件という回り道によって、一七九〇年代においても、またもや『人倫の形而上学』の刊行は遅れることになる。しかし遅れた理由は、一七九〇年代においては、老齢と『宗教論』周辺の事情だけではない。『人倫の形而上学』のプランそのものにかんする、内在的な理由があった。この点はのちに概観することにしよう。

『宗教論』刊行の前年、一七九二年十二月二十一日付のJ・B・エルハルト宛書簡でカントは、「自分自身に対する義務」(*Pflichten gegen sich selbst*)を話題にするなかで、この義務が「私の手元で執筆中の『人倫の形而上学』において、とりわけて、そしてよくよそでなされているのとはちがったしかたで、取りあつかわれることになるでしょう」(XI 399)と、来るべき『人倫の形而上学』において「自分自身に対する義務」が重要な論点となる見込みを述べている。実際に著作としての『人倫の形而上学』において「自分自身に対する義務」は、『徳論』の「倫理学の原理論」の「第一部」の主題となり、『徳論』の「序論」をのぞく本文の、おおよそ半分ほどのページが割かれる論点となる。この点で、『徳論』にかんしてはカントの見通しはある程度立っており、あとは実際の執筆を待つのみである。

さらに『宗教論』刊行の翌年、国王の勅命が下った直後である一七九四年の十一月二十四日の出版者ド・ラ・ガルド宛書簡では、高齢による体調不良のため著作がゆっくりとしか進まないことを断ったうえで、カントは次のように述べている。「私のテーマはもともと、もっとも広い意味での形而上学(Metaphysik in der weitesten Bedeutung)であり、そうしたものとして、神学、道徳(これとともにまた宗教も)あるいは自然法(これとともに国家法と国際法)ですが、たとえたんに理性がそれらについて語ったことにかんしてだけ著述したとしても、これらについては今では検閲の手が重くのしかかるので、これらの一分野で引き受けたいと思った仕事全部が、検閲官によって削除されて駄目にされることがないと確言できないのです」(XI 531)。宗教について言及しないようにという勅命を受けた直後で、神学や宗教をふくむ著作のプランを述べているのは驚くべきことであるが、この書簡での「もっとも広い意味での形而上学」とはもちろん、構想の発端から三十年近くになる『人倫の形而上学』のことであろう。その『人倫の形而上学』の内部の構成が語られたのは、この書簡がはじめてのことであるが、そこには「道徳(=徳論)」と、「自然法(=私法)」・「国家法」・「国際法」という『法論』を構成する各部分、および「神学」や「宗教」がふくまれているのである。ただし、実践哲学を法論と倫理学ないしは徳論の領域に区分する、一七七〇年代および八〇年代の講義録や遺稿に照らしてみると、ここでの「もっとも広い意味での形而上学」に神学や宗教がふくまれているのは、やや異様に見える。そして実際、のちに見るように、著作としての

『人倫の形而上学』においては、神学や宗教を『法論』や『徳論(倫理学)』から排除し、人格としての人間と人間のあいだの、いわば世俗的な学問として『人倫の形而上学』を打ち立てようとする志向が打ち出されている。ともかく一七九四年の筆禍事件の直後からは、「もっとも広い意味での形而上学」から神学や宗教を排除して、それ以外の「道徳」=『徳論』と、「自然法=私法」の領域、および「国家法」と「国際法」(と「世界公民法」)をふくむ「公法」の領域からなる『法論』の二本立ての作品として、『人倫の形而上学』は準備されたのである。

この時期のカントの『人倫の形而上学』の構想を知るための資料としては、まさに「人倫の形而上学」をタイトルに掲げる、一七九三年／九四年の冬学期の講義に由来するものとされる、「ヴィギランティウスの人倫の形而上学」がある。この講義録では、『実践理性批判』における、「理性の事実」としての道徳法則の意識をつうじて自由がはじめて意識されるとする自由論を受けて、「道徳は私たちの自由の意識を得る唯一の手段である」とされる(XXVII 506)とともに、『判断力批判』で定式化される「道徳的に実践的」(moralisch=praktisch)と「技術的に実践的」(technisch=praktisch)という区別をふまえ、「道徳的に実践的」である義務の教えや道徳論、人倫論、徳論が、「技術的に実践的」である技術論から区別される(XXVII 482)など、『実践理性批判』や『判断力批判』の思想にもとづく論述がなされており、この講義録で展開されているのは明らかにカントの一七九〇年以降の思想である。そしてこの講義録ではくりかえし、『法論』と『徳論』の区別が話題になっている。冒頭に近い部分では、「古代人たちは倫理学ということばのもとにある種として、道徳哲学の全体を包括したが、そのもとで道徳学も法論も理解した。――両者は行為の適法性と道徳性のようにことなっている」(XXVII 481)と、古代人の理解した「倫理学」(Ethica)の下位区分として、それぞれ適法性と道徳性に対応する「法論」(Rechtslehre)と「道徳学」(Moral)という区別が導入される。さらに、「今日では倫理学のもとでは、たんに特殊的に、私たちの行為の道徳性の教えが理解され、法論のもとでは私たちの行為の適法性の教えが理解される」が、「これに対してキケロは『義務について』において全道徳哲学を扱った」とされる(XXVII 482)。キケロに代表される、「倫理学」のもとで法論も徳論も論じた古代人に対して、あくまで『法論』と『徳論(道徳論)』を区別するのが、近代倫理学としての『人倫の形而上学』なのである。

法論と徳論ないしは倫理学の基本的な区別は、「普遍的な道徳法則」を、「行為がたんにその形式の観点において考察される」という「法の法則」(die Rechtsgesetze)と、「行為がその客体としての目的の観点において考察される」という「倫理学の法則」(die ethische Gesetze）に区別する箇所にも示されている（XXVII 526）。法論から区別される倫理学ないしは徳論の観点としての行為の「目的」は、この時期に現れた新しい思想であって、すぐに後述するように、『人倫の形而上学』の『徳論』に引き継がれることになる。さらにこの講義録では法論と倫理学（徳論）の最上の原理も示されており、前者は「各人の自由を理性によって、各人の自由が万人の自由と普遍的法則にしたがって一致する条件に制限すること」（XXVII 539）と、後者は「法則のゆえに法則にしたがえ、あるいは君の義務を義務にもとづいてなせ」（XXVII 541）と定式化される。この講義録の時点ですでに、『人倫の形而上学』の『法論』と『倫理学』つまり『徳論』の基本的な視点は打ち出されている。

さて先に倫理学ないしは徳論の観点としての行為の「目的」が、この講義録で打ち出されていると述べた。実際に著作としての『人倫の形而上学』の『徳論』では、「同時に義務である目的」として「自分の完全性」と「他人の幸福」が挙げられ、これが『徳論』の議論の基本的な軸をなすことになる。こうした「目的」については、「ヴィギランティウスの人倫の形而上学」でもすでに定式化されており、倫理学の命法が「他人の幸福を促進せよ、そして君自身の完全性を促進せよ」と定式化され（XXVII 578）、こうした定式は「すべての不完全義務の原理」としてもう一度くりかえされる（XXVII 651）。

『人倫の形而上学・徳論』の実質的な議論の軸はすでに確立されており、あとはその展開を待つばかりである。

『人倫の形而上学・法論』についても、すでに見たように基本的な原理は確立しており、「ヴィギランティウスの人倫の形而上学」において目につく個別の論点としては、同害報復にもとづく刑法の議論がなされている(XXVII 555)ほか、所有権にかんしても立ち入った議論がなされている。「私のもの」であるものとは、私の選択意思のそれぞれの客体にあって、その自由な選択意思にもとづく(自己愛的な)使用が、万人の自由と両立して存立しうるものである」(XXVII 540)と、「私のもの」(*was mein ist*)が定義づけられるほか、物件の占有を「物件がそのうえにある土地」の占有に求める論述(XXVII 595)や、『人倫の形而上学・法論』では「物権的債権」として整理される、妻や子どもや奉公人といった「人格の占有」(XXVII 597)をめぐる論述も見られる。

この講義でまさにカントが論じている、こうした所有権の問題こそがおそらく、三十年来の構想の『人倫の形而上学』の完成の手前で、カントに立ちはだかった最後の難問であった。哲学叢書版の『人倫の形而上学』の編者であるK・フォアレンダーが引用している、「ヴィギランティウスの人倫の形而上学」のもとになった講義が行われた数か月後に出された、一七九四年十月二十八日付のJ・B・エルハルト宛書簡において、シラーは次のような発言をしている。「所有権の導出は、今やきわめて多くの思索する頭脳が従事している論点ですが、カント自身からも、私の聞くところでは、私たちは彼の『人倫の形而上学』において、この点についてなにごとかを期待してよいのだそうです。とはいえ同時に私の聞くところでは、カントはこの点にかんする自分の発想にいまだ満足しておらず、そしてそのために出版物が手元に留められているそうです」(K. Vorländer, Einleitung, in: I. Kant, K. Vorländer (hrsg.), *Metaphysik der Sitten*, Verlag von Felix Meiner, 1959, S. XII)。「所有権の導出」こそが、カントがこの一七九〇年代半ばになっても自分の思想に満足せず、『人倫の形而上学』の出版を差し止めていた論点だと言うのである。

著作としての『人倫の形而上学』のうち、『徳論』のもっとも基本的な論点である「同時に義務である目的」の定式化が、すでに「ヴィギランティウスの人倫の形而上学」でなされていることは先に見た。また『法論』については、「私法」と「公法」からなるその構成のうち、後者の「公法」の諸論点については、カントはすでに一七九〇年代の論文や著作で自分の議論を組み立てている。つまり、一七九三年の「「理論では正しいかもしれないが、実践には役立たない」という俗言について」という論文では、すでに「国家法」の問題を論じ、抵抗権を否定するとともに、「言論の自由」を訴えている。

また一七九五年の『永遠平和のために』では、国家間の戦争と連盟にかんする「国際法」の問題を、さらに「世界公民法」の問題も論じている。『法論』の「公法」の分野にかんしては、すでに議論の準備は済んでいる。『人倫の形而上学』に向けて、残されたピースは、「所有権の導出」を核とする、『法論』の「私法」論だけである。しかも「私法」論は、ただの『人倫の形而上学』構想の一部ではない。カントの『人倫の形而上学』における「公法」の議論は、「私法」の領域においても成り立つ「私のもの」を前提としており、「所有権の導出」がなされないかぎり、「私法」の議論とともに「公法」の議論も共倒れになりかねない。そして『法論』が倒れては、あくまで実践哲学のうちで『法論』と『徳論』を区別する、近代倫理学としての『人倫の形而上学』の構想そのものが破綻しかねないのである。

アカデミー版カント全集第二十三巻には、カントによる『人倫の形而上学』の出版に向けた草稿、「『人倫の形而上学』のための準備草稿」が収録されている。二〇〇ページほどの準備草稿のうち、『人倫の形而上学・法論』の「私法」のための草稿は、『法論』の他の分野や『徳論』の各部門などの他の箇所と比べて圧倒的に多く、六十ページ以上にも及んでいる。しかもその「私法」の六十ページほどの草稿でくりかえし論じられているのはもっぱら、所有権の問題である。また「『人倫の形而上学』のための準備草稿」

の冒頭の三十ページほどの「関連する記号づきの草稿」においても、論じられているのはほとんどが「私法」における所有権の問題であり、いかにカントが『人倫の形而上学』の出版に向けて所有権の問題に苦戦していたかをうかがわせる。カントはここで何度も所有権をめぐる「アンチノミー」を定式化し、その「解決」を示すという作業をくりかえしている。以下に引用するのは、そのなかのひとつの「アンチノミーの解決」というブロックの草稿である。ちなみにこの「アンチノミー」の「テーゼ」は「或る外的なもの、すなわちすべての使用しうる物は「私のもの」もしくは「君のもの」たりうるのでなければならない」(XXIII 225)というもの、「アンチテーゼ」は「いかなる外的なものも「私のもの」たりえず、それゆえ私の外部の対象についての獲得しうる権利はない」(XXIII 224)というものである。

アンチノミーの解決

テーゼによれば自由な選択意思がすべての使用しうる物についてなす権能がある使用は、たんに知性的な占有という条件のもとで考えられており、物理的な占有によって考えられているのではない。つまり主体は選択意思の対象を自分の支配のもとに持たねばならず、これはひとつの純粋な悟性概念であって、いかなる感性的な条件もふくんでいない。さて純粋な悟性の関係としての法は、いかなる経験的な根拠によっても、いかなるそのような所為によっても導出されえず、たんにア・プリオリな原理によって導出される。そうした原理のもとで、経験的な占有が権利を基礎づけうるのは、その占有が知性的な概念の図式論にしたがって考えられ、それゆえ知性的な概念のもとに従属させられるかぎりでのことである。したがって権利の条件は、占有の知性的な概念のもとで判定されなければならず、空間と時間における経験的な概念のもとで判定されてはならない。すなわち、私たちの外部の「私のもの」と「君のもの」は、人格と対象が物理的にははなれているにもかかわらず、それでもつねに考えられるのであり、対象における権利は獲得されうるのである。

（XXIII 226）

人格と物件が空間的にははなれているにもかかわらず、所有権が「知性的な占有」として成り立つことを証明しようとする議論が展開されている。おおよそこのような所有権をめぐる議論が、「『人倫の形而上学』のための準備草稿」においては、数十ページにわたり延々と続くのである。焦れるような思いであったにちがいない。カントの精神的および肉体的な「終わり」は、すでに足元から忍び寄っている。この所有権をめぐる

「アンチノミー」を急ぎ解決しなければ、構想の発端からすでに三十年近くが経過した『人倫の形而上学』は、結局のところ未刊のまま終わるのである。そして、世界のはじまりと限界をめぐるアンチノミーを論じ、私のうえなる星空と私のうちなる道徳法則に思いをはせ、世界が現に存在することの究極的目的を論じてきたこの老哲学者が、三十年近くにわたる『人倫の形而上学』の出版に向けた歩みの最後の段階で直面したのは、目の前のこのリンゴが「私のもの」であるのはいかにしてなのかという、言ってしまえばごく卑近な、とはいえ同時に疑いようもなく哲学的な難問だったのである。

5　『人倫の形而上学』の諸テキスト

一七九七年一月、『人倫の形而上学』の第一部をなすべき、『法論の形而上学的原理』が単独で刊行された。翌月の二月にはすでに、『ゲッティンゲン学報』にその書評が掲載されている。『徳論の形而上学的原理』の刊行は同年の八月のことであり、翌年の一七九八年には、『法論』の第二版が、右の書評に応えるべき「付論　法論の形而上学的諸原理に向けた解明的な注解」を加えて、刊行された。この「付論」は同時に単体で別冊としても出版されている。一八〇三年には、『徳論』の第二版が刊行された。ただし死の前年である一八〇三年の段階で、カントにはもはや自分の著作に修正を加える力は残っておらず、『徳論』の第二版での修正は、カントの手によるものではないと考えられている。そこで本書の『徳論』の邦訳でも、可能なかぎり初版のテキストを尊重するように努めた。

このように『法論』と『徳論』はまず別々に単体で出版されたが、カントの死後出版された諸版は、『人倫の形而上学』のタイトルのもと、『法論』と『徳論』をともにふくんでいる。とりわけ今回の岩波文庫での『法論』と『徳論』の邦訳にあたり、主に依拠したのは、底本であるP・ナトルプの編集によるアカデミー版カント全集第六巻収録の『人倫の形而上学』と、『法論』と『徳論』の訳出の全体にわたって参照した、K・フォアレンダーの編集による哲学叢書版の『人倫の形而上学』である。

ただしとりわけ『法論』のテキストにかんしては、アカデミー版をはじめとする諸テキストがカントの意向通りに組まれたものかという問題が、くりかえし論じられている。一九二九年、G・ブフタによって、『法論』第六節の第四段落から第八段落は、誤ってそこに挿入されているという指摘がなされた。これとは独立に、同様の指摘は一九四九年にF・テンブルックによってもなされている(『法論』の第六節の訳注(4)も参照されたい)。ブフタの指摘はカント文献学において、一般に妥当なものとして受け入れられている。しかし『法論』のテキストの修正が必要なのは、はたして第六節のこの箇所だけだろうか。こうした疑問に応えるべく、一九八六年にB・ルートヴィヒによって編纂されたのが、新しい哲学叢書版の『法論』(I. Kant, B. Ludwig (hrsg.), *Metaphysische Anfangsgründe der Rechtslehre*, Felix Meiner Verlag, 1986)である。この版では『法論』のテキストは各箇所で大幅に入れ替えや削除がなされている。修正箇所としては、以下の十四点が挙げられている。

1、「序文」の末尾の「法論の区分表」を「法論への序論」の末尾に移す。
2、「人倫の形而上学への序論」の現行の各章を、Ⅱ、Ⅰ、Ⅳ、Ⅲの順番に入れ替える。
3、現行では「人倫の形而上学への序論」のⅣである「普遍的実践哲学」のブロックのなかで、第十四段落を、第十六段落から第二十三段落とともに、第八段落のあとに挿入し、第九段落から第十三段落を第十五段落とともに、第二十三段落のあとに移動する。
4、「人倫の形而上学一般の区分」を「法論への序論」から取り去り、「人倫の形而上学への序論」の「Ⅲ(2の変更後はⅣ)　人倫の形而上学の区分について」の末尾に移動する。

5、「人倫の形而上学　第一部　法論の形而上学的原理」というタイトルのページを、「法論への序論」の直前に入れる。
6、『法論』第二節をその表題とともに、第六節の第三段落のあとに移す。ただし表題「実践理性の法的要請」は地の文に。現行の第六節の第四段落から第八段落は削除。
7、第三節を削除。
8、第十節の第四段落を第十七節の第二段落のあとに移動する。第十節第五段落は削除。
9、第十五節の表題は第十七節の表題にし、第十五節の本文は削除。第十六節と第十七節を入れ替え。
10、第十七節の末尾の段落を第十一節の末尾に移動。
11、第三十一節、「契約によって取得されうるいっさいの権利の教説的な区分」を、第二十一節のあとに移す。
12、「法論・第二部　公法」というタイトルのページを、第四十節のあとに移す。
13、第四十三節と第四十四節を入れ替え。そのうえでともに「第一章　国家法」というタイトルのまえに移す。
14、第四十六節、第四十七節、第四十八節を、それぞれ現行の第四十八節、第四十六節、第四十九節の第一・二段落とする。現行の第五十節は「市民的統合の本性から生じる法的な諸効果にかんする一般的注解」のFとし、この「一般的注解」のA〜Fを、「国家法」の末尾に移動する。現行の第四十九節の第三および第四段落を第四十九節として、現行の第四十七節を第五十節とする。

大工事である。たしかにルートヴィヒによる修正には、『法論』のテキストを読み解くうえで合理的であると思える点もすくなくはない。ただし諸家の指摘するとおり、こうした修正には、カント自身に由来するなんらかの資料にもとづく根拠はない。それゆえ基本的にはアカデミー版をはじめとするテキストにもとづいて『法論』を読み、ルートヴィヒらによる修正はひとつの解釈の可能性として受け取っておくことが、現状では妥当であるように思われる。そのため今回は『法論』の訳出にさいしても、アカデミー版を底本とし、フォアレンダーの編集した哲学叢書版『人倫の形而上学』を参照するという方針を取っている。

6　『人倫の形而上学』とはなんだったのか

さてカントがおよそ三十年にわたり追求し、今見たような各種テキストとして残された『人倫の形而上学』とは、結局のところいったいなんであったのだろうか。

ある講義録には「自由のもしくは人倫の形而上学(Metaphysic der Freyheit oder der Sitten)」(XXIX 599)とあるように、『人倫の形而上学』とはひとことで言えば、『自由の形而上学』のことである。ここで「形而上学」とは、経験によらない、ア・プリオリな理性認識からなる、ひとつの哲学体系を意味する。また「自由」については、『純粋理性批判』においては理論的には認識できないひとつの「理念」であることが示され、『実践理性批判』では「認識根拠」としての道徳法則の意識によって認識されることが論じられ、『判断力批判』では自然と自由の領域の架橋がこころみられた。これらの「予備学」としての「批判」においては、「自由」の「体系」そのものはどこでも示されていない。こうした「予備学」での準備作業をふまえ、「自由」の「体系」そのものを提示するのが、『法論』と『徳論』とからなる『人倫の形而上学』なのである。

カントは『法論』でも『徳論』でも何度か『法論』と『徳論』の区別を示そうとこころみているが、『徳論』の「徳論への序論」の「XIV 徳論を法論から区別する原理について」では、この自由が、『法論』と『徳論』を区別する原理とされる。『法論』と『徳論』に共通しているのは「**自由**の概念」であるが、『法論』が扱うのは「外的自由の義務」、『徳論』が扱うのが「内的自由の義務」である。前者の『法論』の「外的自由の義務」は、自己の自由な行為が他者の自由と両立しうることを要求し、後者の『徳論』が扱う「内的自由」は、義務という動機に逆らう内的な傾向性を支配することを必要とする。今度は『法論』の「人倫の形而上学への序論」の「I　人間のこころの能力と人倫の法則との関係について」によれば、「自由の諸法則」のうち、これが「たんなる外的な行為とその合法則性にのみかかわるかぎり」では、その諸法則は「法理的」であり、この諸法則と一致することは行為の「適法性」である。これに対して、自由の諸法則自体が行為を規定する根拠であるべきとするものであるならば、その諸法則は「倫理的」であり、この諸法則と一致することは「道徳性」である。このうち『法論』は「適法性」の領域を、『徳論』は「道徳性」の領域を、それぞれカバーする。「適法性」はあくまで自由な行為のありかたを問題とし、その動機の問題には立ち入らない。それゆえ『法論』の「人倫の形而上学への序論」の「III　人倫の形而上学の区分について」で述べられるように、立法が「或る行為を義務とし、同時にこの義務を動機とする」場合には、立法は「倫理的」であるが、義務の理念以外の動機を許容するならば、立法は「法理的」である。「法論と徳論とが区別されるのは」、このように自由な行為の動機にかんして「立法が相異なっていること」によるのである。同じことは「行為」と「行為の準則」のちがいとしても定式化され、『法論』が自由な「行為に対して法則を与える」のに対し、『徳論』にほかならない倫理学は「行為の準則に対して法則を与える」(『徳論』「徳論への序論 VI」)。このように『法論』と『徳論』の区別は、適法性／道徳性、義務以外の動機／義務という動機、行為／行為の準則と、さまざまなかたちで示されるが、それらの根本にあるのは外的自由／内的自由という区別であり、『法論』と『徳論』とからなる『人倫の形而上学』は、これらの外的自由と内的自由の両面にわたって、「自由の形而上学」を展開するものである。

さらに『人倫の形而上学』がなにではなかったかという点からも、『人倫の形而上学』の基本的な性格を特徴づけてみたい。ひとつの「形而上学」として、『人倫の形而上学』においては経験的なものが排除される一方で、同時に超越的なものとして、神との関係も排除される。『法論』の「法論への序論」の終盤(「人倫の形而上学一般の区分 III」)では、「ただ権利のみを有し、義務を有さない存在者(神)に対する人間の法的関係」が、「たんなる哲学においては」実在しないものとされ、「人間と人間との関係」(ein Verhältniß von Menschen zu Menschen)である、「権利も義務もともに有する存在者に対する人間の法的関係」だけが実在するとされる。これに遠く呼応するのが『徳論』の末尾の「むすび」であって、「純粋な実践哲学としての倫理学においては、ただ人間の人間に対する道徳的な関係(die moralischen Verhältnisse des *Menschen* gegen den *Men-*

schen)だけが、私たちにとって把握しうる」のであって、これに対して「神と人間のあいだにそれ以上どのような関係があるのか」は、倫理学の限界を越えており把握できないとされる。

『人倫の形而上学』から排除されるのは、神と人間との関係だけではない。人間以外の物件や、動植物と人間との関係も排除される。『法論』第十七節では、カントにとって本来的な占有の概念、「可想的占有」から、感性的な条件である「人格と諸対象との関係」(ein Verhältniß der Person zu *Gegenständen*)が度外視されるべきことが説かれ、そこに残るのは、「一箇の人格の〔他の〕諸人格に対する関係」(das Verhältniß einer Person zu *Personen*)であるとされる。また『徳論』では、第十六節で人間の義務の相手が経験の対象として与えられる人格であると限定されたうえで、第十七節では人格ではない動物に対する義務の存在が、第十八節では人格ではあるが経験の対象ではない神に対する義務の存在が、それぞれ否定されている。『人倫の形而上学』はあくまで、人格としての人間と人間の関係についての学なのである。

もちろん人間と人間の関係と言っても、『徳論』においては自己と他者とのいわゆる人間関係だけが理解されているのではなく、『徳論』は人間の自分自身に対する関係における義務、「自分自身に対する義務」もふくんでいる。また『法論』は個人と個人の関係を論じるだけでなく、「公法」の部門で国家と国家の関係も論じている。とはいえ、こう言うことはできるだろう。『人倫の形而上学』とは、人間の自分自身に対する自己関係をふくむ、また国家という人格としての私たちの関係をふくむ、人格としての人間と人間の関係についての形而上学、つまり純粋哲学である。

こうした自由の形而上学、あるいは自由な人格としての人間と人間の関係についての形而上学を、カントが実際に『人倫の形而上学』の『法論』と『徳論』においてどのように展開したかを、これから概観してみることにしよう。

7　法の形而上学への助走——『人倫の形而上学』の概要1

•『人倫の形而上学』と『法論』へ向けた準備作業（『法論』の「序文」、「人倫の形而上学への序論」および「法論への序論」）

「序文」においてはまず、実践理性の「批判」につづくものが『人倫の形而上学』にほかならないことが宣言されたうえで、そのうちの『法論』は法の形而上学と名づけうること、とはいえ『法論』がかかわる経験的なものは完全に区分しきれないことから、目下の著作には法論の形而上学的原理というタイトルがふさわしいと述べられる。さらに批判哲学に対するさまざまな批難(漠然としている、剽窃である、猿真似を引き起こしている)を退けつつ、真の哲学体系はただひとつ、批判哲学だけが存在すると、老カントは大胆にも主張してみせる。

「人倫の形而上学への序論」においてはまず、人間の欲求能力が、快不快の感情や、選択意思、願望、意志などと関連づけられて論じられたうえで、選択意思の自由を論じるなかで、「自由の諸法則」が話題となる。この法則の区別に応じて、「適法性」と「道徳性」とが区別される(I)。

さらに論述は「人倫の形而上学の理念と必然性について」という話題へと移行する。自然科学においてはそのア・プリオリな法則を経験(実験)にもとづいて認定することができるが、人倫の諸法則については事情がことなる。「かりにただ経験からのみ学びうることがらを含んでいる場合には、なんら人倫的(倫理的)なものを指示することがない」のであり、こうして人倫論を幸福論と見なすこと、また人倫の形而上学を人間学に基礎づけることが退けられる。人間学はたしかに必要で有用な学問ではあるが、「とはいえまったくのところ人倫の形而上学に先行したり、それと混同されたりすることがあってはならない」のである。さらに『判断力批判』で導入された区別を踏まえて、哲学の実践的部門は「技術的・実践的な教説」ではなく、「道徳的・実践的な教説」であると規定される(Ⅱ)。

つづいて問題となるのは、「人倫の形而上学の区分について」である。すべての立法は法則と動機からなるが、後者の動機にもとづいて、『法論』と『徳論』の区分にかかわる基本的な区別がなされる。義務を動機とする立法は「倫理的」であり、義務の理念以外の動機を許容する立法は「法理的」である。また動機を考慮しない行為と法則との一致が「適法性」であり、義務の理念が同時に行為の動機でもある場合、それは行為の「道徳性」である。倫理的立法は、義務が行為の動機であることを求め、内的なものでしかありえないが、法理的な立法は、自分以外の立法者による、外的な立法でもありうる。両者がことなるのは、義務の種類によってではなく、その義務づけの様式にかんしてである。受諾された約束の遵守という法義務も、それを内的立法によって義務の理念だけを動機として義務づける場合、その義務は法義務でありながら、「間接的・倫理的義務」となる(Ⅲ)。

「人倫の形而上学への序論」の最後のブロックでは、「普遍的実践哲学(*Philosophia practica universalis*)」というサブタイトルのもと、実践哲学にかんする諸概念に対するカントによる定義が与えられる。自由、責務〔拘束性〕、義務、所為、人格と物件、義務の衝突、法則、帰責、功績などの実践哲学の基礎概念が定義されていくほか、「同時に一箇の普遍的法則として妥当しうる準則に従って行為せよ！」や「同時に普遍的法則として妥当しうる準則に従って行為せよ」といったかたちで、この著作での定言命法も定式化される。さらに「道徳的人格性」と「心理学的人格性」の区別、および「意志」(Wille)と「選択意思」(Willkür)の区別といった、この晩年の『人倫の形而上学』において新たに定式化される区別が登場していることも注目に値する(Ⅳ)。

「法論への序論」に入ると、「法論」の定義(外的立法が可能である諸法則の総体)が示されたのち(A)、「法とはなにか」という根本問題が提示される。カントが法の要件として挙げるのは、①たがいの行為が事実として影響を与えうるかぎりでの、或る人格の他の人格に対する関係に及び、②しかも他者の願望ではなく選択意思にかかわり、③さらに問題となるのは選択意思の実質、つまり目的ではなく、形式である。こうして「法とはかくして諸条件の総体であり、法の示す諸条件のもとで或る者の選択意思は、他者の選択意思と自由の普遍的法則に従ってともに統合されうることになる」と、法の定義が示される(B)。

こうした法の定義が、定言命法として定式化されることになるのが、次の「法の普遍的原理」と題されたブロックにおいてである。法の定言命法は次のように定式化される。「外的行為にさいしては、あなたの選択意思の自由な行使が万人の自由と普遍的法則に従って両立しうるように、そのように行為せよ」。この法の定言命法は、『法論』の原理であるかぎりで、この定言命法を行為の動機として採用することを求めるものではなく、たんに各人の自由を実際に制限する法則であるとされる(C)。

さらに次のブロックでは、法が、「自由を妨害するものを阻止すること」としての強制と結びついていることが示される(D)。そのうえで、倫理的なものを混在させていないという意味で「厳密な(意味での)法」が、普遍的法則にしたがって万人の自由と調和する、「汎通的な相互的強制の可能性」として定式化される。こうした法の相互的強制は、物理学における「作用と反作用の同等性」という法則にも比するべきものなのである(E)。ただし強制する権能が規定されることができない、広義の「二義的な法」というものがあって、それは強制を欠いた法である「衡平」と、法を欠いた強制である「緊急権」というふたつの事例である。『法論』本文で「厳密な法」を論じるに先立ち、カントはこうした事例をあらかじめ論じ、本文からは除外しておこうとする(「法論への序論に対する付論」)。

つづいて「法論への序論」は「法論の区分」というブロックに入り、まずウルピアヌスの「誠実に生きよ」、「なんぴとをも害するなかれ」、「おのおのにそれぞれのものを帰属せしめよ」という定式にもとづき、法義務が、内的義務、外的義務、および「内的義務の原理から外的義務を包摂によって導出することを含む義務」に区分される(A)。さらに法が自然法と実定法に区分されるとともに、権利も生得の権利つまり内的な「私のもの」「君のもの」と、取得された権利つまり外的な「私のもの」「君のもの」に区分される(B)。このうち前者の生得の権利はただひとつ、「自由」であることがすぐに示される。こうしたただひとつの生得の権利は「法論への序論」で扱われ、『法論』の本文は外的な「私のもの」「君のもの」を問題とするのである(「生得の権利はただひとつ存在するだけである」)。

「法論への序論」の末尾で、カントはふたたびまた、「人倫の形而上学一般の区分」を論じる。あらゆる義務は外的立法が可能な法義務とそうした立法が可能ではない徳義務に区分され(I)、義務のちがいに応じた、権利と目的の区分が示される(II)。さらに関係の相手の権利と義務の有無に応じて、法的関係が実在するかしないかが整理され、物件、人格性を欠いた人間、神との関係ではなく、「人間と人間との関係」であるという、「権利も義務もともに有する存在者に対する人間の法的関係」だけが実在すると指摘される。さらに自然法の最上位の区分として、自然的な法つまり「私法」と市民的な法つまり「公法」の区分が挙げられ、この区分はこのあとの『法論』本文の第一部と第二部の区分となる(III)。

8 「私のもの」の法哲学――『人倫の形而上学』の概要2

•「私のもの」とはいかなるものであるか(『法論』第一部「私法」の第一篇)

『法論』第一部「私法」の本文に入ると、第一篇「外的な或るものを「各人のもの」として有する仕方について」ではまず、「法的に私のもの」、感性的/可想的な占有といった、「私法」論の基本概念が導入される(第一節)。つづいて「実践理性の法的要請」として、私の選択意思のどのような外的対象であれ、「私のもの」とすることが可能であることが明らかにされる。そうしたことがおよそ万人の自由と普遍的法則にしたがって両立しえないならば、あらゆる使用しうる物件は「無主物」(*res nullius*)となってしまうからである(第二節)。さらに物件を「じぶんのもの」として持つためには、それをなんらかの意味で占有していなければならないことが示され(第三節)、そうした「じぶんのもの」たりうるものが、a 有体的な物件、b 或るものの他者による給付、c 妻や子どもなどといった人格と区分される。a について言えば私のリンゴは、空間的に私の手からはなれていても占有している場合にのみ「私のもの」であり、b の他者による給付は、時間的条件からは独立に私の資産である。さらに c の妻や子どもも「彼らがどこにいようと、あるいはいつ何時であれ生きているかぎりでは」、つねに「私のもの」であって、このように「私のもの」を成り立たせる占有は、空間的・時間的条件から独立したものでなければならない(第四節)。

こうした議論を受けて、外的な「私のもの」「君のもの」の定義が示される。外的な「私のもの」の「名目的説明」は、それを私が使用することを妨害することが侵害となるだろうもの、というものであるが、「実質的説明」においては、「私が当のものを占有していない場合でも」という条件が加わる。つまり外的な「私のもの」「君のもの」が存在しうるためには、経験的占有からは独立した「可想的占有」が可能であると前提されなければならないのである(第五節)。つづく節ではこうした可想的占有つまり「純然たる法的占有」という概念について、カント哲学における概念の実在性の理論的正当化である「演繹」がなされる。この演繹がもとづくのは、第二節で示された要請、つまり外的なものを「自分のもの」とすることが可能でなければならないとする要請である。この要請から、空間的・時間的ではない可想的／純然たる法的占有の可能性も帰結するのである(第六節)。さらにこうした占有の概念が経験の対象に対して適用されるが、その場合でも問題となるのは、空間ならびに時間における対象との関係から独立した、「純然たる法的な結合」であることが示される。ここでカントは「私のもの」をめぐるアンチノミーを定式化し(外的な或るものを「私のもの」として持つことは、私がそれを占有していなくても可能である/私がそれを占有していないかぎり可能ではない)、占有のもとで経験的/可想的占有のいずれを考えるかによってこれらの命題はともに成り立つという、アンチノミーの解決を示している(第七節)。そして「私のもの」とは、他者がその使用を差しひかえるべく拘束されているものであるが、すべての他者を拘束しうるのは、集合的かつ普遍的で、しかも権力を具えた意志だけである。そうした意志の立法のもとにある状態とは市民状態にほかならない。それゆえ市民状態のうちでのみ、外的な「私のもの」「君のもの」は保証されうる(第八節)。これに対して自然状態においては、たしかに外的な「私のもの」「君のもの」は可能であり、また現実的であるが、その占有は市民的状態を見込んでのものであれば「暫定的に法的な占有」にすぎず、現実の市民状態においてはじめて、その占有が「確定的な占有」となる。市民的体制とは、自然状態でも可能な「各人のもの」を保証するための法的状態なのである(第九節)。

•三種類の「私のもの」の取得のしかた(『法論』第一部「私法」の第二篇)

第二篇「外的な或るものを取得する仕方について」では、まずいかなる外的対象も、法的行為なしで、つまり根源的に「私のもの」であることはないが、同時に他者にとっての「当人のもの」から導きだされることなく、つまり根源的に取得されうることが示される。そうした根源的取得の契機は1だれにも属していない対象の把捉、2その対象を占有する選択意思の表示、3普遍的な立法的意志の作用である領得である。そしてそのように取得されうるものが、ふたたびまた、有体的な物件、他者の給付、他の人格に区分され、それぞれに対応する権利が、物権、債権、物権的債権であるとされる(第十節)。以下、この三種の権利に対応して、『法論』第一部「私法」の第二篇は区分される。

まず第一章「物権について」においては、物権の名目的定義である「当の物件のいかなる占有者にも対抗しうる権利」というものが示されたのち、この物権が有体物との直接的関係ではなく、あらゆる他者との関係であることが論じられ、物権の実質的定義において、当の物件について私が「あらゆる他者とともに総体的占有のうちにある」という条件が付加される。この「総体的占有」こそが、あらゆる物権の前提なのである(第十一節)。さらに物件の最初の取得は、当の物件が内属する土地の取得でしかありえないことが示され(第十二節)、その土地も物件同様に根源的に取得されうるが、それを可能とするのは、球面である地表の「根源的な総体的占有」であるとされる(第十三節)。そのうえで土地を取得する法的行為は、一方的な意志による「先占」であり、こうした取得が可能であることも、第二節で示された実践理性の「要請」の帰結であることが論じられる（第十四節）。そのうえでここでも、自然状態における取得は暫定的なものであるが、市民的体制において或るものははじめて確定的に取得されることが示される。土地の占有取得が及ぶ範囲についてのさまざまなケースが論じられた（第十五節）のち、土地の「根源的取得」という概念が究明され（第十六節）、つづいてこの同じ概念が演繹される。ここでは対象の占有から、占有の感性的な諸条件、つまり「人格と諸対象との関係」が度外視されるべきことが説かれ、そこで残るものが「一箇の人格の〔他の〕諸人格に対する関係」であるとされる。こうした関係こそが、当該物件の可想的占有、すなわち純然たる法による占有なのである。これに対して土地に対する加工や区画づけなどは、その土地を取得する権限を与えるものではありえない。こうした文脈で労働所有権論も、「秘やかにひとを支配している迷妄」に帰せられる。なお人間は自分自身および他の人間の所有者ではありえないことについても、行きがかり上言及されている（第十七節）。

第二章「債権について」ではまず、或る他者の選択意思を特定の所為へと規定するべく占有する権利である債権〔対人的権利〕の取得は、根源的なものでも専断的なものでもありえず、また相手方の放棄や断念によって起こるものでもなく、もっぱら「移転」によることが示される。この移転を可能とするのは一箇の共同的な意志であり、「当人のもの」を移転させる意志の作用は「契約」である(第十八節)。契約による「当人のもの」の移転は、契約の両当事者の「統合された意志」によってのみ成立するが、約束と受諾は時間のなかで生じる作用である以上、同時になされることはできない。しかしこうした契約による占有も一箇の可想的占有として、経験的条件を捨象しながら表象されるならば、約束と受諾は「唯一の共同的な意志」から生じるものとして表象され、「同時的」と表現される(第十九節)。このようにして取得される外的なものは、契約されたものを契約相手に給付させる権利にすぎず、まだ「物件のいかなる占有者にも対抗しうる権利」である物権ではない。移転の瞬間において、物件は契約両当事者に所属しており、それは投げられた石が放物線軌道の頂点において、上昇中であると同時に落下中であるのと同じようなものである(第二十節)。そして契約によって物件が取得されるのは、約束の受諾によってではなく、物件の引渡によってである。引渡によってはじめて、それまでは債権(対人的権利)であったものは、一箇の物権となる。たとえば購入した馬を、売主の手元に残しておき、いつ引き渡すかをはっきり決めておかない場合、馬はいまだ「私のもの」ではなく、私の権利は売主という人格に対する、「馬を私の占有のもとにもたらすことを求める権利」にすぎない。馬の引渡によってはじめて、契約によって取得した私の対人的権利(債権)は、馬の所有権となるのである(第二十一節)。

第三章「物権的様相を帯びた対人権〔債権〕について」ではまず、この権利が「或る外的対象を物件として占有し、おなじ対象を人格として使用する権利」と定義される。こうした人格を占有する権利は、いっさいの物権や対人権を超えたところに存する権利である（第二十二節）。そしてこの権利は、「夫は妻を取得し、両親は子どもを取得して、家族は奉公人を取得する」と、三つの権利に区分される（第二十三節）。

夫による妻の取得にかんしては、「ひとりの人間が他の人間の生殖器ならびに性的能力を相互に使用すること」であるという性的共同体のうち、自然的で法則にしたがった共同体である「婚姻」によって、正当に取得されることが説かれる。たがいを相手の性的特性にしたがって相互に享受しようと思うならば、「両者は必然的に結婚しなければならない」（第二十四節）。その理由がつづいて示されるが、それは、相手の性器の使用は一箇の享受であって、相手を物件とすることであり、これは人格における人間性の権利とは背反しているが、これに対して「一方の人格が他方の人格によってあたかも物件であるかのように取得されるときに、前者の人格も逆にまた後者を同様に取得する」ということによって、「前者はふたたびじぶん自身を獲得し、みずからの人格性を恢復することになる」からである。こうしたことがなされうるのは、カントによれば、婚姻という条件のもとでのみである。ところでこの婚姻という対人的権利は、物権的な様相も帯びているが、それは夫婦の一方が逃げ去った場合、他方にはその者を物件であるかのように、自分の支配のもとへ連れもどす権限があるからである(第二十五節)。こうした婚姻は一夫一妻制にもとづく平等な関係であり、内縁関係や、身分のことなる者のあいだの左手婚姻は、法的に安定した契約とはなりえない(第二十六節)。他方で婚姻は肉体的結合によってのみ履行され、こうしたことが行われえない婚姻契約はただちに解消されうる(第二十七節)。

性的共同体における出産をつうじて、夫婦には自分たちが産んだ子どもに対して保護し扶養するという義務が生じる。子どもの側から言えば、両親によって扶養されるという根源的で生得的な権利を出産と同時に手にしており、この権利は子どもが能力を具え自分を保護しうるまでの期間に及ぶ。両親はひとつの人格をこの世界にもたらした以上、子どもがこの世界における状態に満足するように計らうという拘束性が課されるのである(第二十八節)。さらにこうした扶養の義務から、子どもを教育するという両親の権利も必然的に生じるとともに、夫婦の場合と同様、子どもがどこにいようとも、「私のもの」として、物件のように両親の占有のもとへと連れもどすという権利も生じる。子どもに対する権利もまた、物権でも、たんに対人的な権利でもなく、むしろ「物権的様相を帯びた債権〔対人的権利〕」なのである。それゆえ法論においては、従来の物権と対人権(債権)という項目のほかに、「物権的様相を帯びた対人的権利」という項目が加わらなければならない(第二十九節)。

子どもが成人すると、両親と子どもからなる家族は解消される。ただし成年に達した子どもも、奉公人として家族に属しつづけることはできる。成年に達した子どもたち、もしくは子どもがいない場合には他の自由な人格たちである奉公人と、家長からなる「家長の支配する社会」が設立されることができ、そこでは奉公人は物件のように家長にとっての「じぶんのもの」に属する。奉公人が逃亡したら、家長はそれを物件のようにみずからの支配力のもとに連れもどすことができるからである。とはいえ家長は奉公人を奴隷のように使用しうるわけではなく、当事者間によっていつでも契約を解消することができる。それでもこの家長と奉公人との関係から見てとられるところは、夫と妻、両親と子どもの関係と同じで、「なんらかの物権的様相を帯びた対人的権利が存在する」ということである(第三十節)。

つづけてカントは、あらゆる契約を、カテゴリーに対応させて十二個に区分する。A一方的な取得を意図する無償契約は、a委託された財産の保管、b物件の使用貸借、c贈与に区分され、B双方的な取得を意図する有償契約は、I譲渡契約のうちで、a交換、b販売と購買、c消費貸借に、またII貸借契約のうちで、α賃貸、β雇庸契約、γ委任契約とに区分される。さらにC「各人のもの」の保証のみを意図する保証契約は、a質入と質取の双方、b或る他者の約束に対する保証、c人的担保に区分され、カントによれば、こうした一覧表が、「「各人のもの」の他者への移転(*translatio*)について、そのあらゆる種類を示したものである」という。こうした区分は形而上学的法論におけるものであるかぎり、ア・プリオリな原理に従うものであるべきものであるはずだが、たとえばBのIのbの販売と購買の項目には、経験的な概念である貨幣の概念が、また商品としての書籍の概念が混入しているように見える。そこでカントは貨幣および書籍の概念が「純然たる可想的諸関係へと解体される」のであり、そのことで「純粋な契約の一覧表は経験的な混合物によって不純なものとされずに済む」ことを示そうとする。貨幣について言えば、「貨幣とはなんらかの物件でありながら、その使用がただ譲渡されることによってのみ可能となるものである」という名目的定義が掲げられたのち、実質的定義として、「貨幣とは、人間たちの労苦を相互に取引するための普遍的な手段である」というものが示される。貨幣の価値を裏打ちするのは人間の労苦である。また金銀や貝殻といったはじめは財貨であったものが、いかにして貨幣となったかの憶測的な歴史が語られる。その一方で書籍とは、公衆に対する一箇の談話を提示するものであるとされ、偽版者は委任を受けずに著作家の名義において語るのであるから、

「書籍の偽版は法によって禁止されている」とされる。なお最後に先の表のBのⅡのαの賃貸の項目において、とりわけ借家の場合において、対人的権利（債権）と物権の取りちがえが係争のもとになっているとカントは注意する。所有者がだれかに賃貸している家屋を、賃貸借期限の満了以前に第三者に売却する場合、賃貸を継続しなければならないのだろうか？　カントは「そうではない」と答え、「売買は賃貸借を破る」と主張する。たんなる賃貸契約には、借家人の当の物件（家屋）への権利はふくまれていないからである。借家人が有するのは家屋への物権ではなく所有者に対する対人的権利にすぎず、「或る物件における完全な権利（所有権）は、それと両立しえないいっさいの債権（対人的権利）に優越する」のである（第三十一節）。

『法論』第一部第二篇の末尾に置かれているのは「挿入節　選択意思の外的対象の観念的取得について」である。そこではまず、時間のうちなる原因性をふくまない、とはいえ虚構によるものではなく真正の取得である「観念的取得」について、主体が他者から取得するのが、1その者がいまだ存在していないときである、取得時効によるもの、2いままさに存在しなくなるときの、相続によるもの、3もはや存在していない場合における、不滅の功績によるもの、に区分される（第三十二節）。最初の取得時効による取得については、なんらかの継続的な占有作用を「じぶんのもの」である外的物件について行使しない者は、法的には現存しない者と見なされるとされ、私はそうした者を、自分の長期的な占有を理由として排除することができる。こうした取得時効による取得が認められなければ、歴史的に探索しても最初の占有者とその取得行為まで遡及することができない以上、いっさいの取得は暫定的な(一時的な)ものとなってしまうことであろう。それゆえ時効取得の基礎となる推定は、法的に正当なのである(第三十三節)。また相続とは、財産の移転が、「死にゆく者から生き残る者へと、両者の意志の一致をつうじて生起すること」であるが、この移転は経験的な意味における生きつづける者のあいだでの移転ではなく、死者と生者のあいだの観念的取得である。被相続人は生きつづけるかぎり、自分の財産の唯一の所有者であるが、相続人は排他的にその財産を受領する権利を、一箇の物権として、暗黙のうちに取得する(第三十四節)。最後に死後の名声という「私のもの」「君のもの」は、死者が所有する観念的なものではあるが、人格としての主体に属している。これに対して死者に死後の悪評を立てようとするこころみは、不当なものである。「したがってこうした観念的取得、ならびに人間がその死後もなお生存者に対して有する権利には十分な根拠があり、この件については争いがたい」とカントは断言する(第三十五節)。

・自然状態と市民状態における「正しさ」(『法論』第一部「私法」の第三篇)

第三篇「公的裁判の判決により主観的に制約された取得について」では、自然状態においての「なにがそれ自体において正しいのか?」という判断と、市民的状態において「なにが裁判所において正しいのか?」という判断が、食いちがう事例が話題となる。その事例とは四つ、1贈与契約、2使用貸借契約、3回収、4宣誓である(第三十六節)。まず贈与契約にかんしては、自然状態においては、贈与者が贈与という自分の約束を遵守するように強制されることはありえないが、市民的状態では、そうした強制により約束を履行させることもありうるとされる。裁判所は約束を破棄する自由の留保という不確実なことがらを考慮せず、贈与の約束がなされ、それが受諾されたという確実なことのみを考慮することがありうる。「自分は贈与の約束に拘束されることはありえない」という贈与者の判断と、「後悔し撤回する可能性を留保しておかなかった以上、贈与者は約束の履行へと強制されうる」とする裁判所の判断が食いちがうのである(第三十七節)。次に使用貸借契約とは、私が或る者に無償で「私のもの」を使用することを許し、そしてその或る者が同じ物件をふたたび私の支配力のもとに返却すべき契約、たとえば私がコートを貸し、そのコートを返却させる契約である。その貸借の期間中に、コートに染色剤がかかって使いものにならなくなったり、あるいはコート自体が盗まれてしまったりしたとしたら、その損失を負担するのは、貸した者だろうか、借りた者であろうか。自然状態における判断では、その損害を負担するのは借りた者である。しかし市民状態の法廷においては、損害は貸した者に負わされる、という判決が下される。というのも当の使用貸借契約において、貸与した物件の損害を貸主が負わないという、留保がなされていないからである(第三十八節)。また遺失物の取得についても自然状態の判断と裁判所の判断はことなる。たとえば私が市場で馬を買ったが、ところが実はその馬は本当のところ売手の馬ではなく別の第三者の馬であったとする。この場合、私は馬の所有者たりうるのであろうか。自然状態における判断では、合法的な取得のためには、取得しようとしている物件が「すでにだれか他者に所属していないかどうか」を詮索しなければならず、今の馬のケースで、その馬が実は売手ではなく第三者のものであった以上、私が獲得するのは馬に対する物権ではなく、売手に馬を引き渡すよう求める対人的権利である。とはいえこの対人的権利は、「裁判所に持ちだされると」、当の馬に対する一箇の物権として妥当することになる。というのもその馬は、監督官庁の条例によって規定された市場で売りに出されたものである以上、売手がだれであれ、売買の規則さえ遵守されていれば「私の所有物」となるからである。自体的にはたんなる債権にすぎないものが、物権となるのであり、これは賃貸借において、自体的には一箇の物権であるのがたんなる債権と見なされるのと真逆である(第三十九節)。宣誓についても、これを強制することはそれ自体としては不法である。しかし裁判所にかんしては、つまり市民的状態においては、真理を見ぬくために宣誓以外の手段が存在しない場合、法廷には宣誓を精神的に強制する権限がある(第四十節)。

以上のような自然状態と市民的状態の判断の食いちがいを指摘したのち、論述は自然状態における「私のもの」「君のもの」から、法的状態におけるそれへの「移行」へと進む。まず法的状態と自然的状態が対比され、後者が「私法の状態」、前者が「公法の状態」と呼ばれる。人間相互の義務にかんして、「公法の状態」には、「私法の状態」において考えられる以上の義務、あるいはそれ以外の義務はふくまれておらず、「私法の実質はまさに、双方において同一なのである」。公法の諸法則がかかわるのは、人間たちの共存の法的形式にほかならない(第四十一節)。さらに自然的状態における私法にもとづいて、自然状態から脱却して一箇の法的状態へと移行すべきであるという要請が生じてくるのであり、法的ではない状態に留まりつづけようとすることは、人間たちにとって最高度の不法であるとカントは主張する(第四十二節)。

9　国家および戦争と平和の形而上学――『人倫の形而上学』の概要3

•国家の構成と諸制度(『法論』第二部「公法」の第一章「国家法」)

『法論』第二部「公法」に入ると、まず法的状態を設立する諸法則の総体であるという「公法」や、人民に所属する諸個人が、人民を結合する意志のもとにある状態であるという「市民的状態」の定義が示され、「公法」が国家法ばかりではなく、国際法および世界公民法の三つからなることが予告される(第四十三節)。次の節では第四十一節、第四十二節にひきつづき自然状態から市民的状態への「移行」の問題が論じられ、公的に法則的な状態が設立されていない市民的状態においては、個々人や人民、国家は、たがいに対する暴力から安全ではないことがくりかえし指摘される。自然状態は必ずしも「不正の状態」ではないとはいえ、やはり「無法の状態」なのである。自然状態における「私のもの」も、「公的な法則によって裁可がそれに対して与えられないかぎりは」、つねにただ「たんに暫定的なものであるにすぎない」(第四十四節)。そのうえでカントの基本的な国家論が示され、「法の諸法則のもとにおける人間たちの集合の統合」であるという国家の定義とともに、国家にふくまれる三つの権力、すなわち立法者という人格における統治権、執政者という人格における執行権、ならびに裁判官という人格における裁判権が導入される(第四十五節)。このうちで立法権は、人民の統合された意志にのみ帰属しうる。万人の一致し、かつ統合された意志のみが、立法的でありうるのである。国家に所属する成員が国家市民であるが、その属性をなすのは、法則的自由であり、市民的平等であり、また市民的自立性である。カントは最後の自立性の有無によって、投票権を有する能動的な国家市民と、それを持たない受動的な国家市民が区別されるとし、商人や手工業者のもとで働いている徒弟、奉公人、未成年者、すべての婦人は後者に属すると説く(第四十六節)が、こうしたカントの国家市民論には時代的制約を認めざるをえないであろう。つづく節では国家の形成の問題へと議論がやや後ろに戻り、人民がみずからをひとつの国家へと構成する行為が、「根源的契約」であるとされる。この契約によって人民は、みずからの外的自由を放棄するが、国家としての人民の成員として、この外的自由をふたたび受けとるのである(第四十七節)。そして議論はふたたび国家の構成の問題に戻り、三権の関係が規定される(第四十八節)。さらに国家の執行権が属する国家の元首について論じられたのち、人民という立法者は同時に元首であることはできず、また立法者も執政者も裁判官であることはできないと、いわゆる三権分立が論じられる。こうした三つの権力の統合によってなりたつのが、「国家の健全さ」である(第四十九節)。

このあと『法論』本文では「市民的統合の本性から生じる法的な諸効果にかんする一般的注解」という長い注解がつづくが、ここでは刑法等をふくむ広義の公法のさまざまな論点が論じられている。まず国家の統治者の立場が論じられ、臣民は統治者に対して、抵抗することは許されないとされる。カントによる抵抗権の否定である。「人民は、その義務として、最上権力の濫用がどれほどまでに耐えがたく圧しかかってきても、なおもそれに耐えなければならない」。最上権力の不正を訴えるべき、より上位の審級というものは存在しないからである。ピューリタン革命におけるチャールズ一世や、フランス革命におけるルイ十六世という、君主の「正規の処刑」は、「人間の権利という理念に充たされたたましいを或る戦慄をもって揺さぶる」とカントは語る。たんなる殺害であれば規則の例外でありうるが、処刑となれば「原理の完全な顚倒」であるからである。それゆえ国家体制の変更は、ひたすら主権者による改革をつうじて実行されるのであって、人民による革命をつうじて遂行されるものではありえない。さらに人民に許されるのは、結束して執行権のなんらかの行使を要求する「積極的な抵抗」ではなく、もっぱら消極的な抵抗、つまり議会における拒否にすぎない。とはいえひとたび革命がなったならば、臣民は新たな上位者に対して誠実に服従しなければならない(A)。

つづいて議論は支配者の土地の所有の問題に移る。カントは「法概念に従えば、最上所有権者はいかなる私的所有権をもなんらかの土地にかんして手にすることができない」と主張する。最上所有権は市民的結合にかかわる一箇の理念であるが、土地を私的に所有するならば、最上所有権者はただの私的人格となってしまうからである。土地はむしろ人民に帰属し、これに対し最上所有権者はなんらの「御料地」も持つことができない。同様に、国家のなかに存在するどのような組合、身分、団体も、土地を独占的に利用するために後続世代へと引きつぐことはできない。たとえば騎士団の管轄地や教会の財産も、特権によって後継者に引きつぐことはできず、国家としてはこれらを躊躇することなく廃棄することが可能である。また最上所有権者としての最上命令権者には、土地の私的所有者たちに対して地租や消費税や関税といった租税を公課する権利があり、さらに財政と、公共の安全、快適ならびに風紀を管轄する警察〔監察〕、およびさまざまな結社に対する査察の権利が、国家の維持のために必要とされる(B)。

さらに国家の福祉政策が論じられ、まず窮民施設による貧者たちへの配慮は、法律による課税を介した一時的な醵出(きょしゅつ)によって賄われるべきことが指摘される。これに対して、孤児施設による捨て子の扶養の問題は、解決の方法が見いだされていないひとつの課題である。また教会制度も国家にとって真に必要なものであるが、国家は教会の内部制度や礼拝形式や信仰箇条に立ち入ることはできず、たんに政治的共同体に与える影響が公共の安寧にとって有害になる場合に、これを抑制する警察権をもつにすぎないことが論じられる。ただし教会の費用は国家の負担とすることはできず、その信仰を告白している者たち、つまり各教団が負担するのでなければならない（C）。

国家における最上命令権者の権利は、官職の配分や位階の配分、および刑罰権にも及ぶ。このうち刑罰権は次のEの主題であるが、Dの項目では官職と位階の問題が論じられる。主権者には官職の配分の権利があるとはいえ、官職に任命した者からその官職を、思いつきで、当人が罪を犯したわけでもないのに、とり上げてしまうことはできない。そうでなければ、職務に熟練していない者が官職を手にすることになり、これは人民にとっての不利益だからである。それゆえ「だれであれ下位の官職から上位の官職へと昇進することができる」という規則が必要であり、また終身雇用が守られなければならない。位階については、とりわけ官職に伴うものではない、貴族のそれが問題とされ、世襲貴族の存在を、カントは断乎として否定する。功績というものは子孫に受けつがせることはできず、子孫も自分でそれを獲得するよりほかないからである。とはいえすぐに貴族制度を廃止せよというわけではなく、「主権者・貴族・〔一般〕人民という区分が、主権者と人民というただひとつの自然な区分に席を譲ってしまう時が来るまで」、国家は暫定的に貴族という位階を称号のうえでだけ存続させておくことができる。その一方で国民という位階は、犯罪によってその資格を失ってしまう場合を除いて、各人が失うことができないものであり、契約にとって自分を奴隷とすることがあってはならない。「人間はしたがって、その質および程度において規定された労働にかんしてのみ、みずからを賃貸借することができる」のである(D)。

つづいて論じられるのはカントの刑法論である。まずカントは刑罰権や犯罪の定義や区分を示したのちに、「裁判によって加えられる刑罰」はつねにひとえに、「本人が罪を犯したがゆえに」という理由だけで科せられなければならないと主張する。本人にとっての効用や、同胞市民にとっての効用が刑罰からどれほど引き出されるかという、刑罰の効用がまず考慮されるようなことがあってはならない。「刑罰の法則は一箇の定言命法である」のだ。たとえば死刑を宣告された者に対して、その危険を切り抜けた場合に生き延びさせるという条件で、危険ではあるが医学にとって有益な人体実験を実施するなどといったことがあってはならない。それでは、刑罰の種類と程度は、どのようにして規定されるのだろうか? カントは「同害報復の法」のみが、刑罰の質と量を規定すると主張する。口頭侮辱罪に対する罰金刑は、罪と罰につり合いが取れていないようであるが、本人の自尊心を考慮すれば、自分が与えた苦痛と同じ苦痛を被ることがありうる。またひとのものを盗んだ者は、すべての他者たちの所有権を不確実なものとしたのだから、自分から所有権の確実性を剝奪してしまい、なにも所有できない者となる。そしてひとを殺害した者は、死ななければならない。「この場合には、正義を満足させる代替物はまったく存在しない」のである。たとえばある島の島民が分散することによって市民社会が解散する場合であっても、最後に牢獄に残された殺人犯が、解散に先だって処刑されなければならないとカントは言う。さらに「謀殺者はすべて、つまり謀殺を実行した者であれ、それを命令した者であれ、あるいは協力した者であっても、そのことごとくがまた死刑に処せられなければならない」とまで説き、ベッカリーアの死刑反対論も一蹴する。ただし公に知られたくない出産ののちの母親による嬰児殺害と、軍人のあいだの決闘による戦友殺害については、死刑に処するべきか、それとも死刑という相応の刑罰を免除すべきか、つまり「無慈悲であるべきか、寛大であるべきか」はひとつの難問であるという(EのI)。また恩赦権については、その犯罪が主権者自身に対してなされた場合にのみ、主権者は行使することができるとされる(EのII)。

さらに祖国と外地および属州の定義が示されたのち、臣民には国外へ移住する権利が、国邦領主には外地移住者の国内への移住と定住に便宜を与え、また臣民を犯罪のゆえに属州に、さらには国外へと追放する権利があるとされる(第五十節)。つづく節ではカントによる国家の分類が示され、ひとりの者がすべての者に命令する専政制的国家、たがいに平等な若干の者が他のすべての者に命令する貴族制的国家、万人が共同して各人に命令する民主制的国家という、「国家の形式」の区分が示されたうえで、これらの国家の優劣がたがいに比較される(第五十一節)。ただしカントにとって「国家の形式」はそれほど重要な問題ではなく(市民的状態における根源的立法にとってその「文字」にすぎない)、根源的契約の「精神」が要求するのは、「統治の様式」を根源的契約の理念に適合させるようにすること、すなわちただひとつ適法な体制である「純粋共和制の体制」に、一致するようにさせることである。そして真の共和制とは人民の代議制であり、この代議制によってこそ、「人民の名のもとにすべての国民が統合され、じぶんたちの代表者(代議士)をつうじてみずからの権利が配慮される」のである。法則がみずから支配して、特定の人格に依存することがない、こうした体制こそが公法の最終的な目的であり、「そこで実現される状態においてはじめて、各人に「各人のもの」が確定的に配分されることができる」のだ(第五十二節)。

•戦争をめぐる諸法と永遠平和への展望

(『法論』第二部「公法」の第二章「国際法」と第三章「世界公民法」および「結語」)

カントの「国際法」論において中心的なトピックスをなすのは、国家間の戦争である。個人の場合においてもそうであったように、或る国家は他の国家に対して自然的自由の状態にあるかぎり、不断の戦争状態にあるものと見られるからである。そこで「戦争への権利〔法〕」が、また「戦争における法〔権利〕」が、さらに「戦争後の法」が課題となる(第五十三節)。つづいて国際法の要素が列挙されている。諸国家はたがいに対して法的ではない状態において存在しており、この状態は戦争状態であり、それゆえこの状態から脱出するために国際的同盟が必要であること、ただしこの連盟は同等なものの関係でなければならないこと、こうしたことが挙げられる(第五十四節)。次の節では「自由な諸国家は戦争への根源的な権利を有する」と断言されたのち、どのような権限によって国家は臣民を戦争に動員することが許されるのかが話題とされる。農作物や家畜とのアナロジーによって、国家は自分の所産である臣民を動員することができる、という議論を、人間に対しては当てはまらないと退けたのち、人間は特殊な戦争遂行のそれぞれにみずからの自由な同意を与えなければならないとされる(第五十五節)。さらに「戦争への権利」を問題とするなかで、戦争にいたる過程として、開戦準備と脅威となる勢力にまで強大化することという「威嚇」と、「行動的侵犯」が区別される(第五十六節)。「戦争における法」は、もっぱら特定の戦争の遂行のしかたを禁止するものである。独立した国家間の戦争は、懲罰戦争であってはならないし、また殲滅戦争でも、征服戦争でもあってはならない。さらにスパイの使用や、暗殺者や毒殺者の使用、および虚偽の情報の流布といった、戦争後の平和のために必要な信頼を破壊してしまうような手段も用いてはならない(第五十七節)。「戦争後の法(権利)」は講和条約およびその諸帰結にかんする法であるが、戦勝国が戦費の賠償を求めることをカントは禁止する。そのようなことをすれば、敗戦国による戦争は不当なものであったことになり、戦争は懲罰戦争であったことになるからである。同じ理由で敗戦国が植民地に、その臣民は奴隷に貶められるというわけではないとされる(第五十八節)。その一方で「平和の権利」として挙げられるのは、中立の権利、平和を担保される権利、同盟を結んで共同して防衛する権利である(第五十九節)。次の節では、「不正な敵」ないしは「不法な敵」という概念が問題とされ、ある国家が公的に表明する意志が、普遍的規則とされた場合に平和を不可能とする準則をあらわしている場合、そうした国家こそが不法な敵であるとされる。こうした不法に対しては一致して対抗し、その国家から不法をなしうる威力を剝奪しなければならない。とはいえ、その一致団結は、その国家の領土を分割しあうためのものであってはならない(第六十節)。「国際法」の最終節では、平和を維持するための国家連合の構想が示される。ここでカントが構想する「常設的な国家間会議」とは、「さまざまな国家のあいだで開かれる任意の、いつでも解消しうる会合」のことであるが、こうした会議によってのみ、諸国家間の紛争は、戦争という野蛮なしかたによることなく、いわば訴訟をつうじて市民社会的なしかたで裁定されるのである（第六十一節）。

第二部「公法」の第三章「世界公民法」のブロックは、ただひとつの節からなる。地球が球形であるかぎり、諸人民はすべて根源的には土地の共同（共有）に属しており、ある人民は他のすべての人民に対して相互的な交通を申しいれることができる。こうした相互的な交通にかんする法が、「世界公民法」である。世界市民の権利によって、ある人民は「すべてのひとびととの共同を求め、この目的のために地上のあらゆる地域を訪れようとする」。ただしこれは「定住する権利」ではなく、定住権のためには特別な契約が必要となる。また新たに発見された土地における植民は、「暴力によるのではなく、むしろひとえに契約をつうじて可能となるはずである」。野生民族の開化による世界の福祉という口実も、暴力による植民を正当化するものではありえず、それは体制の腐敗を理由とする暴力による国家の革命という権利が認められないのと同様である（第六十二節）。

『法論』の「結語」は短いもので、主要なメッセージはただひとつ、「戦争はあるべきではない」というものである。ここで戦争とは、自然状態において個人間で生じるものでも、国家として他の国家とのあいだで生じるものでもありうるが、いずれにせよ「戦争は、各人がそれによってみずからの権利を追求すべき方法ではない」のである。それゆえ、私たちは永遠平和が可能であるかのごとく行為しなければならないのであり、「この普遍的で永続的な平和を樹立することは、たんなる理性の限界内の法論にあってただの一部分ではなく、むしろその究極目的全体をかたちづくる」とされる。しかもこの永遠平和へと導くのは、暴力的な体制の転覆ではなく、確乎たる原則にもとづく漸進的な改革をつうじた連続的な接近なのである(「結語」)。

・カントによる論点の補充
(『法論』の「付論　法論の形而上学的諸原理に向けた解明的な注解」)

『法論』第二版に付けくわえられた「付論」でカントはまず、この「付論」を起草することになった機縁が一七九七年二月の『法論』に対する書評にあることを断ったうえで、自分の「欲求能力」の定義を、外的な行為を伴わないとはいえ、内的な帰結を伴う「憧憬」の存在を挙げることで擁護する。

「付論」で取りあげられる最初の『法論』の論述にかんする実質的な論点は、従来の「物権」と「債権」との区分に加えて、カントが『法論』本文で導入した「物権的様相を帯びた対人的権利（債権）」という項目が必要かどうかである。およそ考えることすらできない「対人的な様相を帯びた物権」という概念に対し、「物権的様相を帯びた対人的権利（債権）」は内的な矛盾をふくんでいないが、これが必然的な概念として「私のもの」「君のもの」という概念に属しているのかどうかが、問題となる(1)。この権利の定義として、「或る人格を「じぶんのもの」として有する権利」というものが示されたのち(2)、「例解」として、この権利の概念が男女の関係、両親と子どもの関係、家長と奉公人の関係という事例にそくして提示される。カントによれば、こうして「人格をあたかもそれが物件であるかのように」使用しうる権限は、カントによって自然法学に新たに導入されたものであるが、「しかし暗黙のうちにつねに使用されてきたもの」なのである(3)。

さらに論述は、カントの『法論』が私法論における異端であると批難された、賃貸借における「売買は賃貸借を破る」という命題を取りあげる。賃借人の権利は、あくまで賃貸人に対する「対人的権利」であって、家屋そのものについて、いかなる占有者にも対抗しうる権利、つまり「物権」ではない。賃貸借契約のさい、登記しなんらかの物権を家屋に設定しておかなかった以上、賃貸人による家屋の売却のための、賃借契約満了以前の解約通知を拒絶することはできない。賃借人が死亡したさいに、賃貸借を継続する責務も権利も、その相続人に移転することがありえないことも、賃貸借がたんなる人格に対する拘束性であって、「売買は賃貸借を破る」という命題を確証している(4)。

つづいて刑罰権の問題が取りあげられるが、ここでもカントは『法論』本文と同様に、「同害報復の法理」こそが、ア・プリオリな刑罰権の原理となることを説く。報復を許さない犯罪、たとえば獣姦については、当人が自分を人間社会に値しないものとしたという理由で、市民社会からの永久追放によって処罰されるべきであるとされる(5)。「取得時効」についても『法論』本文の議論が敷衍され、「より先なる真の所有者」なる者が名乗り出ても、占有が持続していることの標識をその者が示すことができない以上、時効取得したものは中断をふくまない継続的な占有に依拠すればよいと論じられる(6)。「相続」についても同様であり、被相続人の遺志により、被相続人の死亡の瞬間に、財産の占有は一瞬たりとも中断することなく、被相続人から指定相続人へと、後者の受領を介して移転することが強調される(7)。

『法論』本文では扱われていない論点が取りあげられるのは、最後の「臣民のための恒久的基金にかんして国家の有する権利について」というブロック(8)においてである。まず「恒久的基金」とはそれを維持するための定款が国家体制と結びついた、自発的に設けられた施設であるとされ、慈善施設、教会、結社、長子相続財団といった恒久的基金は、廃止することができないとされていることが断られる。しかし慈善施設については、人件費があまりにもかかり、しかも入居者の自由を著しく制限するようなものであれば、入居者に一定の援助金を与え、希望するところに身を寄せるようにさせるほうが望ましいとされる。その場合には慈善施設を廃止しても国家は人民から「当人のもの」を奪いとったことにはならず、むしろそれを促進することになるのである(A)。教会の所有財産となるべく設立された基金も、恒常的なものと思いこまれているが、けっして恒久的な基礎を有するものではなく、「むしろ国家のがわは教会から負わされたこの重荷を、おのれがそう欲するときに投げすてることができる」。教会に対する信仰が啓蒙により消滅してしまえば、「そのとき国家はまったき権利をもって、教会が所有財産と僭称していたものを接収することになる」のである。貧者のための恒久的基金や教育施設も、国家の維持やより善きものへの進歩を妨げるのであれば、そのありかたを変更することができるのであり、そうした基金は「だんじて恒久的な基礎をもったものと見なされることができない」(B)。貴族という同業者組合についてもカントはその恒常性を否定し、国家が憲政組織を変更した場合、貴族の称号と特権を喪失する者は「「じぶんのもの」が奪われた」と主張することができないとする。いかなる身分結社も同様である(C)。長子相続財団も、いつでも廃止されうるものであって、未来永劫にわたって変わらず存続すべきものではない(D)。

最後に末尾の「むすび」では、カントによる抵抗権の否定の問題があらためて取りあげられる。カントによれば、人民が法則をつうじてなんらかの上位者のもとで存在しているかぎり、たとえ改善が必要ではあっても、この体制に抵抗することは許されてはならない。「国家体制一般の理念とは同時に、法概念に従って判断する実践理性が人民おのおのに対して下す絶対的命令であって、その理念は神聖にして抵抗を許さないもの」なのである。国家の組織にあやまりがあるにしても、実力行使をともなう抵抗によって対抗することは許されず、むしろそうしたあやまりは国家そのものが企てる改革をつうじて徐々に取りのぞかれるのでなければならない。「なにが公的に法であるべきであり、なにがそうではないか」を規定する合法的な最高権力を認めながら、その権力に対してなんらかの抵抗が容認されると考えることは、自己矛盾なのである。

10　徳の形而上学の基礎――『人倫の形而上学』の概要4

•徳の形而上学に向けて(『徳論』の「序文」および「徳論への序論」)

『徳論』もまた、『法論』と同様に、独自の「序文」と「徳論への序論」を備えている。

前者ではまず、『法論』だけではなく『徳論』にも「形而上学的原理」が必要であるのかという問いを提示したのち、「徳論の第一の根拠をなんらかの形而上学のうちに探索すること」が是非とも必要であるとされる。形而上学の支えなしでは、徳論には確実さも純粋さも期待できないことになるからである。こうした観点から、徳論を道徳感情に基礎づけようとする立場や、徳論を幸福論に還元しようとする立場が批判されることになる。

「徳論への序論」に入ると、まず「倫理学」という名称が古代においては法論もふくむ「人倫論」一般を意味していたこと、とはいえカントの時代には法論から区別された徳論を指すために用いられていることを断ったうえで、こうした倫理学＝徳論という用語法にしたがうことが宣言される。そのうえで最初のブロックの「徳論の概念の究明」では「徳論」という学問の内実の規定がなされ、「一般的な義務論のうち、外的な自由ではなく、内的な自由を法則のもとにもたらす部門が、徳論である」とされる。そして法論はたんに、外的な自由の形式的な条件を扱ったが、徳論は選択意思の対象となる実質である目的も示す。ところで一般にある目的を持つことは、他者によって強制されうるものではなく、ある目的を自分の目的とすべく強制されうるとすれば、自己強制によるしかない。そうした目的が、『徳論』のもっとも中心的な主題である、「同時に義務である目的」である。そうした目的は、いかにして可能であろうか(Ⅰ)。つづくブロックはその「同時に義務である目的」を究明する。ここではそうした目的がどのようなものであるかはひとまず置き、そうした目的が「**徳の義務**」と名づけられうることが示される。そして「法の義務には外的な強制も道徳的に=可能であるが、これに対して徳の義務は自由な自己強制だけにもとづく」のである。人間の道徳性は、最上の段階においても徳以上のものでありえず、逆に悪徳に、徳以上の力が帰されるようなことがあってはならない(Ⅱ)。さらに「同時に義務である目的」を考える根拠が論じられ、そうした目的がなければ、すべての目的はより上位の目的に対する手段となり、定言命法が不可能となってしまうと論じられる。ここで問題なのは、「人間が自分で目的とするべき、自由な選択意思のその法則にしたがった対象」なのである(Ⅲ)。

その後ようやく、「同時に義務である目的とはなにか」が提示される。それは「自分の完全性」と「他人の幸福」である。これに対し、だれもがおのずと求める「自分の幸福」は義務づけられることはありえず、また「他人の完全性」は、その者が自分で求めるほかよりない(Ⅳ)。さらに「自分の完全性」と「他人の幸福」の概念に説明が加えられる。前者については、「自分の能力の(もしくは自然素質の)開化以外のものではありえない」とされる。まずは動物性から人間性へと自分を高めようとすることは、さらに意志を開化して法則が義務にかなった行為の動機となるまでに高めることは、自分自身に対する同時に義務である目的なのである（ⅤのA）。またここで同時に義務である目的である幸福とは、私のではなく「他の人間たちの幸福」でなければならない。私が義務違反に陥らないために、私自身の幸福も配慮しなければならないとする議論が存在するとはいえ、そこで目的とされているのは幸福ではなく、私の人倫性であり、私の幸福はあくまでそのための手段なのである（ⅤのB）。

さて「同時に義務である目的」は、個々の行為に対して法則を与えるのではなく、あくまで行為の主体的な原理である、行為の準則に法則を与える。同時に義務である目的があるならば、その目的に仕える行為の準則は、「普遍的立法をなしうるという資格を有する条件だけをふくんでいるのでなければならない」（Ⅵ）。さらにこうしたことから、倫理学の義務は狭い拘束性ではなく広い拘束性にかかわることが帰結する。倫理学の法則が行為そのものではなく、行為の準則だけを命じることができるかぎり、その法則の順守には程度の余地が残されているからである。それゆえ不完全義務は、法の義務には存在しない、徳の義務に特有の義務であり、徳の義務を果たすことは功績＝＋aである。こうした義務は、功績の程度の幅を許容するため、広い拘束性に数え入れられなければならないのである（Ⅶ）。

この「広い義務としての徳の義務」がより詳細に論じられるのは、次のブロックにおいてである。まず「自分の完全性」については、これがa自分のこころと身体の能力という自然的な完全性を開化することと、b私たちのうちなる道徳性の開化に区別され、それぞれが詳しく論じられるとともに、これらが広い拘束性にかかわる、行為の準則を命じるものであって、行為そのものを命じているわけではないことが断られる(Ⅷの1)。「他人の幸福」についてもやはり、a自然的な幸せとb道徳的に幸いであることに区別され論じられており、それぞれについて、他者の幸福のためのこうした配慮がどこまで及ぶかについて、一定の限界を示すことはできないとされる(Ⅷの2)。

ここでふたたび、「徳の義務とはなにか」が論じられる。徳の義務は準則の実質、つまり同時に義務と考えられる目的にかかわり、広い拘束性である。そこで徳論の最上の原理として、「それを持つことが各人にとって普遍的な法則でありうる、目的の準則にしたがって行為せよ」という原理が提示され、これは(徳論の)定言命法であるとされる(Ⅸ)。ところで法論の原理は、「外的な自由」という概念だけから導きだされるものであった。それゆえ最上の法の原理は分析的命題である。これに対して右の徳論の原理は、外的な自由の概念を越え出て、この原理が義務とする目的を結びつける。それゆえ徳論の原理は総合的である。法論が度外視する目的を、徳論においては純粋実践理性が定立するのであり、この目的は私たちが持つべきものなのである(Ⅹ)。さらに徳の義務は、内的／外的および実質的／形式的という区分によって図式化され分類される(Ⅺ)。

論述は徳の義務に対応する「こころの感受性」に及び、道徳感情、良心、人間愛、尊敬をそれぞれ取りあげる。こうしたものを持たねばならないという拘束性は存在しないが、これらは主観的な条件として道徳性の根底にある。まず道徳感情とは義務の法則との合致もしくは背反という意識にもとづく快もしくは不快に対する感受性であって、これを持ち獲得するという義務は存在しないが、すべての拘束性の根底にはこの感情がある。とはいえこの感情はたんに主観的なものであって、認識を与える「感官」ではない(Ⅻのa)。良心も獲得すべきものではなく、それぞれの人間は人倫的な存在者であるかぎり、良心を「根源的に自分のうちに持っている」。「この人間は良心を持たない」というのは、「この者は良心の判決を気にかけていない」というほどの意味であり、ここで義務であるのは、「自分の良心を開化し、内的な裁き手の声への注意を鋭くすること、そしてこの裁き手に聴きしたがうためにすべての手段を用いること」である(Ⅻのb)。愛についても、「愛するという義務」は存在せず、義務であるのは、「他の人間に私たちの能力に応じて親切にすること」である。隣人愛の教えも、カントによれば、まず隣人を愛し、その後で隣人に親切にするべきことを意味しているのではなく、まず隣人に親切にし、その結果として人間愛が生じるということを意味しているのである(XIIのc)。尊敬も同じく主観的なものであり、これを引き起こすことは義務ではない。むしろ、「人間のうちなる法則が、自分自身の存在に対する尊敬を、人間に避けがたいしかたで強制する」のである(XIIのd)。

つづいて徳論にかんする人倫の形而上学の方法論が話題となり、まずひとつの義務に対しては、それに対応する唯一の義務づけの根拠が存在するとされる。それぞれが不十分な根拠がどれほど並べられたとしても、証明の役には立たないのである。むしろそれら諸根拠は、「根拠と帰結として一系列をなして十分な根拠にまで進行しなければ」ならない。同様に、徳と悪徳のちがいを、準則の順守の程度に求めることもできない。ここでカントによるアリストテレスの中庸論批判が登場する。徳としての倹約は、悪徳としての浪費の程度を減らすことによっても、同じく悪徳としての吝嗇の度合いを緩めることによっても、生じるとは考えることができない。徳としての倹約と悪徳としての吝嗇は、「まったく別の原理(準則)を持っている」のである。さらに倫理学の義務は、「人間がいかにあるか」という経験的な知識にしたがってではなく、「人間が人間性の理念にかなっていかにあるべきか」という合理的な知識にしたがって評価されなければならない。こうした三つの準則を示したのち、カントは「徳一般について」というブロックを用意し、あらためて徳の定義を示そうとする。徳とは「自分の義務を順守するさいの、人間の意志の道徳的な強さ」のことであり、こうした強さを所有することによってのみ、人間は自由であり、健全であり、豊かである。こうした徳をまったき完全性において考察するなら、「人間が徳を所有するようにではなく、あたかも徳が人間を所有しているかのように、表象される」のである(XIII)。

このあと話題になるのは法論と徳論の区分の原理であり、両者に共通する自由の概念が、法論に属する「外的自由の義務」と徳論に属する「内的自由への義務」の区分を必然的なものとするとされる。後者の内的自由こそが、徳論の議論の前提であり、まず論じられなければならない。内的自由のためには「自分自身の主人であること」と「自分自身の支配者であること」が必要であり(XIV)、これらに逆らう「激情」と「僻情」がつづくブロックで論じられる。激情は怒りのような熟考を困難にする激しい感情であるが、放っておけばじきに止むという善い点があり、悪徳とそれほど密接に結びついているわけではない。これに対して僻情は憎しみなどの熟考と両立しうる、持続する傾向性となった感性的な欲望であって、法則に反する僻情のために原則を立て、これを深く根づかせようとする。こうしたことこそが、「真の悪徳」であって、こうした悪徳には「自分の感情や傾向性に自分を支配させてはならない」という、「無情念の義務」が対立する

（XV）。この「無情念」もまた徳のために前提とされるのであって、「無関心とは区別されなければならない激情のないこと」が、「道徳的な無情念」と名づけられうる。徳とは、「静けさのなかにあるこころ」なのである。こうした徳は、ひとつの理想として客観的に考察されるならば、到達はできない、近づくことだけが義務であるものであり、その意味では「徳はつねに進歩して」いると言えるが、向上しているのでなければ堕落することが避けがたい人間の本性からすれば、「徳はつねに新たにはじまる」とも言える（XVI）。

さらに論述は徳論の区分に進み、徳の義務が外的立法のなされない義務であること、その義務の法則は行為ではなく行為の準則に対して与えられること、それゆえ倫理学の義務は広い義務であることがあらためて確認され、また徳論は目的論として打ち立てられなければならないことも踏まえたうえで、法則に対する尊敬という「徳の義務づけ」はただひとつあるだけだが、目的となる客体が多くあるのに応じて、「多くの徳の義務が存在する」と指摘される。その後、倫理学を原理論と方法論とに区別する理由、および倫理学が決疑論をふくむ理由が示され、また方法論で論じられる道徳教育の方法が予告されたのち（XVII）、倫理学の区分が示される。示される義務の種類に応じた「第一の区分」と学問の分野に応じた「第二の義務」のうち、後者が先行しなければならないと説かれ、「徳論への序論」は閉じられる(XVIII)。

11　「自分自身に対する義務」の倫理学――『人倫の形而上学』の概要5

•「自分自身に対する義務」の体系(『徳論』「倫理学の原理論」の第一部)

『徳論』本文ではまず、「自分自身に対する義務」が存在するかという問題が取りあげられる。「義務づける私」と「義務づけられる私」が同じ意味で受け取られるのであれば、前者は後者をいつでも義務から解放することができるのであるから、「自分自身に対する義務」の概念は、矛盾をふくんでいるようにも思える(第一節)。とはいえ、そうした義務が存在しなければ、他者に対する義務も存在しない。私が自分自身を拘束するゆえに、他者に対する拘束性も成り立つからだ(第二節)。こうした「自分自身に対する義務」が存在しないとする立場と存在するとする立場の「アンチノミー」の解決が、つづいて示される。人間は「自然存在者」つまり「フェノメノン(現象)的人間」としてと、「内的な自由を賦与された存在者」つまり「ヌーメノン(本体)的人間」としての、二重の意味において考察されることができるのであり、後者としての人間が前者としての人間を義務づけると考えることで、矛盾なく「自分自身に対する義務」を認めることができるのである(第三節)。さらにそうした「自分自身に対する義務」の区分がなされる。まずこの義務は、人間の本性の**目的**に逆らって行為することを禁止する、自己保存にかかわる義務と、ある種の対象を自分の目的とすることを命令する、自分自身を完成することにかかわる義務に区分される。前者が自分自身に対する完全義務であり、後者は自分自身に対する不完全義務である。さらに前者の義務は、人間が自分を**動物的**であると同時に道徳的な存在者として見るか、もしくは**たんに道徳的**な存在者と見るか、によって区分される。人間の動物性にかんする自然の衝動は、a自分自身の保存を意図する衝動、b種の保存を意図する衝動、c快適であるがたんに動物的な享受を意図する衝動、であって、これらにもとづく、自分自身に対する義務に対抗する悪徳が、それぞれa自己謀殺、b性の傾向性の非自然的な使用、c栄養物の過度の享受である。さらに意志の準則が自分の人格における人間性の尊厳と一致するという、たんに道徳的な存在者としての自分自身に対する義務については、これに対立する悪徳は、**虚言**、**吝嗇**、**偽りの謙抑**(卑屈)の三つであるとされる。これらの悪徳に対立する徳は、「名誉欲」とは天と地ほどにことなる、「名誉愛」である(第四節)。

『徳論』の原理論の第一部の第一巻は「自分自身に対する完全義務」を扱い、その第一篇は「動物的存在者としての自分自身に対する、人間の義務」である。このうちの第一の義務は自己保存であるであるとされ、これに対立する恣意的な死がさまざまに区分される。なおこの篇で話題になるのはすべて「消極的な義務」であるため、なにかをなせと命じるものではなく、この義務に対立する悪徳に対抗するかたちで、論述は進むという(第五節)。

まず取りあげられる悪徳は、「自己殺害」(自殺)である。自己殺害は犯罪であるとされる。ただしカントはこの犯罪を、あとに遺される他者との関係においてではなく、ひたすら「ひとつの(それも厳格な)自分自身に対する義務」の違反として考察する。自殺をも恐れなかったストア派の賢者は、その勇気をもって生きつづけるべきであった。自殺という「自分自身の人格における人倫性の主体を滅ぼすこと」は、「人倫性そのものをその現実存在からして、その主体におけるかぎりで、世界から根絶することとまさにひとしい」からである。ただし身体の一部をどこまで取り去ることが部分的な自殺に属するかには、曖昧なところがあることを指摘しつつ、「決疑論的問題」では、自殺(自己謀殺)であるか否かが微妙なケース(自己犠牲、殉教、死刑に先立つ自死、戦争への毒薬の持参、狂犬病患者の自死、種痘)が示される(第六節)。種族を保存するための性的な能力にかんして、自分自身に対する義務に対抗する悪徳は、「情欲的な自己冒瀆」、つまり自慰行為である。『法論』では男女がたがいの性的能力を使用するための制限(婚姻)が論じられたが、ここでは「自分の性的な特性の自然に反する使用(それゆえ濫用)」は、「自分自身に対する義務のひとつの毀損、それも人倫性(倫理性)に最高度に反する毀損である」とされる。ひとは自殺についてなら公の場で語りうるが、そうした性的特性の使用については、固有の名前で呼ぶことすらもがはばかられるのである。ある種の勇気を必要とする自殺よりも、動物的な傾向性に身を委ねるそうした使用は、人間から尊厳を奪う。「決疑論的問題」では自慰行為の問題というよりむしろ、婚姻における性的行為がどのような場合に許されるかが問題とされている(第七節)。さらに同じく動物的な衝動である飲食の享受にかんしては、「不節制による自己麻痺」という悪徳が取りあげられる。カントはそれが病気を招くため、こうした悪徳を非難するのではない。飲食物の濫用、暴飲と暴食によって、「飲食物を知的に使用する能力が妨げられる、もしくは使い果たされる」のが問題なのである。暴飲により酩酊した人間は動物のようなものであり、暴食にふける人間の享受は、家畜のようなものである。とはいえ「決疑論的問題」ではカントはワインに「社交を活気づけて、ひとびとをおしゃべりにさせ、そのことによってうちとけさせる」という効用を認め、こうしたアルコールの使用がどこまで認められるかという、問題を提起する(第八節)。

『徳論』の原理論の第一部第一巻の第二篇は「たんに道徳的な存在者としての自分自

身に対する、人間の義務」というタイトルを掲げ、「それは虚言、吝嗇、そして偽りの謙抑(卑屈)という悪徳に対立している」とされる。まず虚言であるが、これは『法論』の枠内では他者の権利を毀損する場合だけ問題となるが、倫理学＝『徳論』においては、道徳的存在者としての自分自身に対する義務の毀損として論じられる。虚言は「自分自身の人格における人間性の尊厳を毀損する」ものだからである。ここで虚言が他者と自己にもたらす損害は考慮されることはない。損得ではなく、もっぱら「義務の毀損」が問題だからだ。虚言は人間の価値を物件以下に貶める行為であり、軽率な虚言でさえも、「自分自身の人格に対する人間の犯罪」である。さらに内的な虚言が可能であることの証明として、「自分自身に対する義務」のアンチノミーの解決と同様、「フェノメノン(現象)的人間」と「ヌーメノン(本体)的人間」の区別が導入され、後者は前者をただの「話す機械」として扱ってはならないとされる。人間は「自分自身に対して誠実であるように義務づけられている」のだ。それゆえ自分自身に対する言明における不純さは、深刻な非難に値する。聖書も人類の悪の起源を最初の殺人にではなく、最初の虚言に認めていたのである。「決疑論的問題」では、慣用表現における不真実という問題や、虚言に起因する犯罪の責めはだれに負わされるべきかといった問題が論じられる(第九節)。つづいて吝嗇については、さまざまな意味のそれが区別され、カントがここで問題とする吝嗇が、「幸いに生きるための手段を自分自身で享受するのを、本当に自分が必要とする程度以下に狭めること」であるとされる。ここで「徳論への序論　XIII」と同様に、アリストテレスの中庸論が批判され、悪徳と徳の区別は、「人倫的な準則の実行の程度ではなく、準則の客観的な原理」に求めねばならないとされる。吝嗇は快適な生活の享受のための手段を自分から奪うことであり、それゆえに「自分自身に対する義務とまさに対立するもの」なのである。逆に徳の原則を順守したうえで、賢明さが指示するよりもより多く、もしくはよりすくなく実行しても、それは「過誤」であって、「悪徳」ではない。しかしそもそも貪欲もケチ(吝嗇)も、本当に悪徳なのか、むしろ両者はたんに賢明ではないことではないのか、さらに節約はいつどのようにはじめるべきなのか、そもそも節約は徳なのか、といった問題を、カントは「決疑論的問題」で投げかける(第十節)。

つづく節では道徳的存在者としての自分自身に対する義務に反する三つ目の悪徳である卑屈が論じられる。カントはまず、「自然の体系における人間」つまり「フェノメノン(現象)的人間」としての人間が、他の動物たちとの比較における「価格」を持つにすぎないのに対し、「人格」としての人間つまり「ヌーメノン(本体)的人間」としては、価格を越えた「絶対的な内的価値」つまり「尊厳」を持っており、「すべての他の理性的な世界存在者に自分への尊敬を要求」すると指摘する。「人間が動物的人間として取るに足らないことが、自分の理性的人間としての尊厳の意識を破ることはありえない」のである。こうした自分の尊厳を否認するような、卑屈なふるまいはなすべきではない。たしかに自分を道徳法則と比較すれば、「謙抑」が生じざるをえないが、同時にそのような立法に与っているという意識からは、「自己尊重」が生じる。なんらかの卑しい目的のために、そうした自己尊重を投げ捨てることは、誤った謙抑あるいは卑屈であって、これは自分自身に対する義務に反している(第十一節)。さらにカントはこうした人間性の尊厳にかんする義務について、「人間の奴隷となるな」「完全に確実に返すことができない借金をするな」「肉体の苦痛にさいして、愚痴を言ったりしくしく泣いたり、大声を出したりするな」「地面にひざまずきひれ伏すな」などの禁止命令の実例によって解明したのち、「決疑論的問題」として、自己尊重としての「こころの高揚」と、真の謙抑と正反対の「うぬぼれ」が似かよっていることに注意を促し、さらに敬礼やお辞儀、ドイツ語に特有な二人称の代名詞や敬称の問題を取りあげている(第十二節)。

このあと『徳論』の原理論の第一部第一巻の第二篇は第一章・第二章と挿入章に分かたれ、第一章には「自分自身についての生得的な判定者である、みずから自身に対する人間の義務について」というタイトルがつけられている。ここで論じられるのは、カントの良心論である。良心とは、「人間のうちなる内的な法廷の意識」であるが、こうした良心を、だれでも持っているとカントは言う。どのようにして良心から逃げようとしても、「良心の声が聞こえるのは、人間はどうしても避けることができない」。この内面で開かれる良心という法廷において、裁判官と被告が同じ人格として考えられてはならないとすれば、その裁判官は心情を見とおし、すべてを義務づける、ある他なる観念的な人格と考えられる必要がある。しかもその人格は、あらゆる威力も手にしているのでなければならない。そうした人格は、**神**である。とはいえそうした神が自分の外に実在すると想定する権限があるわけではなく、この裁判官としての神は実践理性によって「たんに主観的に与えられる」のである。さらにカントは良心の働きを、1なにかを決心する前、2所為がなされたあと、3最終的な判決、の三つの場面に分けて描写している(第十三節)。

『徳論』の原理論の第一部第一巻第二篇第二章のタイトルは「自分自身に対するすべての義務の**第一の命令**について」であり、その命令として、「君自身を認識せよ」という自己認識の命令が提示される。義務とかかわる、自分の心情の究めがたい深部へと迫る道徳的な自己認識こそが、「すべての人間的な知恵のはじまり」である。この知恵は、人間のうちに巣くう悪しき意志の除去と、決して失われない根源的な素質である善き意志の展開を、必要とするからである(第十四節)。こうした自己認識は、「人間(人類全体)一般としての自分自身を狂信的に軽蔑すること」を追放するとともに、行いを欠いたたんなる願望を「善き心情の証明と見なそうとする自己愛的な自己評価」とも対立する。法則と比較するさいの公平さと、自分の道徳的価値を告白するさいの率直さは、自分自身に対する義務であって、こうした義務は「自己認識の第一の命令から直接に帰結する」のである(第十五節)。

このあと『徳論』の原理論の第一部第一巻第二篇には挿入章がつづき、「**道徳的な反省概念の多義性**」を、つまり「自分自身に対する人間の義務であるものを、他の存在者に対する義務と見なすこと」を批判的に論じる。カントによれば、「人間は、たんに人間(自分自身もしくは他者)に対する義務のほかには、いかなる義務も持っていない」。義務づける主体は、ひとつの人格であり、しかも経験の対象として与えられていなければならないが、そうした主体は人間だけだからである。とはいえ人間が人間以外に対する義務を持っていると考えるとすれば、それは反省概念の多義性によるのであり、ある人間以外の存在者「にかんする」義務を、当の存在者「に対する」義務であると混同しているのである。そうした人間以外の存在者たりうるのは、人格ではない存在者、つまり鉱物や植物や動物であるか、人格ではあるが不可視な存在者、つまり天使および神かだけである。こうした存在者と人間のあいだに義務の関係が成立するのかどうかが、問題となる(第十六節)。鉱物や植物といった「美しいもの」をたんに破壊しようとすることは、道徳性を準備する感情を弱め、根絶やしにするという点で、自分自身に対する人間の義務に反している。とはいえ、そうした「美しいもの」に対する義務があるわけではない。同じように、動物についても、それを残酷に取り扱うことは、人間のうちなる苦しみへの共感を鈍くする点で、自分自身に対する人間の義務に対立しているが、ここでの義務はあくまで「これらの動物にかんする義務」であって、直接的にはただ「自分自身に対する人間の義務」なのである。こうした「動物に対する義務」の存在を否定するカントの主張は、近年の動物倫理をめぐる議論のなかで、デカルトの「動物機械論」とならぶ西欧近代の典型的な動物論として批判的に言及されることが多いが、とはいえ、そうした制約のなかでもカントが、「たんなる思弁のための苦痛の多い生体実験」を忌避すべきことを説いていることは、十分注目に値するであろう(第十七節)。さらに人間を越えた存在者、「神の理念にかんしても」、私たちはすべての義務を神の命令として認識する「宗教の義務」を持っているが、これはあくまで「神に対する義務」ではない。神という理念を道徳法則に適用するという意味で宗教を持つことは「自分自身に対する人間の義務」なのである(第十八節)。

「反省概念の多義性」についての挿入節で、自分自身に対する完全義務を論じる『徳論』の原理論の第一部第一巻は終わり、つづく第二巻は「自分自身に対する（自分の目的にかんする）人間の不完全義務」を論じる。この第二巻は、それぞれふたつの節からなる、ふたつの章で構成されている。第一章は「**自然的完全性**」についての自分自身に対する不完全義務を扱い、まず自分の自然の力を「あらゆる可能な目的のための手段として培うこと」が、それがもたらす効用を考慮せずとも、「自分自身に対する人間の義務」であるとされる。そして精神と、たましいと、身体の力を、それぞれ開化することが義務であることが論じられる（第十九節）。とはいえどのような割合でこれらの力を開化するのかは、それぞれの個人の置かれた状況に委ねられており、それゆえこの自分の自然的完全性を発展させるという義務も、先立つ第一巻で扱われた完全義務ではなく、「たんに広く不完全な義務」であるとされる（第二十節）。第二章は「**道徳的完全性**」を高める義務を論じ、まずこの義務は主観的には、行為が「義務にかなっている」だけでなく「義務にもとづいて生じる」という「義務の心根の純粋さ」にあること、その一方でこの義務は客観的には道徳的な目的を完成する完全性にあるが、人間にあってこの目標に向けての努力は、ある完全性から別の完全性への前進にすぎないことが示される（第二十一節）。人間がそれへ向けて努力すべき道徳的な完全性は、客体という観点においては、たしかに「狭く完全な義務」であるが、それへ向けて努力する主体という観点においては、「自分自身に対する広くてたんに不完全な義務」である。人間の心情の深みは究めがたく、義務という動機に、利益の考慮が混じっていないかは、だれも自分自身について見極めることができないからである。こうして「私たち自身の人格のうちなる人間性の目的にかんする、自分自身に対する義務はすべて、たんに不完全義務である」と結論づけて、カントは『徳論』の第一部を閉じる(第二十二節)。

12　愛と尊敬の倫理学——『人倫の形而上学』の概要6

•他者に対する愛と尊敬(『徳論』「倫理学の原理論」の第二部)

『徳論』の原理論の第二部は、「他者に対する徳の義務」を論じる。第二部は第一篇と第二篇からなるが、より実質上の区分は、第一篇のなかでの、第一章の「愛の義務」と第二章の「**尊敬**にもとづく徳の義務」の区分である。まず最初の節で、愛と尊敬という第二部の主題が提示され、両者が区別されるとともに、「愛と尊敬は根本においては、法則にしたがってつねに相互に、ひとつの義務のうちで結合されている」とされる(第二十三節)。さらに愛と尊敬は、自然的世界における「引力と斥力」にたとえられる。

愛の原理によって理性的存在者は接近し、尊敬の原理によって相互に距離を保つよう指示されるのであって、これらの力の一方が弱まるようなことがあってはならない(第二十四節)。さらにここで問題となる愛も尊敬も、たんなる感情ではないことが断られ、むしろ好意と自己尊重の制限という準則として考えられなければならないことが説かれる。なおもっぱら消極的なものである尊敬の義務は、愛の義務と比較すれば「狭い義務」であり、それゆえ愛の義務は「広い義務」である。前者の義務によって私は自分を制限するだけであるが、後者の義務を実行することによって、私には功績がある(第二十五節)。

論述は「とりわけて愛の義務について」を論じるブロックに進む。まずここで問題となる人間愛は適意の愛ではなく、実行をともなう「行為の準則」にかかわることが示され、こうした人間愛にかんして、人間の友、人間の敵、利己主義者、人間嫌悪が定義される(第二十六節)。さらに好意の準則である実践的人間愛が「すべての人間相互の義務」であることが説かれる。私はそれぞれの他者が、私に対して好意を持つことを欲するゆえに、私もそれぞれの他者に対して好意的であるべきなのである。こうした相互的な好意にもとづいてのみ、親切の準則は「普遍的立法の資格を有」するのだ(第二十七節)。ただしここで求められる好意は、なんら他者に貢献することがない願望の好意ではなく、「行為的で実践的な好意(親切)」であることが注意され、準則の普遍性を毀損することなしに、愛するひとびとがことなるのに応じて、「好意の程度は大いにことなったものでありうる」と指摘される(第二十八節)。

以上の概論をふまえて、愛の義務はA親切、B感謝、C同情に区分される。まずAの親切について、吝嗇に陥らない程度に自分を配慮することは自分自身に対する義務であるが、他の人間にも親切にする義務は、必ずしも自明のものではないことが断られるものの(第二十九節)、つづく節では「親切であること」は、それぞれの人間の義務であると断言される。その論拠は『基礎づけ』にも登場した、困難にある他者を助けないという準則を公にする者は、自分が困難に陥った場合、他者の援助を期待できず、そうした準則は自分自身と矛盾するというものである。カントによれば人間とは「共にある人間」、つまり「窮乏した存在者、そのうえ同じ居住地に本性からして相互に助け合うようひとつに結びつけられた理性的な存在者」なのである(第三十節)。とはいえ豊かなひとにとっては、他者への援助はたいした功績ではなく、それをみずから誇るようなことがあってはならない。「親切のための能力はかぎられているのに、親切にするひとが、自分が他者から免れさせた災いを黙って我が身に引き受けるほど十分に強い場合には」、当の親切にする者は「道徳的に＝豊か」である。とはいえ、どこまでどのように親切にするべきなのか、また親切は貧富の差という不正にもとづくものではないかという問題が、「決疑論的問題」として投げかけられる(第三十一節)。つづいてBの感謝について、「感謝とは、私たちに示してくれた親切のゆえに、ある人格に敬意を払うことである」という定義が示されたのち、この感謝が道徳法則によって直接に強要されている義務であることが説かれる。しかもこの感謝は、いつまでも帳消しにすることができない「神聖な義務」なのであって、「ひとは受けた親切にどれほど報いようとも、親切を清算することはできない」(第三十二節)。感謝の広がりにかんしては、感謝は同時代人だけではなく、私たちの師と見なされうる先人にもおよぶが、強度については、その最低の限度は、受けた親切と同等の奉仕を、親切にした者に、もしくはそれ以外のだれかにすることである。受けた親切を重荷と見なすことなく、感謝の機会すらも自分の人間愛を開化する機会として感謝して受けとらなければならない(第三十三節)。最後にCの同情については、「同情する感覚は一般に義務である」とされる。共歓と共苦は自然的な感受性であるが、これを行為をともなう理性的な好意を促進するための手段として使用することは、「人間性」という名のもとにある義務である。満足や苦痛への感受性のうちではなく、「たがいに自分の感情にかんして伝達する能力や意志」のうちに置かれる人間性についてだけ、拘束性が存在する。たんに感受性にもとづく共苦なら、ストア派の賢者も拒否したのである。「共苦にもとづいて親切にすること」も、それは「憐れみ」にすぎず、義務ではありえない(第三十四節)。とはいえ他者との共苦や共歓を持つことは、それ自体では義務ではないとはいえ、それらの自然的な感情を開発し、道徳的原則にもとづいて同情するための手段として利用するという意味では、間接的な義務である。そのため貧しいひとびとの暮らす地域や、病室や監獄を避けて通ってはならない。なおこの節の末尾の「決疑論的問題」では、同情の問題ではなく、好意と感謝をめぐる問題が提起されている(第三十五節)。

さらに愛の義務をめぐる論述は人間愛と対立する「人間憎悪」という悪徳を取りあげ、それが嫉妬、恩知らず、不幸を歓ぶことに分類される。まずa 嫉妬とは、「自分の幸いがそのことによってまったく損なわれるわけでもないのに、他者の幸いを認めるのに苦痛をともなうという性癖」である。それが所為となれば本格的な嫉妬であるが、そうでなければ妬みであり、こうした嫉妬の衝動は、人間の本性のうちにある。その衝動の爆発が、それを忌まわしい悪徳とするのである。つづいてb 恩知らずでいることは、恩人を憎むまでになれば本格的な恩知らず、そこまでなければたんなる忘恩である。恩知らずは世間の評判ではもっとも憎むべき悪徳であるが、人間はこの悪徳を犯すことがあまりにも多い。自分に示された他者の親切が、重荷だと思い誤られるからである。そのため同世代に対して感謝を惜しんだり、それどころか感謝の真逆を示したりすることすらなされるが、そうしたことは「人間性に対抗する悪徳」である。「人間愛がここではいわば逆立ちさせられていて、愛の欠如が、愛する者を憎むという権能にまで卑しめられている」からである。さらにcの不幸を歓ぶことは、同情の正反対であり、他者に災いや悪を引き起こすまでになれば本格的な不幸を歓ぶこととなる。他者の不幸や醜聞は、私自身の幸いの引き立て役になることはたしかであるが、そうしたことが起こることを歓ぶことは、「隠された人間憎悪であり、私たちに義務として課されている隣人愛にまさに反するものである」。こうした不幸を歓ぶことのうち、もっとも甘美で正当にも見えるのが復讐欲であるが、犯罪に復讐するのは法廷のすること、もしくは神のすることであり、人間が復讐を求めることなどはあってはならない。「どのような罰も、それがだれによるものであろうとも、憎悪にもとづいて下されてはならない」からである。これらの悪徳は客観的には非人間的であるが、主観的には、人間によく見られる、人間的なものである。こうした悪徳を悪魔的と名づけ、天使の徳と対比することは、行き過ぎであり、人間が「家畜のような悪徳に陥っている」としても、人間を家畜とすることも正当ではない(第三十六節)。

愛の義務を論じた第一章につづき、『徳論』の原理論の第二部第一篇第二章は「他の人間に対する、そのひとびとにふさわしい**尊敬**にもとづく徳の義務」を論じる。「尊敬」とは、他の人間における尊厳の承認であって、尊厳とはいかなる等価物も持たない価値のことである(第三十七節)。こうした定義ののち、「あらゆる人間は自分の隣人からの尊敬を受ける正当な要求を持っており、またその代わりに人間はあらゆる他者に対して尊敬するよう拘束されている」という、このブロックの根本的な命題が打ち出される。人間は自分自身をいかなる価格でも売り渡すことができないのと同時に、人間である他者の自己尊重に反して行為することはできない。「つまり人間は、あらゆる他の人間における人間性の尊厳を実践的に承認するよう拘束されている」のである(第三十八節)。他者を軽蔑することは、いかなる場合でも義務に反しており、それは悪徳のひとに対してであっても同様である。それゆえ、人間性そのものを貶める恥ずべき罰は存在すべきではない。またあらゆる他者を尊敬すべきことは、理性の論理的使用においても同様である。自分の反対者からあらゆる悟性を奪ってしまったならば、「そのひとが誤ったということを、いったいどうやってそのひとにそのさい理解させようというのだろうか」。同じことは、悪徳の非難にも当てはまる(第三十九節)。自分への尊敬の要求は「名誉愛」、その挙動における現れは「気高さ」であるが、これに違反することは「醜聞」である(第四十節)。そしてたんなる愛の義務を果たさないことは「不徳」であるが、尊敬の義務を果たさないことは「悪徳」である。尊敬の義務は、そうした悪徳を禁止するというかたちで、たんに消極的・間接的に表現される（第四十一節）。

その尊敬に対立する悪徳とは、Ａ高慢、Ｂ陰口、Ｃ愚弄である。Ａの高慢とは、他の人間に対して、私たちとの比較において自分を低く評価することを要求する名誉欲であり、尊敬に背反する。そうした高慢は、「名誉愛としての誇り」とは似て非なるものである。高慢とは、野心家が追随者を求めるようなものであり、不当であって、人間一般に払うべき尊敬に反している。そして高慢な者は、実はたましいの根底では卑劣なのである（第四十二節）。またＢの陰口のもとで論じられるのは、法廷に持ち込まれるものではない、「だれであれ他者に対する尊敬にとって不利なことを噂すること」である。この陰口もまた、「人間性一般に対して払うべき尊敬に反している」。陰口は人間嫌いや軽蔑を世間に広め、道徳感情を鈍らせてしまう。それゆえに逆に、「他者の欠点に人間愛のベールを投げかけること」が徳の義務なのである。他者の行状の探索は、余計な出しゃばりというものである（第四十三節）。Ｃの愚弄ということで話題になるのは、「他者の欠点を自分が楽しむ直接的な対象とする嘲笑癖」であり、悪魔的な歓びさえ持っているこうした嘲笑癖は、「それだけはなはだしい他の人間に対する尊敬の義務の毀損」である。こうした嘲笑癖は、冗談とはまったくことなるとともに、相手からの侮辱的な攻撃を、嘲笑しながら冗談めかして退けることからも区別される。さらにこの節の末尾では、尊敬は対立する悪徳を禁止する「たんに消極的な義務」であって、私は「他者に対して積極的な尊重を示すよう拘束されているわけではない」ことが確認されたうえで、人間の性質や関係に応じてことなる、示すべき尊敬のあれこれを、「徳論の純粋な理性原理だけが問題」である「徳論の形而上学的原理」で詳細に論じる必要はないことが断られる(第四十四節)。ただしつづく節では、『徳論』の原理論の第二部の第二篇である「人間の**状態**にかんする人間相互の倫理的義務」として、人間のさまざまな性質に応じた義務が話題になるが、やはりここでもそうした義務のさまざまが、経験の事例への適用のためには必要であるとはいえ、「徳論の形而上学的原理」においては一部門たりえないと指摘される(第四十五節)。

『徳論』の「原理論のむすび」となるのは、「**友情**における愛の尊敬とのきわめて緊密な結びつきについて」というタイトルのもとでの、カントの友情論である。友情とは、「ふたつの人格がひとしい相互的な愛と尊敬によって結びつくこと」であり、「人間のあいだでの友情は、人間の義務である」。とはいえ実際には一者と他者の愛と尊敬のつり合いは難しい問題であって、完全な友情はひとつの目指すべき理念である。実際には友情が困難であることは、相手の欠点の指摘や、困難にある状況での相手からの援助などといった事例からも明らかである。「友情には、ひとつの人格へと溶け合う」ほどの甘美な感覚があるとはいえ、つねに同時に、「或るきわめて脆いところ」がある。それゆえに「友情を感情にもとづかせてはならないし、こうした相互の分かちあいと献身の根底に原則を置かねばならない」。そうでなければ友情は断絶から安全ではないのである（第四十六節）。つづく節では「道徳的友情」が話題となり、これは「ふたつの人格がそれぞれのひそかな判断や感情をたがいに打ち明け」あうさいの、「完全な信頼」であるとされる。人間とは社交的な存在であって、周囲の人間や政治や宗教などについて、だれかと語りたがっている。とはいえその語りは自分にとって不利益をもたらす危険があり、そうした危険の心配の必要がない信頼できる者を見いだしたとき、その場合にのみ「人間は自分の考えを吐露することができる」。緊密な友情には、自分に明かされた秘密をだれかに漏らさないという拘束性が要求されるのであり、カントによれば、そうした「たんに道徳的な友情」は、たんなる理想ではなく、「時おり現実に存在している」。さらに「人間の友」という表現が論じられ、カントの友情論は締めくくられる（第四十七節）。なお『徳論』の「倫理学の原理論」の末尾に置かれているのは、「社交の徳（*virtutes homileticae*）について」という「補遺」であって、自分を孤立させず社交を行うこと、またそのために親しみやすさや愛想のよさを身に付けることは徳の義務であること、ただし醜聞であるような悪徳をなしたひととの交際は避けるべきことが説かれている（第四十八節）。

•徳の教育法および倫理学の限界規定（『徳論』「倫理学の方法論」および「むすび」）

『徳論』の「倫理学の方法論」は、第一章の「倫理学の教授法」と第二章の「倫理学の修行法」に区分される。まず「倫理学の方法論」の最初の節では、徳が獲得されなければならず、それゆえに「徳は教えられうるし、教えられなければならない」と説かれたのち、徳の獲得のための方法として、教えと訓練が挙げられる。これが第一章と第二章の「教授法」と「修行法」の区分に対応する（第四十九節）。次の節から「教授法」の内容に入り、まず教え、つまり理説としての徳論の方法は、体系的でなければならず、その講義の方法は教師だけが語る口授法であるか、生徒に問いを投げかける質問法であるかのいずれかであるとされる。後者はさらに、生徒の理性から問い糺す対話的教育法と、生徒の記憶から問い糺す**問答的**教育法に区分される。対話的教育法においては「教師と学生がたがいに双方向的に問い答える」とされるが（第五十節）、カントが道徳教育の方法として採用するのは問答的教育法である。カントが対話的教育法を採らないのは、学生はまだいかに問うべきかを知らないからである。カントの取る問答的教育法、「道徳的な問答法」は、宗教の問答法より先に、これと分離して独立に実施されるのでなければならない。道徳的な問答法であれば、学生の備えている常識からでも展開できるのである(第五十一節)。そして道徳教育における実例や模範の役割や弊害が指摘されたのち、道徳的問答法の実例が示される。教師と生徒の対話をつうじて展開されているのは、幸福とそれに値することとしての道徳性、傾向性と意志の自由、定言命法と義務、最高善とその条件としての神といった、カント倫理学の基本的な思想である。こうした問答法はすべての徳と悪徳の項目をつうじてなされなければならず、悪徳が「有害であることではなく、恥ずべきものであるということ」が、くりかえし述べられなければならない。そして問答法を締めくくるのは、義務に反するあらゆる自然と戦おうとする、思弁的理性では認識できない、義務を遂行する能力の卓越性の意識であり、「こうした自己認識における把握しがたさすらたましいを高揚させ、たましいが困難に遭遇すればするほど、それだけたましいはいっそう強く生気づけられて、自分の義務を聖なるものと見なすようになる」のである。またカントは、問答的な道徳の教示において、決疑論的問題を学生に投げかけてみることが有益であることも指摘している(第五十二節)。

第二章「倫理学の修行法」は一節のみであり、徳の訓練は、徳の義務を順守する「勇ましく快活なこころ」という、ふたつのこころの調子を目指しているとされる。徳は障害と戦わなければならず、勇気が必要であるが、それは苦役としてなされるのではなく、快活なこころでなされるのでなければならない。徳の勇ましさを教えるのはストア派であり、徳の快活さを教えるのは「有徳なエピクロスの理念」である。これに対して、「僧侶の修行法」は陰気であって、「徳にともなう快活な気分」を引き起こすことはできない。あるべき倫理学的な鍛錬法は「ひとを勇ましく、また自分の自由をふたたび取り戻したという意識において快活にするのだ」。

『徳論』全体の「むすび」は、「神に対する義務の教えとしての宗教論は、純粋な道徳哲学の限界外にある」というタイトルのもと、道徳哲学と宗教論の関係を論じる。『法論』でも論じられた誓いの問題に言及がなされたのち、宗教論は倫理学の一部であるのかという問いが提示される。宗教が「神の命令としての(*instar*)すべての義務の総体」であるかぎり、宗教の「形式的なもの」は哲学的な道徳学に属するが、ここでは理念としての神に対する理性の関係が表現されているにすぎず、神の実在は度外視されている。そして『徳論』本文の「反省概念の多義性」の挿入節でも指摘されたように「神にかんする義務」は、自分自身に対する人間の義務なのである。これに対して宗教の「実質的なもの」、つまり「神に対する(*erga*)義務」、神への奉仕は、ア・プリオリには認識されず、啓示によってだけ認識されうる。そのような宗教は、「純粋で哲学的な道徳学のいかなる部門もなすことはできない」のであって、「宗教はそれゆえ、神に対する義務の教えとしては、純粋に＝哲学的な倫理学のすべての限界の彼方に」存在している。宗教を一部門として『徳論』のうちに入れなかったカントの意図は、こうして正当化されるのである。最後に「むすびの注解」で神と人間との関係を、愛と正義という観点から話題にしたうえで、「純粋な実践哲学としての倫理学においては、ただ人間の人間に対する道徳的な関係だけが、私たちにとって把握しうる」のであり、「倫理学は相互的な人間の義務という限界を越えて拡張することができない」と倫理学という学問の限界規定をすることによって、カントは『徳論』を締めくくる。

＊　＊　＊

岩波文庫で『徳論』の翻訳を、という話を熊野先生(以下では、普段の慣習にしたがう)からいただいたのは、コロナ禍のまっただなかの二〇二一年三月のことであったと記憶している。以前から、『法論』はだれかにお願いして、『徳論』をいつか自分で訳してみたいという希望があったので、私にとっては願ってもないご提案であった。その場でお引き受けする旨をお伝えし、その日のうちに翻訳の準備にとりかかった。

その後、二〇二二年四月までの一年間でそれぞれの『法論』と『徳論』の訳稿を作成し、その訳稿を交換、二〇二二年四月から八月にかけて熊野先生は宮村の『徳論』の訳稿を、宮村は熊野先生の『法論』の訳稿をチェックし、コメントをつけ、そのコメント付きの訳稿を再度交換、そして二〇二二年十一月まで相互のコメントを踏まえそれぞれの訳稿を再検討する、という計画で作業を進めた。『徳論』の翻訳の作業はもちろん、熊野先生の『法論』の訳稿のチェックも、私にとっては貴重な勉強の機会であった。ただなにより、熊野先生からいただいたコメントによって、気づかずにいた自分の翻訳の癖を自覚させられたのは、こういう機会がなければ得られなかったであろう学びである。一番堪えたのは、私の翻訳のある特徴が、直訳的で「演習的」であるというご指摘であった。学部生・大学院生時代、熊野先生の『全体性と無限』や『精神現象学』や『純粋理性批判』などの演習の授業で、私が勝手に身につけていた悪癖を、十年以上経ってから熊野先生に指摘されることになったわけである。一時的に大学院生時代に戻ったような、不思議な気分で訳稿の改良に努めたのを思い出す。

『徳論』の翻訳とともに、『法論』・『徳論』の全体をあわせた『人倫の形而上学』全体の「訳者解説」を私が担当するのも当初の約束であった。とにかくある程度の分量のものをという注文であったので、こちらも私には重い課題となった。『人倫の形而上学』という作品について、私が今書けることを全部書いたつもりである。結果として分量はかなりのものになり、書いた私が読み返すのにも二時間はかかる。それゆえ「訳者解説」は読者の関心に応じて必要な部分をご参照いただきたい。

岩波書店編集部の清水愛理さんには、今回の『人倫の形而上学』の翻訳の全体の作業をリードしていただき、また同じく岩波書店編集部の古川義子さんには、担当編集者として、細かな部分まで行き届いた丁寧な仕事をしていただいた。あらためてお二人に、こころより感謝申しあげる。

二〇二四年三月

宮村悠介

マ　行

ヤ　行

ラ　行

人名索引

ページ番号について、[　]を付けたものは、本書「訳者解説」における登場個所を示す。

ア　行

カ　行

サ　行

タ　行

ナ　行

ハ　行

人倫(じんりん)の形而上学(けいじじょうがく)〔全2冊〕　カント著
第二部　徳論(とくろん)の形而上学的原理(けいじじょうがくてきげんり)

2024年4月12日　第1刷発行

訳　者　宮村悠介(みやむらゆうすけ)

発行者　坂本政謙

発行所　株式会社　岩波書店
〒101-8002 東京都千代田区一ツ橋 2-5-5

案内 03-5210-4000　営業部 03-5210-4111
文庫編集部 03-5210-4051
https://www.iwanami.co.jp/

印刷・精興社　製本・牧製本

ISBN 978-4-00-336265-5　Printed in Japan

読書子に寄す

――岩波文庫発刊に際して――

岩波茂雄

真理は万人によって求められることを自ら欲し、芸術は万人によって愛されることを自ら望む。かつては民を愚昧ならしめるために学芸が最も狭き堂宇に閉鎖されたことがあった。今や知識と美とを特権階級の独占より奪い返すことはつねに進取的なる民衆の切実なる要求である。岩波文庫はこの要求に応じそれに励まされて生まれた。それは生命ある不朽の書を少数者の書斎と研究室とより解放して街頭にくまなく立たしめ民衆に伍せしめるであろう。近時大量生産予約出版の流行を見る。その広告宣伝の狂態はしばらくおくも、後代にのこすと誇称する全集がその編集に万全の用意をなしたるか。千古の典籍の翻訳企図に敬虔の態度を欠かざりしか。さらに分売を許さず読者を繋縛して数十冊を強うるがごとき、はたしてその揚言する学芸解放のゆえんなりや。吾人は天下の名士の声に和してこれを推挙するに躊躇するものである。このときにあたって、岩波書店は自己の責務のいよいよ重大なるを思い、従来の方針の徹底を期するため、すでに十数年以前より志して来た計画を慎重審議この際断然実行することにした。吾人は範をかのレクラム文庫にとり、古今東西にわたって文芸・哲学・社会科学・自然科学等種類のいかんを問わず、いやしくも万人の必読すべき真に古典的価値ある書をきわめて簡易なる形式において逐次刊行し、あらゆる人間に須要なる生活向上の資料、生活批判の原理を提供せんと欲する。この文庫は予約出版の方法を排したるがゆえに、読者は自己の欲する時に自己の欲する書物を各個に自由に選択することができる。携帯に便にして価格の低きを最主とするがゆえに、外観を顧みざるも内容に至っては厳選最も力を尽くし、従来の岩波出版物の特色をますます発揮せしめようとする。この計画たるや世間の一時の投機的なるものと異なり、永遠の事業として吾人は微力を傾倒し、あらゆる犠牲を忍んで今後永久に継続発展せしめ、もって文庫の使命を遺憾なく果たさしめることを期する。芸術を愛し知識を求むる士の自ら進んでこの挙に参加し、希望と忠言とを寄せられることは吾人の熱望するところである。その性質上経済的には最も困難多きこの事業にあえて当たらんとする吾人の志を諒として、その達成のため世の読書子とのうるわしき共同を期待する。

昭和二年七月